新时代票据市场理论与实践

宋汉光◎著

责任编辑：黄海清
责任校对：李俊英
责任印制：张也男

图书在版编目（CIP）数据

新时代票据市场理论与实践/宋汉光著．—北京：中国金融出版社，2021.12

ISBN 978－7－5220－1292－6

Ⅰ.①新…　Ⅱ.①宋…　Ⅲ.①票据市场—研究—中国　Ⅳ.①F832.5

中国版本图书馆 CIP 数据核字（2021）第 171115 号

新时代票据市场理论与实践
XINSHIDAI PIAOJU SHICHANG LILUN YU SHIJIAN

出版发行　中国金融出版社
社址　北京市丰台区益泽路 2 号
市场开发部　（010）66024766，63805472，63439533（传真）
网 上 书 店　www.cfph.cn
（010）66024766，63372837（传真）
读者服务部　（010）66070833，62568380
邮编　100071
经销　新华书店
印刷　河北松源印刷有限公司
尺寸　169 毫米×239 毫米
印张　18
字数　246 千
版次　2021 年 12 月第 1 版
印次　2021 年 12 月第 2 次印刷
定价　65.00 元
ISBN 978－7－5220－1292－6
如出现印装错误本社负责调换　联系电话（010）63263947

目　　录

第一章　票据市场概述

从概念和特点看，票据作为完全的有价证券，其权利的发生、转移和行使均以持有证券为必要；票据又是金钱债权证券，票据上的权利是以金钱支付为内容的请求权；票据也是流通证券，可以通过背书或者交付的方式转让；票据还是无因证券，票据上的权利和取得票据的基础原因相互分离。

票据是伴随着商品经济的发展而产生的。票据是商品经济发展的重要产物，从票据发展的类型来看，中国票据的发展主要经历了五个时期。每个特定时期票据的发展都与当时的经济社会发展状况息息相关。本章分五节，第一节介绍我国票据的起源，第二节从经济社会的角度回顾了近现代票据的发展，第三节从经济改革的角度系统梳理了当代票据市场的演变，第四节从票据市场生态的角度刻画了票据市场进入交易所时代后的变化，第五节从票据功能和创新角度对国外票据市场的发展和特点进行了描述。

第一节　我国票据的起源：古代社会文明进步、商品经济发展的标志

深入了解票据，就需要对票据在商业信用发展过程中的产生、演化过程进行研究，这就需要从票据的起源谈起。虽然现代意义上的票据市场发端于西方发达国家，但票据最早出现在中国。本节所述票据是指广义上的票据，包括本票、支票、汇票及相关的汇兑凭证。这类票据最早出现在中

国，其功能随着社会文明的进步和商品经济的发展而逐渐完善，并产生了相应的交易渠道和市场参与者。

一、唐朝时期：飞钱与便换

我国真正具有现代意义的票据产生于唐朝时期，取名“飞钱”。隋唐时期，由于商品经济发达，资金需求量逐渐增加，以铜铸造的钱币不能满足流通的需要，导致出现了钱、帛并行的矛盾现象，而帛既难保存，也不便转运，社会接受程度较低。到唐宪宗时期，商品和货币流通之间的矛盾更加尖锐，当时茶、丝、瓷、纸等贸易量很大，尤其是茶，产地在南方，其销货地主要是华北和西北，由于没有相应的货物可以交换，创立汇兑制度解决这一矛盾就成为经济社会发展的必然。

为了适应茶、丝、纸等贸易发展的需要，我国商人创立了汇兑制度，这种制度类似于现代的汇票。唐代赵璘《因话录》中记载：“有士鬻产于外，得钱数百缗，惧川途之难赍也，祈所知纳于公藏，而持牒以归，世所谓‘便换’者，置之衣囊。”这里“便换”就是汇兑，“公藏”就是官方汇兑机构，意思就是把数百缗钱交到公藏，回到所在地后凭牒（半联凭证）提取。另据《新唐书·食货志》记载：“宪宗以钱少，复禁用铜器。时商贾至京师，委钱诸道进奏院及诸军、诸使、富家，以轻装趋四方，合券乃取之，号‘飞钱’。”当时，各地商人在京城长安出卖货物后，把钱交给各地政府在京设立的汇兑机构——进奏院，或者诸军、诸使、富家设立的私营汇兑机构，由进奏院或私营机构出具票券，票券分成两半，其中一半交给商人，另一半邮回各地，商人轻装回到所在地后，把票券交给有关部门，由其把两个半张票券合在一起，经核对无误后便可兑换钱币。

汇兑制度发展初期，既有官营也有私营，后来国家统一汇兑经营，这是国家汇兑制度的开始。唐朝后期，随着唐室衰弱，藩镇强大，中央力量日益削弱，税收不断减少，汇兑的信用也渐渐消失了。

二、宋朝时期：交引和交子

到了宋朝，汇兑制度有所发展，飞钱先后发展成交引、交子。据《文献通考·钱币二》记载："太祖时，取唐朝飞钱故事，许民入钱京师，於诸州便换。……开宝三年，置便钱务，令商人入钱者诣务陈牒，即日辇致左藏库，给以券，仍敕诸州凡商人赍券至，当日给付，不得住滞，违者科罚，自是毋复停滞。"宋太祖年间沿用唐朝的做法，允许人们带钱进京存到特定机关，然后可到各州提取。公元 970 年，设置了专门机构便钱务，商人把钱存在便钱务，可取得特定的券，即汇票。然后下令到各地，凡是商人带着券到各地，必须见券即付。

飞钱后来发展成了交引。据《文献通考·征榷考五》记载："雍熙后用兵，乏於馈饷，多令商人输刍粮塞下，酌地之远近不为其直，取市价而后增之，授以要券，谓之交引，至京师给以缗钱，又移文江、淮、荆湖给以颗、末盐及茶。"文中的"交引"指的就是汇票。宋太宗时期战争用兵缺乏粮草，便下令各地商人把粮草运送到军营，然后向商人开出汇票（交引），商人可用交引到京师兑换钱币，又下令到产盐、茶的地区，规定可用交引购买盐、茶。

交引后来发展成了交子。起初交子由私人发行，后来改由国家发行。据《续资治通鉴长编》记载："初，蜀民以铁钱重，私为券，谓之交子，以便贸易，富民十六户主之。"由此可知，交子最初发源于四川，原因是铁钱太重不便于携带，所以私下印成票券，称"交子"，以此来进行贸易。当时交子是由十六家富户主持发行的。交子起初仅在四川境内使用，后来推广到陕西、京西北一带。但由于没有严格恪守发行规定，私人借助发行权滥发交子，引起民众不满，后政府出面干涉，宋仁宗天圣元年（1023 年）下令改交子私营为官营，在四川设立交子务，管理交子的印制、发行和兑换，关闭了私人经营的交子铺。宋徽宗大观元年，政府撤销了四川的交子务，在京设立钱引务，"交子"改名为"钱引"，以提高交子的信用等级，于是交子的使用范围也逐渐扩大到全国。

三、明朝时期：银号和会票

明清时期出现了钱庄、银号和票号，汇兑制度得到进一步发展。明朝中叶以后，随着商品和货币流通的增长，信用关系和金融业得到新的发展，更新、更进步的信用机构——钱庄、银号、票号应运而生。

钱庄和银号没有本质差别，只是不同地域的称谓，北方通常叫银号，而南方通常叫钱庄。当时我国商品经济已有相当程度的发展，为适应这种需要，白银和铜钱得到广泛流通。而白银和铜钱作为货币，由于其品种繁多，品色各异，加上生银、生铜和生铁作为商品，有一定的比价，而且价格经常变动，使得各种货币的币值经常发生变动，于是汇兑业务重新兴起，出现银号、钱庄等信用机构。这些机构不但从事钱币的兑换业务，吸收存款、发放贷款，并且允许客户签发“帖子”取款，原来在两地联号汇兑的“会票”也成为钱庄发行的有钞票性质的信用流通工具。顾炎武《日知录》记载：“钞法之兴，因于前代未以银为币，而患钱之重，乃立此法。唐宪宗之飞钱，即如今之会票也。”由此可见，唐宋时期的“飞钱”“交子”到明朝后演化成为“会票”，都有汇兑功能。但明朝时期的会票与唐宋时期的飞钱、交子，在发行主体、流通区域方面有差异：前者由官商个人发行，可在市场流通交易，汇通全国；而后者主要由政府专营，仅存于京师及有汇兑机构的地区。

四、清朝时期：票号与钱庄

进入清朝以后，钱庄、票号等得到极大发展，其中山西票号和上海钱庄是最具代表意义的两个典型。

（一）山西等北方各地的票号

清朝时期，北京、天津、上海、广州四大中心城市已经形成，铁、棉花、茶叶、糖和瓷器等大批量交易，因此对货币的需求量大增。当时银两虽已经通行，但是明朝末期后，官府、权贵、富豪和商人把大量货币垄断或收藏在自己手中，使市场上的货币十分紧缺。而茶叶、糖和棉花等货物的交易有着季节性，经营这些货物的商人在淡季需要存款，在旺季需要贷款，对货币的需求量很大。南方的货物运到北方，往往又没有回头货可以交易抵消，交易不便。清朝虽然已经出现了银元，但是北方尚没有使用，而且各地银价不同，加上白银外流，导致银荒。在这种情况下，商人在北方销货要带现银回南方，存在许多不便。

在此背景下，以山西地区为代表的主营汇兑的信用机构——票号应运而生，日升昌票号是比较公认的山西票号鼻祖。票号在明末清初的兴起原因有两个方面：一方面，票号作为商品货币经济发展的产物，承担起了商业资金调拨的任务；另一方面，票号与政府建立起了紧密关系，有利于其发展。票号承汇了清政府卖官鬻爵的捐款，同时票号本身也捐款买官，通过获得各种虚衔官职加强与政府的关系。由于当时清政府财政困难，票号还向清政府进行财政贷款。

从19世纪60年代到90年代，票号进入发展的黄金时代。在这三十多年的时间里，北方地区的票号特别是山西票号在我国金融市场上称雄一时。无论是票号家数，还是活动范围都大大扩张，票号在这一时期成了清政府的财政支柱。票号经过咸丰、同治时期的发展，到光绪年间进入鼎盛时期。八国联军入侵北京后，清政府国力孱弱，票号开始替清政府代理国库，私人存款大增，资本更加雄厚，事业蒸蒸日上。然而，1900—1911年，曾经显赫一时的票号走向衰亡。辛亥革命后，大量存款被提取，而放款难以回收。同时，近代交通工具日渐发达和商业银行相继成立，打破了票号的垄断地位，经营陈旧的票号又拒绝改变，失去了发展机会，最终由盛而衰走向灭亡。

（二）浙江、上海等南方地区的钱庄

江浙地区的商业往来自古兴盛，苏州、松江、宁波、杭州等江浙一带的钱庄，在乾隆时期以前就早已出现，到乾隆年间已经具备一定规模。庄票也有较长历史。这是一种由钱庄签发的，载有一定金额并由其负责兑现的票据，分即期和远期两种，即期庄票见票即付，远期庄票到期付现，期限10天、20天不等，未到期票据可转让、贴现。到乾隆二十五年（1760年）时庄票已经普遍使用，用途已经扩大到进出口贸易领域，充当购买手段和支付手段，外国洋行和买办都使用庄票，一方面买办自设钱庄以便利签发庄票，另一方面洋行出面保证买办的信用。

受益于近代以来口岸开放形成的内外贸易的兴盛，江浙一带的钱庄在19世纪80年代经历了迅速发展时期，钱庄划汇制度得到发展，并于19世纪后期在因开埠而逐渐成为贸易中心的上海进入鼎盛时期。1873年，上海划汇钱庄已达到一百多家，小钱庄也有六七十家。钱庄的发展和业务的扩大，解决了各钱庄款项划拨清算等一系列问题。1890年，上海汇划总会成立，建立了“公单制度”，各庄收付在500两以上者，凭公单在汇划总会轧差，余额才收付现银。这种公单制度是我国票据交换的雏形。

尽管钱庄通过与外国银行勾结加强了自己在金融市场的优势地位，但这并不能保证其一直发展下去。通常钱庄资本并不大，不过数万两，主要依靠发行远期庄票、扩大信用的方式扩大业务。过度扩大信用本已暗藏危机，加之钱庄授信业务主要是基于对人的信任，而不重视抵押和保证，一旦出现意外，贷款难以收回，就会发生倒闭。1887年和1910年就曾经出现两次钱庄倒闭风潮。北洋政府统治时期，政局稍有稳定，钱庄有所恢复。1927年以后，钱庄逐渐走向衰落。

第二节　近现代票据与经济社会发展：信用的社会变迁

随着近现代票据相关法律法规的健全、抗日战争取得胜利和新中国成立，我国的社会发生一系列变迁，票据市场的发展轨迹也由此产生变化。

一、民国初期的票据发展

为适应民族商品经济发展的需要，自清末起我国就已开始关注票据立法，但因为种种原因未能最终公布实施。民国初期，由于法律援用上的不足，以及加强统治合法性的需要，制定新票据法案有了内在需求。1929年，国民政府颁布了中国历史上第一部《票据法》，该法在内容上与当时世界各国通行的票据法原则相通，承认票据行为的无因性，区分票据关系与票据基础关系，比较全面地规定了票据权利的取得、转让、丧失和补救措施，有力地保障了票据流通和安全，对促进当时的商品经济发展、维护市场秩序起了重要作用。

1933 年，上海银行业同业公会联合准备委员会成立了上海票据交换所，负责支票、本票、汇票及回款收据、公债还本付息凭证等票据的交换。上海票据交换所的成立，标志着我国现代票据市场略具雏形。此后各地又陆续成立了许多票据交换所。

1936 年，上海银行业同业公会联合准备委员会成立了银行票据承兑所，办理同业间汇票承兑与贴现。当时有 38 家银行参加，但由于战争爆发及其他种种原因，这个机构发挥的作用有限。

二、战争时期的票据发展

1937 年抗日战争全面爆发，我国金融业进入战时阶段。国民政府在 1937 年 8 月制定发布了《中央、中国、交通、中国农民四行联合贴放办法》，规定联合贴放要着重于转抵押和票据的转贴现；1942 年 5 月颁布了

《中中交农四行业务划分及考核办法》，规定票据交换和票据重贴现业务由中央银行办理；1943年4月发布了《非常时期票据承兑贴现办法》，先在重庆、成都、贵阳、桂林和昆明等地中央银行施行，贴现利率由中央银行公布，以利于中央银行发挥控制金融市场的职能作用。

解放战争开始后，国民党政府为挽救金融崩溃局面，对票据的使用加强了控制：一是禁止票据抵用。1948年2月颁布的《限制当日票据抵用暂行办法》规定，除本票、汇票、回款收据及保付支票外，概不抵用。二是规定本票头寸必须缴存中央银行。在政府禁止票据抵用后，本票量大增。在此背景下，政府又规定，各行、庄签发的本票，当天余额必须足额留存于中央银行或票据交换所。私营行、庄当天要补足头寸，次日晨又要重新领回备用，烦琐的流程手续增加了头寸调度的困难。

三、新中国成立后票据市场情况

新中国成立后的近三十年时间里，我国实行计划经济，对产品实行统购统销，对财政实行统收统支，对金融实行统存统贷，对商业信用进行清理和控制。当时认为，社会主义计划经济不存在商业信用，因而基于商业信用而诞生的各种票据理所当然不应存在。实际情况也是如此，当时国内社会经济中，汇票和本票根本不存在，支票也仅限于单位进行结算时使用，个人不得使用。

党的十一届三中全会以后，我国改革开放事业不断推进，社会主义市场经济蓬勃发展，商业信用和银行信用得到很大发展，作为信用流通手段的票据开始出现和使用，票据市场重新获得发展。

第三节　当代票据市场演变：经济改革的时代历史缩影

党的十一届三中全会以后，我国改革开放事业不断推进，商业信用和银行信用在社会主义市场经济体制下得到大力发展，作为信用流通手段的票据开始出现和使用，票据市场重新获得发展，迄今已有四十年左右的发展历史。票据市场制度建设和基础设施逐步完善，市场参与者不断增加，服务实体经济能力日益增强。本节从经济社会发展角度，对 20 世纪 80 年代初期以来至票交所成立前中国票据市场的发展进行了梳理，按时间脉络将票据市场的发展演进大致划分为四个阶段：探索试点阶段（20 世纪 80 年代初至 1995 年）、制度建设阶段（1995—2000 年）、高速发展阶段（2000—2009 年）和创新发展阶段（2009—2016 年）。

一、探索试点阶段（20 世纪 80 年代初至 1995 年）

这一时期的票据主要是为防止企业间商品赊销、信用挂账、货款拖欠，解决困扰企业的“三角债”问题而推出的，适应当时企业资金融通渠道缺乏、企业间信用机制相对落后的实际情况，有利于推进商业信用票据化和建立新的结算秩序。

1979 年，国家开始有计划地发展商业信用，中国人民银行批准部分企业签发商业汇票。1984 年 12 月，中国人民银行颁布了《商业汇票承兑、贴现暂行办法》，决定从 1985 年 4 月 1 日起在全国范围开展票据承兑、贴现业务，但规定汇票除向银行贴现外不准流通转让。1986 年 4 月，中国人民银行颁布《再贴现试行办法》，开始办理票据再贴现业务，率先在北京、上海、天津等十个城市试行。同年，中国人民银行印发《关于实行商业汇票承兑贴现办法清理拖欠货款的通知》，在北京、上海等十地运用商业汇票承兑贴现清理货款拖欠，从而扩大了票据贴现业务。1988 年 12 月，中国人民银行颁布了《银行结算办法》，允许商业汇票背书转让，办理贴现、转贴现和再贴现，促进了票据市场较快发展。

1992 年，随着三年治理整顿①的完成和国民经济形势的好转，社会资

① 三年治理整顿是 1988 年开始实行的一系列改革调整措施的总称，这次调整共持续了三年，围绕“治理经济环境、整顿经济秩序、全面深化改革”的总方针，压需求、整秩序，使经济降温，遏制通货膨胀。

金转向宽松，企业之间相互拖欠货款的现象大大减少，信用秩序日趋正常，票据市场出现一定萎缩，这种情况一直延续到1994年。

1994年2月，中国人民银行发布了《信贷资金管理暂行办法》（银发〔1994〕37号），提出按照“总量控制，比例管理，分类指导，市场融通”的原则来管理货币信贷资金。货币信贷资金管理方式由信贷规模管理为主的直接控制逐步转向运用社会信用规划、再贷款、再贴现、公开市场操作、准备金率、基准利率、比例管理等多种手段的间接控制。1993年至1994年，中国人民银行先后发布了《关于在煤炭、电力、冶金、化工和铁道行业推行商业汇票结算的通知》（银发〔1994〕163号）、《商业汇票办法》、《再贴现办法》，决定在“五行业、四品种”① 企业之间货款结算推行商业汇票，开展票据承兑、贴现和再贴现业务；规定贴现利率按同期同档次信用贷款利率下浮3%执行，再贴现利率按同期同档次信用贷款利率下浮5%执行。随后中国人民银行向分支行下发《关于下达再贴现额度的通知》（银传〔1994〕103号），首次安排100亿元专项资金，对商业银行（专业银行）持有的特定行业和企业的银行承兑汇票优先办理再贴现，中国人民银行开始将再贴现作为货币政策工具加以运用。

在探索试点阶段，票据主要作为企业支付结算工具而存在，由于参与主体的认识问题和立法问题，票据还没有得到广泛认可和使用，品种结构也比较单一，票据市场缺乏必要的流动性，经营管理缺乏专业性，难以形成市场化经营体制。

二、制度建设阶段（1995—2000年）

1995年《中华人民共和国票据法》（以下简称《票据法》）出台，标志着中国票据市场发展的法律框架基本形成，此后各项制度进一步完善，

① 指煤炭、电力、冶金、化工、铁道五种行业和棉花、烟叶、生猪、食糖四种农副产品，是当时国内经济的支柱行业和产业。

票据市场步入规范与稳步发展的轨道。

1995 年 5 月 10 日，第八届全国人大常委会第十三会议审议通过了《票据法》，自 1996 年 1 月 1 日起施行。《票据法》的出台是我国市场经济立法的重大举措，它为建立商业信用、规范流通秩序、打击违法犯罪创造了基本的法律条件，对有效规范票据行为、保证票据的正常使用和流通起到了重要作用。

1996 年 6 月，中国人民银行颁布了《贷款通则》（中国人民银行令〔1996〕第 2 号），将票据贴现与信用贷款、担保贷款并列为贷款的一种，票据贴现计入贷款口径统计和信贷规模管理，票据业务正式列入商业银行主要信贷资产业务。

1997 年，中国人民银行印发了《票据管理实施办法》（中国人民银行令〔1997〕第 2 号）、《支付结算办法》（银发〔1997〕393 号）、《商业汇票承兑、贴现与再贴现管理暂行办法》（银发〔1997〕216 号）、《中国人民银行对国有独资商业银行总行开办再贴现业务暂行办法》（银发〔1997〕81 号）等一系列规章制度，加强了对商业汇票的宏观管理和制度建设。

1998 年 3 月，中国人民银行决定改进和完善票据再贴现利率和贴现利率形成机制，将再贴现利率单独列为央行的一项法定基准利率，与再贷款利率脱钩，由央行根据市场资金的供求状况进行调整，当时再贴现利率为 6.03%；贴现利率由再贴现利率加点生成，与同期贷款利率脱钩，贴现利率的浮动幅度得以扩大。这项政策对后来的票据市场发展起到积极作用，为票据市场利率率先市场化打下基础。同年 6 月，中国人民银行发布了《关于加强商业汇票管理、促进商业汇票发展的通知》（银发〔1998〕229 号），指出银行办理票据业务过程中存在的问题，首次开展商业银行票据业务专项检查，要求商业银行严格规范再贴现业务，通过再贴现合理引导信贷资金流向、促进结构调整。

从 1999 年 6 月起，中国人民银行多次下调再贴现利率，一年内从 6.03% 累计下调 387 个基点至 2.16%，并增加对各分行的再贴现额度，旨在进一步发挥再贴现政策作用，促进商业汇票承兑、贴现与再贴现业务的开展。同年9月，中国人民银行发布了《关于改进和完善再贴现业务管理的通知》（银发〔1999〕320号），进一步通过再贴现支持企业票据融资。

2000年2月，最高人民法院审判委员会通过《最高人民法院关于审理票据纠纷案件若干问题的规定》（法释〔2000〕32号），从司法审判角度对有关票据保全、票据背书、票据法律责任等方面的内容作了补充规定，并增加了公示催告等票据行为规范。

在制度建设阶段，票据法律法规的建立、行政规章制度的完善以及司法解释的补充规定，为票据业务发展提供了良好的制度保障和政策环境。票据市场初步形成一定的市场规模，企业与银行对票据作用的认识有所提升，票据功能不断拓展，交易条件有所改善，票据的流通性不断增强，票据融资和盈利功能逐步显现。

三、高速发展阶段（2000—2009年）

这一时期，票据市场规模快速扩张，票据业务经营趋于专业化，参与主体日益多元化，票据支付和融资功能进一步增强。

2000年11月，工商银行在上海成立了我国首家票据专营机构——中国工商银行票据营业部，标志着我国商业银行票据业务进入专业化、规模化的发展阶段。

2001年7月，中国人民银行发布《关于切实加强商业汇票承兑贴现和再贴现业务管理的通知》（银发〔2001〕236号），要求商业银行单独设立会计科目核算和反映票据贴现、转贴现和再贴现业务；提出中心城市要适度集中商业汇票业务的经营管理，提高业务效率和规模效应，防范票据风险，为后来票据业务集约化经营管理改革提供了政策依据。同年9月，中国人民银行将再贴现利率从2.16%上调81个基点至2.97%，以提高商业银行向央行融资的成本，减少其对央行资金的依赖。

2002年11月，中国人民银行发布《关于办理银行汇票及银行承兑汇票业务有关问题的通知》（银发〔2002〕364 号），决定取消《中国人民银行关于加强开办银行承兑汇票业务管理的通知》（银发〔2001〕346 号）中规定的“办理银行承兑汇票业务实行总量控制，其承兑总量不得超过上年末各项存款余额的 5%”的承兑风险控制指标。商业银行办理票据承兑积极性显著提升，为票据市场规模快速增长提供了票源基础。

2003 年 6 月，中国外汇交易中心建成“中国票据报价系统”，即中国票据网，为金融机构之间的票据转贴现和回购业务提供报价、撮合、查询等服务，为全国统一票据市场的建设发展提供了必要平台和探索经验。

2004 年，中国人民银行提高再贴现利率，并提高存款准备金率，实行差别存款准备金制度，目的是进一步控制金融机构调节头寸和短期流动性，抑制货币信贷总量过快增长。票据市场增速出现回落，进入稳健发展时期。

2007 年 1 月，上海银行间同业拆放利率（Shibor）机制正式运行，中国人民银行积极推进以 Shibor 为基准的票据贴现利率定价模式。同年 4 月，工商银行率先推出以 Shibor 为基准的票据转贴现和回购报价利率，11 月又实现了贴现利率与 Shibor 报价挂钩，票据业务定价方式开始由固定利率向浮动利率转变。

2008 年前后，多家金融机构共同签署了《银行承兑汇票转贴现标准合同文本》《商业承兑汇票转贴现标准合同文本》，后续又签署了《票据承付公约》，对促进票据交易标准化、票据行业自律规范以及全国票据市场的统一起到积极的推动作用。

2008 年 12 月，为了有效发挥再贴现促进结构调整、引导资金流向的作用，中国人民银行发布《关于完善再贴现业务管理　支持扩大“三农”和中小企业融资的通知》（银发〔2008〕385 号），提出注重发挥再贴现窗口引导票据融资业务发展的职能作用、注重运用再贴现推广使用商业承兑汇票促进商业信用票据化、注重通过再贴现引导信贷投向，促进扩大涉农行业和中小企业融资，沉寂多年的再贴现又开始发挥定向调控的政策作用。

2009年，为应对国际金融危机，国家出台了一系列振兴经济的计划，中国人民银行执行适度宽松的货币政策，为票据市场发展提供了良好的政策环境，票据市场融资规模高速增长，但同时风险隐患也在不断积累。2009年4月，中国银监会发布《关于当前农村中小金融机构票据业务风险监管提示的通知》（银监办发〔2009〕162号），指出部分省市票据业务扩张过快、贴现资金流向不合理、无序竞争、通过“贷转票”和滚动承兑虚增存贷款、合规风险和案件风险隐患加大等问题，并提出相应的监管要求。此后票据市场监管成为新常态。

四、创新发展阶段（2009—2016年）

2009—2016年，我国票据市场进入创新发展阶段，票据市场出现高度繁荣，交易量冲高回落，产品和业务模式创新不断，同时业务风险日益积累，监管也随着创新发展逐步升级。

2009年10月，中国人民银行建成电子商业汇票系统（ECDS）并投产运行，标志着我国票据市场进入电子化发展的新阶段。同时，中国人民银行印发了《电子商业汇票业务管理办法》（中国人民银行令〔2009〕第2号），作为规范和管理电子商业汇票活动的部门规章，为电子商业汇票系统运行和电子商业汇票业务开展提供制度依据。

2009—2011年，票据理财产品迅速发展并逐渐成为资金规模较紧张的商业银行的常态化票据业务模式。随着监管的加强，银行主动调整和创新，逐渐演化出银信合作等模式，延伸出票据信托业务。在票据理财和信托业务相继受到监管限制后，票据业务向通道类模式创新发展。

在此期间，票据利率市场化改革的不断深入和市场竞争加剧也催生了商业银行进行差异化经营和创新发展的动力和紧迫感。2013年7月，中国人民银行发布了《关于进一步推进利率市场化改革的通知》，取消贴现利率在再贴现利率基础上加点确定的方式，正式确立金融机构自主决定贴现利率的市场化定价机制。2014年2月，银监会、国家发改委颁布了《商业银行服务价格管理办法》，将银行承兑费率由《支付结算办法》规定的“承兑银行应按票面金额向出票人收取万分之五的手续费”改为“市场调节价”，银行承兑费率开始与企业信用等级、承兑保证金比例等因素挂钩，票据价格体系市场化进程更进一步。

2009 年以来，监管部门对银行理财产品、票据信托产品以及非标投资业务的监管力度逐渐加大，先后发布了《关于进一步规范银信合作有关事项的通知》（银监发〔2009〕111 号）、《关于规范信贷资产转让及信贷资产类理财业务有关事项的通知》（银监发〔2009〕113 号）、《关于规范银信理财合作业务有关事项的通知》（银监发〔2010〕72 号）、《关于进一步规范银行业金融机构信贷资产转让业务的通知》（银监发〔2010〕102 号）和《关于进一步规范银信理财合作业务的通知》（银监发〔2011〕7 号）等监管文件。2012 年 2 月，银监会印发了《关于信托公司票据信托业务等有关事项的通知》（银监办发〔2012〕70 号），禁止信托公司与商业银行开展任何形式的票据资产转受让业务，正式宣告了票据信托业务的终结。

2013 年 3 月，银监会发布了《关于规范商业银行理财业务投资运作有关问题的通知》（银监发〔2013〕8 号），规范商业银行理财资金直接或通过非银行金融机构（以下简称非银机构）、资产交易平台等间接投资于非标准化债权资产的行为，设置了“两条红线”限制非标资产的投资比例，抑制非标投资过快扩张。同年 5 月，银监会发布了《关于排查农村中小金融机构违规票据业务的通知》（银监办发〔2013〕135 号），对中小金融机构的违规票据业务进行整顿，打击了部分商业银行利用中小金融机构会计制度不完善的漏洞削减信贷规模的违规行为。

2014 年 4 月，中国人民银行、银监会、证监会、保监会、外汇局联合发布了《关于规范金融机构同业业务的通知》（银发〔2014〕127 号），旨在规范同业业务发展，约束并压低同业业务中的非标业务，促进同业业务回归流动性管理手段。其中规定了回购业务项下的金融资产属性，禁止办理商业承兑汇票的买入返售（卖出回购）。随后，银监会发布了《关于规范商业银行同业业务治理的通知》（银监办发〔2014〕140 号），提出包括票据买入返售业务在内的同业业务要实行专营部门制改革，实行集中统一授权、集中统一授信、集中统一的名单制管理、集中审批和集中会计操作。同年 6 月，中国人民银行发布了《关于加强银行业金融机构人民币同业银行结算账户管理的通知》（银发〔2014〕178 号），对商业银行同业银行结算账户的开立、日常管理作出严格要求，制止了票据贴现、转贴现资金打款“同业户”行为。同年 12 月，银监会发布了《关于全面开展银行业金融机构加强内部管控遏制违规经营和违法犯罪专项检查工作的通知》（银监发〔2014〕48 号），决定在银行业全面开展专项检查，票据业务是其中检查的重点，包括无真实贸易背景的银行承兑汇票，关联企业之间的贸易合同审查不严，保证金来源为贷款或贴现资金，利用套开、滚动开票等方式套取银行贷款资金或掩盖票据风险等。

2015 年以来，中国人民银行多次下调存贷款基准利率，在货币市场利率趋势性下行通道中，票据投资交易和创新活跃，2015 年票据全年贴现量首次突破 100 万亿元，创历史纪录，但同时风险也在不断积累。12 月底，银监会发布了《关于票据业务风险提示监管的通知》（银监办发〔2015〕203 号），对七种典型的票据业务违规问题进行了提示，并要求金融机构全面加强票据业务风险管理，将票据业务全口径纳入统一授信范围，同时完善绩效考核，防止资金空转，确保信贷资金有效服务实体经济。

2016 年 4 月，中国人民银行和银监会联合发布了《关于加强票据业务监管促进票据市场健康发展的通知》（银发〔2016〕126 号），要求严格贸易背景真实性审查，严格规范同业账户管理，有效防范和控制票据业务风险，促进票据市场健康有序发展。

在创新发展阶段，票据业务的价值创造、规模调节、流动性调节等功能被充分发掘，成为金融机构重要的资产负债业务，市场参与者内生逐利性以及应对监管治理的不断创新驱动着票据市场发展。

第四节　票据市场顶层设计重构：票交所时代的到来

随着我国票据市场持续发展，规模扩大，参与者增多，创新活跃，票据市场已成为我国货币市场的重要组成部分，但同时，票据市场也面临着缺乏统一的组织管理和顶层设计的问题。根据国务院决策部署，中国人民银行在借鉴国内外金融市场发展经验的基础上，建设全国统一的票据交易机构，夯实票据市场基础设施，完善票据市场制度建设，促进票据市场规范健康发展。2016 年 12 月 8 日，上海票据交易所（以下简称票交所）正式挂牌成立，标志着全国统一的票据市场基础设施正式建立。

一、票交所的建立背景

随着票据市场的快速发展壮大，特别是票据的功能作用从传统的支付结算工具演化为融资交易工具，票据市场积累了一定的风险和问题，其中既包括金融机构内部的公司治理缺陷和中介机构的不规范介入，也包括法律制度建设和基础设施建设滞后于市场发展变化的问题。

（一）票据市场基础设施建设滞后

无论是从国外经验还是从我国发展债券市场等金融市场的经验来看，健全的金融市场基础设施都是现代金融市场安全高效运行的基础。很长一段时间以来，票据市场未形成全国统一的票据交易平台，市场“硬件”条件落后造成票据市场在不同地区和不同机构间割裂、透明度低，市场参与者无法充分有效对接需求，信息严重不对称，交易成本高。票据市场的割裂导致无法形成有效的市场利率，既影响资源配置，也不利于货币政策的传导。加上票据流转和资金划付脱节，很容易产生挪用票据或挪用资金的风险。监管部门也无法及时准确地掌握真实、完整的市场数据进行监测分析。

（二）票据市场法律法规制度体系滞后于市场发展

《票据法》自1996年实施至今已超过20年，仅在2004年进行过一次修订，其内容主要是对票据作为支付工具的行为规范，不能适应当前票据作为融资工具快速发展的现实。随着票据融资工具属性的增强，依托票据进行的融资类业务也开始活跃。但我国票据相关制度体系主要围绕其支付结算功能设计，票据融资和交易性管理制度缺失，票据市场准入、交易、清算、结算等行为缺乏统一的标准和规范。部分金融机构在票据交易中，违规“代持”“代售”、采取“清单”交易等，不仅隐藏较大的操作风险，而且一旦出现风险，交易双方的权利缺乏充分保护。随着市场的持续发展，特别是票据的功能作用从传统的支付结算工具演化为融资、交易和投资的工具，票据市场发展中的上述问题也逐渐显现。

（三）部分金融机构的公司治理和内控制度存在缺陷导致风险事件频发

对于不同的金融市场而言，健康的市场参与主体都是有效的金融市场的基础。这就需要金融机构自身在内部风险控制、交易制度、道德操守等方面进行改革与完善。长期以来我国票据业务以纸质票据、线下交易为主，电子化水平较低，流转环节较多，本身存在较大的操作风险。而部分金融机构内部控制不严，经营理念和绩效评价存在偏差，未能建立票据相关的岗位制衡、部门制衡机制并严格遵守操作规范，给不法分子留下可乘之机。

同时，由于票据业务兼具资金业务和资产业务性质，商业银行压缩信贷总量，往往首先选择压缩票据贴现业务。票据业务作为商业银行调节信贷总量和结构的重要方式，其波动易受到宏观调控目标、商业银行利润目标及资本充足率目标等多重目标的影响。部分金融机构为追求盈利，大量承揽业务，但又受信贷规模和资本管理限制，有的金融机构利用一些中小微金融机构的管理漏洞，创设通道隐匿票据资产、规避信贷规模及资本管理，其交易链条较长、交易结构复杂，链条中的任何一环出现漏洞，都极易产生风险。

另外，随着经济增速下降、息差收窄，票据业务竞争激烈，银行出现抢客户、抢票源、争资金、争规模等现象，业务流程违规现象增多。同时，利润空间缩小后，金融机构通过“薄利多销”的批发交易策略，单笔交易额高达几亿元甚至数十亿元，一旦案发，涉及的金额巨大。

（四）票据中介业务亟待规范

在票据市场信息不透明的情况下，票据中介通过信息搜集、信息交互等手段为交易双方进行信息撮合，促进票据交易达成，发挥了一定的积极作用。但传统票据市场中存在地下经营的民间中介与地方相关部门批准或工商登记注册的中介并存的局面，资质参差不齐。受利益驱使，部分票据中介经营不规范，扰乱了市场秩序，增加了风险隐患，如通过虚假包装使一些无真实贸易背景的“光票”流入银行体系，牵线搭桥辅助部分银行实施监管套利、规避信贷规模控制，甚至通过“清单交易”内外勾结套取银行资金等。

票据市场存在的问题在经济下行期往往会引爆风险事件。2015 年以来，票据市场集中暴露了一批涉案金额巨大的风险事件。中国人民银行加强票据市场顶层设计，决定筹建票交所。票交所的建设不仅补齐了票据市场基础设施的短板，更成为完善票据市场法规制度、规范市场参与者行为的一系列举措的载体。2016 年 5 月 25 日，由中国人民银行牵头、多家金融机构参与的票交所筹备工作组启动。2016 年 12 月 8 日，票交所正式开业运营，标志着我国票据市场发展从此进入集中统一、规范发展的新阶段，是我国票据市场建设和金融基础设施建设的重大历史性进展。

二、票交所的功能定位和特点

（一）功能定位

《票据交易管理办法》（中国人民银行公告〔2016〕第29号）明确，票交所是中国人民银行指定的提供票据交易、登记托管、清算结算和信息服务的机构。同时，票交所还承担着中央银行货币政策再贴现操作等政策职能。

1. 票据交易中心。票据市场与银行间债券市场一样，属于场外市场，具有参与主体为合格机构投资者、交易频率较低、单笔交易金额较大等特点，客观上要求票据交易平台采用以询价为主的交易方式。点击成交、匿名点击等其他辅助交易方式在银行间货币市场和债券市场也已经有较为成熟的运行经验，将其引入票据市场交易，有助于促进票据市场的对手方发现和价格发现，将显著提升票据交易效率。同时，以票据交易平台生成的标准化电子成交单取代传统的线下纸质成交合同，将有助于提高票据交易效率和市场透明度，便于中国人民银行对票据交易进行更有效的监管。

2. 登记托管中心。票交所的一项重要突破就在于将纸质票据电子化。票交所通过为系统参与者开立票据托管账户，依据其业务行为指令，以电子簿记的方式记载其持有票据的余额及变动等情况，借此对相关票据权益进行管理和维护。银行在办理票据贴现后就要到票交所系统进行登记，并对纸质票据进行保管，此后纸质票据不再流通，交易、托收、追索全部在线上完成。这种设计也顺应了金融危机后国际上金融市场基础设施改革的趋势。

3. 清算结算中心。票交所的交易系统与簿记系统之间数据连接实行国际通行的直通式处理（STP），实现了数据从询价到交易确认、票据交割与资金清算的联通，提高了效率，降低了风险，节约了成本。同时，采用票款对付（DVP）结算机制，也就是我们常说的“一手交钱、一手交货”。

过去的票据业务中交票和付款可能发生在不同的时间、不同的空间，很容易被不法分子钻空子。票交所的 DVP 清算机制消除了这种时间和空间的不对称性，提高了票据业务的效率，降低了道德风险和操作风险。

4. 票据信息数据库。票交所的票据信息来源是多元化的：纸票信息通过电子化转换登记至票交所，电票信息通过电子商业汇票系统同步至票交所。以上安排确保所有票据的基础信息和贴现前业务信息集中至票交所。同时，票据贴现完成后，后续的报价交易、登记托管、清算结算、托收都通过票交所系统完成，确保所有票据的贴现后业务信息集中。上述两方面将确保所有票据的全生命周期信息的集中。因此，票交所将成为最大、最全、最准确的票据信息数据库。

5. 风险防控中枢。票交所成立的目的，不仅在于建立统一的票据市场，也在于针对目前票据市场存在的种种问题和乱象采取相应措施，建立健全票据市场监测与风险预警相关制度和指标体系，加强风险防范和控制，规范市场秩序。

6. 货币政策操作平台。中国人民银行通过票据交易平台受理金融机构再贴现业务申请，可以更加安全、高效地实现货币政策操作目标，最大限度地体现货币政策意图。未来，票交所还可以根据中国人民银行的要求，通过其业务系统为其他公开市场操作提供实施和传导的平台。

（二）特点和创新

1. 票交所是全国统一的，不是区域分割的。在全国统一的票交所建立之前，我国票据业务主要集中于上海、广州、郑州等中心城市，并已自发形成诸多区域性的交易平台。这一现象具有一定的历史必然性：因为在传统的票据业务模式下，需要进行纸质票据的实物交割，交易的区域集中从客观上可以节约交易成本。票交所成立之后，所有存款类金融机构都必须在票交所开户和开展票据交易，所有票据均可通过票交所实现电子化交易，实现票据交易的全国统一。

2. 前台、中台、后台和自律一体化。票据市场与银行间债券市场具有相似性和互补性，银行间债券市场主要是面向信用等级较高的大型企业的资本市场以及短期货币市场（1个月以内），而票据市场主要是面向中小企业和民营企业的债务融资市场以及1个月到1年的“中长期”货币市场。因此，银行间债券市场已有的基础设施，票据市场也必须要有。同时，为尽最大可能消除市场基础设施割裂所带来的摩擦和协调成本，尽力提高市场运行效率，票交所坚持前台、中台、后台和自律一体化。

3. 推动票据交易主体的多元化。一方面，票据市场本质上属于货币市场，货币市场的参与主体理应成为票据市场的参与主体。另一方面，非银机构和非法人产品也已经成为票据市场的重要参与者，将其正式纳入票据交易平台参与主体，实现其持有票据资产的公开化、合法化，有助于提升票据市场的透明度、规范性和监管效率。

4. 引入“票据信用主体”的概念，便利票据定价。在《票据法》确定的票据付款责任框架下，为提高交易效率，便利票据定价，票据交易平台创造性地引入唯一的“票据信用主体”，即贴现后票据如参与票据交易，信用主体明确为承兑行、贴现行、保证增信行中信用级别最高的主体。信用主体的唯一性将促进交易员的交易判断和决策。

5. 配套制度健全化。随着票据融资工具属性的增强，依托票据进行的融资类业务也开始活跃，但目前对票据转贴现、回购等新型融资类交易业务却缺乏相应的规范，对市场准入、交易行为、票据传递与交付等业务活动缺乏统一的标准，交易双方对票据权利的主张缺乏充分保护，潜藏风险。同时，建设票交所过程中的多项重要创新和制度安排，也都要通过部门规章或规范性文件形式提供制度支持。《票据交易管理办法》和《票据交易主协议》相继出台，完善了相关制度规则。制度制定过程中体现了五个原则：一是注重与现行法律法规的衔接；二是坚持纸票电票政策一致；三是立足票据市场发展的现实情况，既尊重市场惯例与实践、满足市场成员的现实需求，又前瞻性地为票据市场未来发展留有空间；四是在全面考虑票据特殊性、票据市场发展特点和规律的同时，充分借鉴国内外货币市场、债券市场发展建设中的经验，吸收其中运行多年且证明行之有效的先进做法；五是坚持促进发展与防范风险并重，既要有助于提升票据市场交易规模和效率，又要发挥对票据市场参与者行为的约束和规范作用，逐步构建和完善票据市场风险监测与防范机制。

6. 推进纸电票业务一体化。长期以来，票据市场同时流通纸质和电子两种商业汇票，纸质票据在企业和商业银行之间线下流通，而电子票据在电子商业汇票系统进行流通。票交所致力于推动纸电票系统融合和规则的统一，对于票据市场的发展具有重大的意义。首先，通过纸电票融合，票据市场参与主体将更加多元化，电票交易参与者范围将从银行、财务公司扩大到所有持牌金融机构，票据在二级市场上的投资属性将大幅提高。其次，票据市场将建立统一的风险监测与防范体系，在中国人民银行的指导下，票交所将可能协调统一对纸票和电票的监管要求，促进票据市场的一体化发展。最后，纸票和电票将建立统一的产品创新体系，探索研究发展适应现代企业资金融通需求和监管合规要求的票据创新产品，更好地服务实体经济。

三、票交所的建立对票据市场的影响

票交所的成立及其所带来的一系列票据业务制度、规则的创新，使各市场参与者的利益格局发生了变化，也深刻影响了票据市场的业务生态。

（一）票据市场生态环境趋向优化

票交所以贴现后的商业汇票（包括电子票据和纸质票据）为标的，按照“自行存管、集中登记、无纸化交易、票款对付结算”的业务框架，推动票据市场实现信息透明、集中托管、电子平台交易和无纸化流转，将票据业务链条各环节从顶层设计角度进行了重新优化，票据市场整体效率不断提高，社会总成本大幅降低，风险防范水平进一步提升，票据市场创新空间更加广阔，未来商业信用体系建设将因此获得助力和突破。

一是首次实现票据市场全量信息集中，彻底改变了对票据基础信息掌握的困境。票交所通过对票据进行全生命周期管理，采集掌握每张票据流转各个阶段的核心信息，这将彻底改变过去票据市场信息不透明、缺乏宏微观层面准确数据的情况，为票据市场风险防控、金融更精准地服务实体经济、票据业务大数据分析、票据收益率曲线研究、商业信用推动以及票据市场的创新发展等打下坚实基础。

二是实现票据交易的统一线上化集中模式，彻底改变了过去票据交易区域分散、线上线下并存、纸票电票分割的市场交易模式。所有参与者均通过票交所系统开展交易，有效地解决了市场分割问题，交易效率、风险防控、社会成本、数据分析等方面均有了质的优化。票交所对开展交易的票据资产进行了标准化改造，票据市场价格发现功能显著增强，有利于促进融资端成本降低。

三是全面提升票据业务电子化水平，有效降低了业务风险。票交所机制全面推进了我国票据业务电子化水平，对贴现后的纸质票据进行电子化处理，有效避免了纸质票据交易过程中存在的风险，票据流转的各个环节都有痕可查，显著提高了交易的透明度。票款对付的结算安排也极大地降低了结算风险，提高了交易效率。

四是首次实现了票据市场参与主体的扩容，为降低融资成本和深化发展创造了条件。票交所时代的参与主体从银行类机构扩容至证券公司、基金公司等非银机构，以及非法人产品类主体。参与者的丰富为票据市场注入了新的活力，在参与者多元化、交易需求多样化、交易模式复杂化的背景下，未来票据市场充满了创新的生命力，这也为票据业务的深化创新发展奠定了基础。

五是多环节实现了票据业务流程的简化。票据业务流程从贴现业务不审核合同发票、票据交易不提供跟单资料、票据托收的线上无纸化、资金扣划的自动化等多个方面，进一步提升业务办理效率，同时有效控制各环节的风险，提高了票据市场流动性，降低了实体企业融资的时间成本和财务成本。

（二）票交所模式对票据市场组织架构的影响

1. 纸票交易由分散式转向中心化。纸票交易组织形式从线下互相寻找交易对象的分散式模式，转向线上以票交所为信息集散地的中心化模式，参与机构作为会员直接接入票交所系统，在系统平台上进行转贴现、质押式回购等交易（见图1－1）。

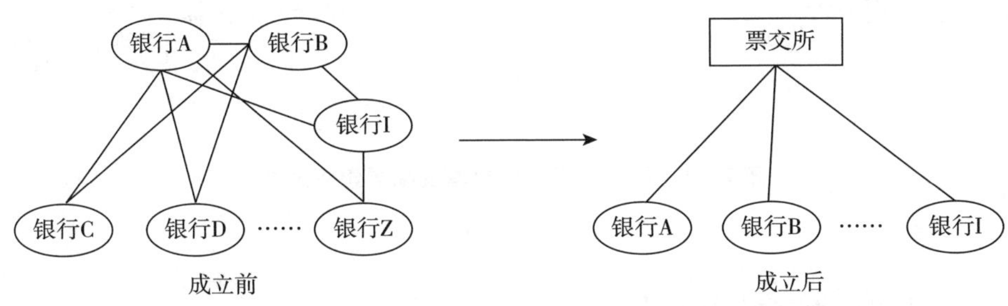

图1－1　票交所成立前后纸票交易组织形式的转变

2. 电票交易由多层级转向扁平化。票交所成立前，电票市场以电子商业汇票系统（ECDS）为中心（见图1－2）。商业银行等金融机构连接电子商业汇票系统，通过网银在线上为企业提供开票、企业间背书转让、质押、保证、托收等基础服务。电子商业汇票系统是按照票据的支付功能和支付流程进行设计的，其并无市场报价交易功能，银行之间的票据交易仍通过线下报价的方式实现。从金融机构接入电子商业汇票系统的连接方式来看，主要有两种模式：一种是直接与电子商业汇票系统连接，这类机构一般规模较大，技术力量强，其通过自主开发改造行内票据系统可实现直连；另一种是通过代理与电子商业汇票系统连接，这类机构规模相对较小，比如大部分农信社、村镇银行等，由于技术力量尚达不到电子商业汇票系统的要求，往往通过大的机构或第三方代理机构实现代理接入，通过第三方机构提供的业务系统参与业务。票交所成立后，随着电子商业汇票系统与票交所的融合，电票业务的组织形态也发生了改变（见图 1－3）。

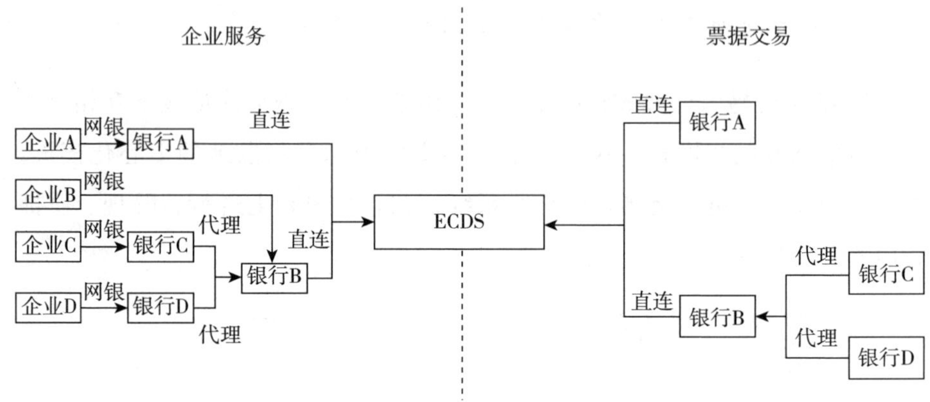

图 1－2　票交所成立前电票交易的组织形式

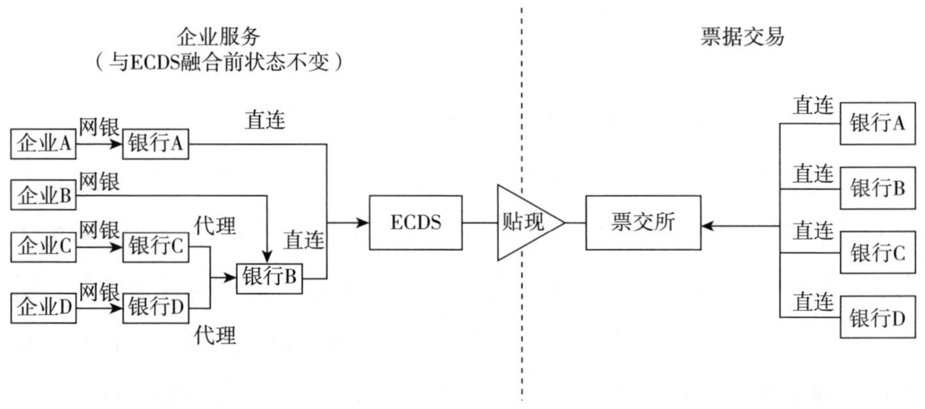

图 1－3　票交所成立后电票交易的组织形式

（三）票交所模式对票据市场参与主体的影响

1. 银行机构的传统业务模式发生巨大改变。票交所时代，商业银行票据业务迎来了新的发展机遇，同时也面临诸多挑战。更加新颖丰富的票据交易品种、更加安全高效的交易平台、更加灵活的交易方式等为商业银行票据业务创新发展注入了新的活力，但同时，信息更加透明、市场参与者多元化，也使商业银行面临着商业模式重塑、组织架构重整、从业人员转岗、流程制度再造和战略定位重构的挑战。

（1）对票据业务各个环节的影响。

一是在开票环节，短期内电子商业汇票承兑量在政策和机构自身意愿影响下有所提升。根据《票据交易管理办法》的规定，纸质商业汇票的承兑人或其开户行在办理承兑业务后须完成信息登记，对于尚未实现直连的银行，客户端的登记工作增加了一定的操作风险和人员配备压力。当然，随着票交所直连模式的逐步推广，这一影响将逐渐减弱直至消失。

二是在交易环节，交易效率提高，规范性增强。在票交所模式下，纸质商业汇票电子化权属登记解决了传统交易中票据实物交接的问题，大大提高了交易效率。同时，随着非银机构和非法人产品的加入，市场参与者增多，交易的活跃度和交易效率有极大提升。交易规则的统一和场内化交易的安排，提升了交易规范程度，降低了风险。票交所的成立使得交易环节的批发属性增强，交易成本降低，交易利率较传统交易模式有所降低，业务合规性也大大增强。

三是在托收解付环节，票据支付结算纪律的执行有了系统规则和刚性保障，托收解付效率显著提升。在票交所模式下，票据在解付阶段，由承兑行或贴现行委托票交所代为扣划其大额支付系统账户的安排，大大提升了清算效率，有效解决了过去有些机构“拥有付款能力，缺乏付款意愿”的情形，极大地保障了票据权利人的合法权益。而对解付银行而言，其在资金头寸管理方面调整优化的要求则明显提高。

（2）对银行机构经营管理的影响。

一是银行票据部门的经营架构发生重大改变。在票交所模式下，传统的票据部门前台、中台、后台管理架构开始重塑。传统的前台营销人员会随着交易场内化、线上化而大幅缩减；中台风控人员和交易策略研究人员的知识结构面临调整，对其风险量化及投研能力方面的要求会更高；后台运营操作人员会随着电子化程度推进而缩减。票据业务的各管理部门随着票据交易模式转变可能面临合并重组。

二是银行管理支撑流程开始调整和进一步优化。在票交所模式下，银行票据各个业务环节发生了变化，而与之相适应的内部管理支撑流程，如授信管理、头寸管理、风险管理、运营管理等多个业务管理方面均开始进行改变和调整。

2. 非银机构将扩展二级市场交易的广度和深度。按照《票据交易管理办法的规定》，非银机构可以直接作为被背书人进行背书。非银机构和非法人产品直接参与票据市场交易环节，丰富了票据市场资金供给和参与主体，进一步激发了票据市场的潜在活力。随着这些机构的加入，一方面，市场参与者数量增加，交易的广度进一步扩展，活跃了票据二级市场交易；另一方面，市场交易对手层次和类别更加丰富，票据交易的动机和诉求更加多样化，交易的深度进一步拓展。对非银机构而言，票交所为券商、保险、基金增加了一种高流动性资产的投资渠道，对其自身的投资结构同样起到了优化作用。

3. 中央银行可通过票交所提高货币政策再贴现业务的便利性和精准性。

（1）增强中国人民银行再贴现工具操作的便利性。在票交所模式下，再贴现业务从申请、审批到交割等流程耗时均大大缩短。同时，在票交所进行交易的纸质商业汇票不需要实物托收，为中国人民银行使用买断式再贴现品种提供了便利。

（2）增强中央银行再贴现操作的精准性和有效性。在票交所模式下，票据出票企业和贴现企业的信息采集更加完整，管理也更加精细，中央银行可以方便地在线上直接挑选符合调控目标的企业签发的票据进行再贴现操作，从而提高再贴现政策的有效性。

在传统票据交易模式下，票据市场鱼龙混杂，交易活跃带来市场规模扩大的同时也蕴含、集聚了风险。票交所的成立提升了票据市场透明度，提高了票据交易效率，防范了票据业务风险，同时票据业务生态和各市场参与方利益格局也发生了大的改变。作为票据市场基础设施，票交所在票据市场发展中应发挥中流砥柱的作用，特别是在风险防范方面，应密切跟踪市场，加强监测分析，培育敏锐的市场触角，积极推动机制创新、产品创新，在规范市场的同时充分调动各方的积极性，推动票据市场又好又快发展，提升票据市场服务实体经济的能力和水平。

第五节　票据市场国际经验

从国际上看，票据市场是金融市场的重要组成部分。但受到多方面因素的影响，各国的票据市场在经营模式上各有不同，不同国家的票据市场有着不同的发展形态，处于不同的发展阶段。总体来看，英国和日本在国际票据市场具有一定的代表性。英国是现代票据市场发展最早的国家之一，在19世纪前后是国际票据市场的中心；日本是20世纪发展起来的经济强国，其票据市场的发展在追赶型经济体中具有代表性。

一、境外票据市场的特点

相对于我国现有的票据市场而言，境外票据市场的发展具有以下几个特点：

1. 融资性商业票据占有重要地位。无论是美国和英国，还是日本和我国台湾地区，商业票据都占据了票据市场的主要地位。普通的商业票据实质上是一种无担保短期融资工具，一般由信誉好、实力雄厚的大公司和金融机构通过货币市场发行，而小企业一般通过资产支持、信用支持等方式发行商业票据进行融资。

2. 票据市场参与主体广泛，多数有票据专营机构。境外票据市场的参与者非常广泛，例如在美国，票据发行人既包括大型非金融企业和ABS发行人，也包括商业银行、外国金融类企业、融资公司等金融机构；票据购买主体多来自各类机构投资者。在英国、日本和我国台湾地区都存在票据专营公司，且在整个票据市场起到了桥梁和枢纽的作用，例如英国的票据贴现行、日本的短资公司以及中国台湾的票券金融公司等。票据专营机构的存在提高了票据市场的运行周转效率，促进了商业票据市场的健康有序发展。

3. 商业信用体系和评级制度较为完善。与银行承兑汇票不同，商业票据的发行主要基于企业和金融机构的商业信用，因此，商业票据的发行与流通，是建立在完善的、健全的商业信用体系之上的，只有这样才能保证和维护整个商业票据市场的合理定价和正常流转。此外，商业信用的价值集中反映在合格的信用评级机构给予的信用评级上。评级机构的评级是投资者是否持有以及以何种价格持有商业票据的关键。

4. 市场结构完善，开放程度高，有利于形成定价中枢。在大多数国家和地区，商业票据同国库券、银行承兑汇票以及可转让定期存单等其他货币市场工具一起构成了货币市场体系。票据市场呈现出较高的开放性，贴现利率几乎完全由市场供求关系决定。整个货币市场交易工具的定价往往依据类似的基准，活跃和统一的交易有利于更加快速地形成市场认同的利率期限结构，有利于新发行工具的合理定价。

二、英日票据市场的历史沿革及发展现状

（一）英国市场

1. 汇票历史悠久，主要用于国际贸易并一度繁盛，但停留在纸质形式，多样化工具出现等因素导致规模已较小。汇票在英国历史悠久。早在13世纪，英国的意大利商人就开始使用类似汇票的票据，解决了国际贸易支付中使用金银币结算不便利的问题。在此基础上，一些熟知贸易商信用的商人，开始提供类似承兑的服务，发挥了担保增信作用，并提供类似贴现的服务，解决了急需现金的问题，后来转型成为专门提供金融服务的商

人银行（merchant bank）。而随着国际贸易的增长，英国的票据市场快速发展，并先后于 1698 年出台《票据付款法》（*The Payment of Bills Act*）、1704 年出台《本票法》（*Promissory Notes Act*）、1882 年出台《汇票法》（*Bills of Exchange Act*），诞生了现代意义上的票据。

到 19 世纪，英国成为世界第一强国，贸易和金融是两大重要支柱。当时，伦敦开出的汇票已经成为国际贸易中的标准支付融资工具，年周转量从 1840 年的 4.25 亿英镑增长到 1913 年的约 20 亿英镑。而国际贸易收付款沉淀的大量短期闲置资金，有着旺盛的投资交易需求，又促进了英国汇票二级市场的发展。在此期间，专业机构发挥了关键作用。一类是商人银行，它们对贸易商开出的汇票进行承兑（accept），形成承兑汇票。相比只有一个承诺付款人的“单名票据”，承兑汇票有签发人和承兑人两个承诺付款人，故称为“双名票据”。双名票据的信用更高，有效拓展了市场。另一类是贴现所（discount house），又称为票据经纪商（bill broker），它们是汇票二级市场的主体，一方面担当中介撮合交易，另一方面运用自有资金贴现再转让交易，还具备资格向英格兰银行申请再贴现，带动了市场繁荣。

20 世纪上半叶，受第一次世界大战、1929—1933 年大萧条、第二次世界大战的接连冲击，英国的汇票市场几近崩溃。而随着第二次世界大战后英国强国地位的丧失和国际贸易的缩减，汇票市场繁荣难再现，商人银行、贴现所等专业机构或转战外汇等其他市场，或消亡退出。再其后，随着科技发展带来电子化支付结算手段的应用，以及商业信用积累带来商业票据等新融资工具的崛起，英国的汇票市场进一步萎缩。

时至今日，汇票在英国多用于金融机构之间的国际结算业务，本票则多用于地产公司大宗土地买卖交易或者电信公司大型设备采购，商业银行可提供一些保付（avalization）和贴现服务，但总体规模较小。除了支付融资工具选择多样化外，市场主体较少使用票据的原因包括：仍然采用纸质凭证形式，签发、流转不便利；纸质票据到期付款时，无法实现自动化快速处理，业务效率低；法律对票据结算灵活性限制严格，不能满足使用者需求；等等。

2. 依托供应链开展贸易及应收款融资，便利商业信用由大企业向中小企业传递，而银行信用类产品呈缩减态势。

一是依托供应链开展发票融资，运用商业信用实现现金流传递，近二十年发展较快。在英国，金融机构的资源同样向大企业倾斜。与我国不同的是，一方面，大企业凭借其对供应链上中小企业经营状况的了解，结合销售订单、物流等贸易信息，愿意为中小企业提供信用担保和信用额度共享，使得中小企业可以凭借大企业开出的订单发票向银行寻求融资，比如汇丰银行推出了基于发票的供应链解决方案（Supply Chain Solutions Approved Invoice），一定程度上解决了中小企业资信不足、抵押担保资源匮乏等导致的融资难题；另一方面，资金充裕的大企业通常会按照合同和订单约定，如期向卖方支付货款，不需要用汇票、本票等要式性的延期支付工具来约束，也缓解了中小企业的经营现金流压力。

二是依托供应链创新国际贸易融资产品，嵌入商业承兑汇票开展贴现融资。在国际贸易中，出口贸易商可在跟单托收、信用证等国际支付项下，签发以买方为付款人并经买方承兑的汇票，由买方在汇票到期后支付货款。为了缓解这一延期支付安排下卖方所承受的现金流压力，英国银行业创新出多种贸易融资产品。例如，渣打银行推出了基于买方信用的票据贴现产品（Bill Discounting Against Buyer Risk，BDBR），在买卖双方都是渣打银行客户并且使用跟单托收这一结算方式的前提下，卖方可以申请使用BDBR，签发以买方为付款人的汇票，经买方承兑后由渣打银行办理贴现，从而加速资金回笼（见图1－4）。

三是信用证发展趋缓，银行信用类产品整体呈缩减态势。据东方汇理银行消息，自20世纪90年代以来，在贸易新形势下，信用证在贸易结算中的使用率持续下降，呈现去信用证化的趋势。究其原因：其一，信用证自身有局限，包括结算程序复杂、耗时长、费用高，收取货物与支付货款

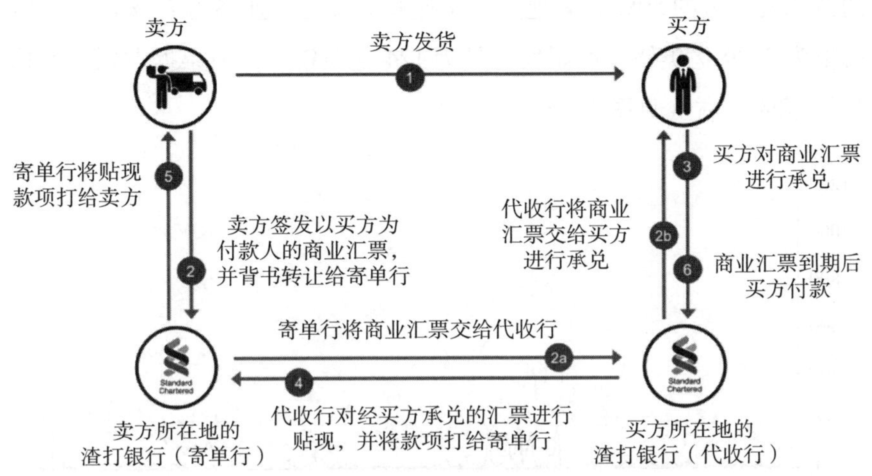

图1－4　基于买方信用的票据贴现产品（BDBR）业务流程

（资料来源：渣打银行）

脱节隐藏风险等。其二，国际保理和福费廷等更多基于商业信用的结算融资方式发展很快，既能够锁定贸易风险，又能够跟随新形势优化，更好地满足了企业需求。其三，跨国公司供应链快速发展，它们以本国为基地，通过对外直接投资，在世界范围内设立分支机构或子公司，从事国际化生产和经营活动，使母公司与子公司之间、子公司与子公司之间的贸易有相当部分转为内部供应链模式，贸易双方的信用风险大大降低，对单证的要求下降，对信用证的使用自然减少。

3. 商业票据准入门槛高，以服务大型企业为主，在直接融资市场占比高。1986 年，商业票据（Commercial Paper，CP）在英国获准发行。其在发行主体方面有着较为严格的要求，发行主体必须在伦敦证券交易所上市并且净资产在5000 万英镑以上，或为该类企业的子公司并获得母公司担保，发行期限为 7 ~364 天，最低发行面额为 50 万英镑。经过三十多年的发展，目前商业票据在英国大中型企业融资中占据重要地位。2019 年 1—10 月，商业票据发行量达到 1577 亿英镑，其中，存款类金融机构的发行量约占总发行量的 50%，其他金融企业和非金融企业各占 25% 左右。债券发行量为 2229 亿英镑，股票发行量为 124 亿英镑，商业票据占到三者总发行量的 40% 左右（见图 1－5）。

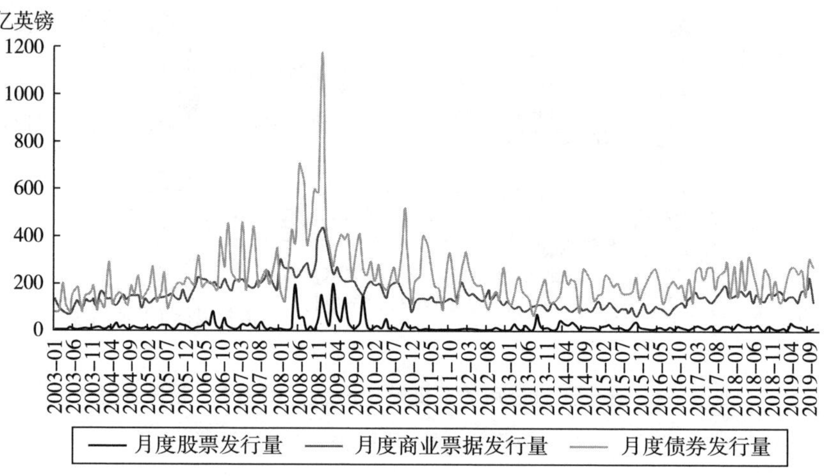

图 1－5　英国商业票据、债券、股票发行量（2003. 01—2019. 10）

（数据来源：英格兰银行）

此外，伦敦金融市场不仅发行以英镑计价的商业票据，也是以美元计价为主的欧洲商业票据（Euro CP）① 市场的中心。英国市场上发行的除英镑外以其他货币计价的商业票据约占所有商业票据的一半。

（二）日本市场

1. 汇票发展一波三折，过去三十年显著缩减，纸质形式操作烦琐、流转成本高、易遗失被盗是主因。日本于 1882 年颁布实施《汇票本票条例》，开始推行汇票本票业务。实施初期，日本官员奔赴各地银行进行票据普及宣传，指导企业将票据作为企业间贸易的支付手段。此后，随着国际贸易的发展，汇票开始在日本境内外贸易往来中流通。1919 年，日本银

① 欧洲商业票据指在本国以外的市场（既包括欧洲也包括其他国家）发行的商业票据。

行开始对汇票进行再贴现，进一步引导市场发展，但规模一直不大。1927年，昭和经济危机（The Showa Financial Crisis）爆发，沉重打击了日本的进出口贸易，汇票市场在1928年完全崩溃。此后一段时间，日本进入战时状态，市场发展处于停滞状态。

第二次世界大战后，日本在美国的帮助下重建，其进出口贸易迅速复苏。这一阶段日本没有发展日元汇票市场，在对外贸易中大量使用美元结算，依赖美元汇票进行贸易融资。到了20世纪50年代末，日元对美元汇率回升，日本在美元汇票市场中的份额迅速上升，1958年末占比仅为14%，1961年迅速攀升至56%（见图1-6）。此后，随着其他国家增加对美元汇票的使用，日本在美元汇票市场中的份额在80年代迅速下降，到1985年末仅占15%。到80年代后期，伴随电子化支付系统以及外汇市场的发展，汇票作为跨国支付工具逐步退出舞台，国际上美元汇票市场发展停滞，日本美元汇票的使用也逐步萎缩。此外，尽管日本在第二次世界大战后一直使用美元汇票，但日本商界学界关于重建日元汇票市场的讨论从未停止。1983年11月，日元—美元委员会（The Japan - U. S. Yen - Dollar

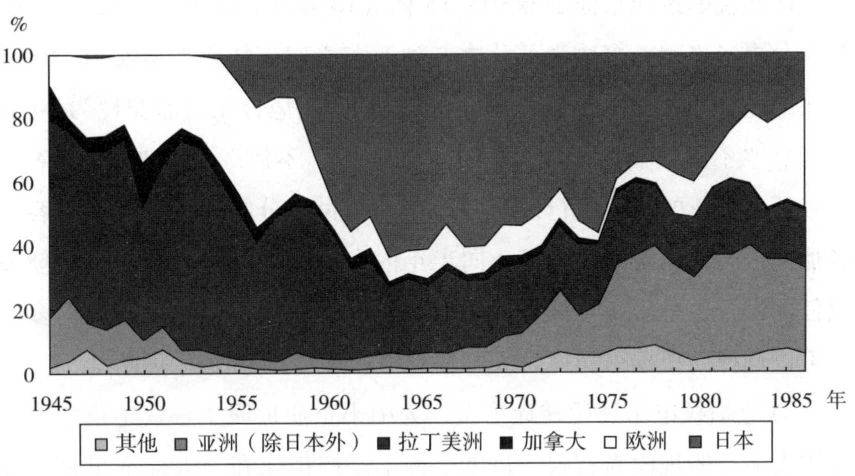

图1-6　除美国以外的国家和地区使用美元汇票的比例（1945—1985年）

［资料来源：美国财政部，Kanaoka K.（2007）］

Committee）成立，开始正式讨论这一事项。1985 年 6 月，日本重启日元汇票市场，允许金融机构、企业和非居民参与。

在 20 世纪七八十年代，汇票在日本中小企业支付融资中发挥了重要作用。根据日本银行业协会数据，1990 年签发量曾达到峰值 72 万亿日元。票据领域的专业机构短资公司（Tanshi Companies）在其中发挥了积极作用：它们一方面撮合金融机构间的票据买卖，提升了票据的流通性；另一方面开展一定量的自营交易，进而与日本的中央银行——日本银行进行票据买卖，成为中央银行通过票据市场投放资金的专用渠道，丰富了金融调控手段，也进一步活跃了市场。

但此后，日本汇票使用量逐步减少，根据日本银行业协会数据，2016 年已减少到 23 万亿日元，较 1990 年下降近 70%，而流转量降幅更大，2018 年仅占 1990 年峰值的 5% 左右。究其原因，主要有以下几点：一是管理成本高、风险大。日本的汇票一直为纸质形式，随着业务量增长，签发、传递、保管、到期兑付等操作烦琐问题日益显现，且存在较大的遗失、被盗、伪造等风险。二是税费较高。除手续费外，日本对汇票征收印花税，印花税率按照票面金额分为 15 档（10 万日元以下免征），在万分之二到千分之二之间，多数为万分之二到万分之四。如票面金额 10 万 ~ 100 万日元的印花税为 200 日元，票面金额超过 10 亿日元的印花税为 20 万日元。三是“不渡”制度影响大。日本的票据“不渡”制度是指 1894 年由东京银行集会所的加盟银行发起并建立的拒付处分制度，其主要内容是要求各加盟银行在一定期限内停止向半年内有过两次拒付记录的票据债务人提供任何银行金融服务。据悉，目前该制度仍在执行，企业在有更多样化工具可供选择而票据处罚压力大的情况下，逐步放弃使用票据。

2. 建立债权电子登记转让平台，为中小企业扩展了融资渠道，业务量持续扩大但总体规模尚有限。过度依赖不动产担保和个人保证也是日本中小企业融资难的重要原因。为摆脱上述限制，日本中小企业探索利用债权转让进行融资。特别是过去近三十年，随着票据签发数量减少，票据融资手段逐步丧失，债权转让逐渐成为中小企业重要的融资渠道。为了顺应这种趋势，仿照票据有关优点，简化债权转让对抗第三人的要件以及防范债权双重转让的风险，日本政府于1998年颁布《与债权让渡的对抗要件相关的民法特例法》，保障并促进了债权转让市场的发展。

为了解决债权线下转让成本高、效率低等缺陷，进一步提升业务效用，日本国会于2007年6月通过了《电子记录债权法》，自2008年12月起施行，它是世界上第一部规范债权电子化交易的法律，主要内容包括电子记录债权的发生、转让、保证、质押以及电子债权登记机构的设立、登记业务的开展以及对电子债权登记机构的监管等。依照《电子记录债权法》的规定，日本银行业协会于2013年2月建立了全国统一的债权电子登记转让平台进行债权电子化登记转让，克服了纸质票据签发流转存在的弊病，还创新了可分割转让的功能以进一步便利企业。6年多来，该平台业务量保持了持续增长态势（见图1－7）。到2019年10月，债权电子登记转让平台使用者数量超过45万家，当月债权登记数量近30万件、金额近2万亿日元，其中中小企业占比约70%，当月债权转让数量超过5万件、

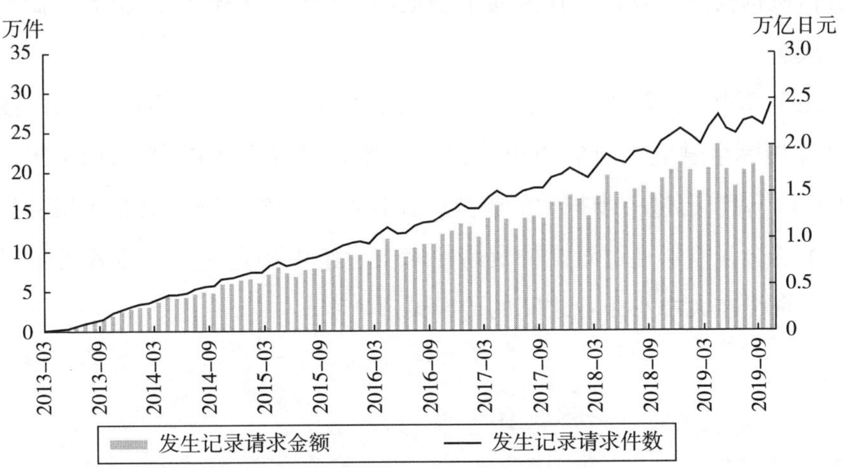

图1－7　日本债权电子登记转让平台发展情况（2013.03—2019.10）

（资料来源：日本银行业协会）

金额约3600亿日元，10月末登记债权余额约7万亿日元、涉及合同超过62万件。

3. 商业票据参与主体评级要求高、数量有限，近年来增长较快，一定程度上贯通了大中小企业的资金融通渠道。日本的商业票据于1987年11月推出。信用等级高的企业可以不使用担保，以贴现方式发行商业票据，在市场上筹措短期资金，其期限最初设定为1～6个月，1988年12月调整为2周至9个月，1998年又进一步放宽至1年。从2003年7月起，开始无纸化发行交易。

日本对商业票据管理严格。在市场准入上，虽然发行没有担保要求，但除非满足一些苛刻条件①，发行人需要从金融机构获得备用信用额度。从1988年12月起，日本对备用信用额度的要求有所降低。若商业票据具有A－1评级，且财务指标符合一定要求，则不需要备用信用额度；不符合的，必须按照发行价值的50%备用信用额度。在发行主体和方式上，日本在商业票据发展初期，不允许金融机构因自身融资需求发行商业票据，直到1998年有关规定才被放开。在市场参与者方面，日本的商业票据只面向合格机构投资者发行，在流通市场上由短资公司提供经纪服务，撮合交易达成。

截至2019年7月，日本商业票据发行余额为21.6万亿日元，接近2008年国际金融危机前的历史峰值，且随着发行主体扩容（2019年末约530家），规模有进一步扩大的趋势。在日本，大企业发行商业票据募集的低成本资金，能够通过日常的贸易往来支付给中小企业，一定程度上贯通了社会资金在大中小企业之间的传导渠道。

① 从1987年11月起，如果公司符合以下两个条件之一，则不需要金融机构的备用信贷额度：一是有AAA评级或净值>3000亿日元且有AA评级；二是同时满足以下四个条件，即净值>2000亿日元、流动资产>2000亿日元、流动性比率>100%、流动资产比率>80%。

三、英日票据相关市场发展的主要特点

1. 工具品种的发展演变，是适应经济环境变化和时代进步需要的结果，最终落脚点是满足实体经济的需求。从英国票据相关市场的发展看，汇票源于18世纪、19世纪世界范围内的贸易及贸易融资方兴未艾之时。来自其他国家的贸易商在伦敦金融市场的信用不足，伦敦的商人银行通过对汇票进行承兑，弥补了他国贸易商的信用，极大地促进了汇票的流通和贸易的发展，也促成了伦敦成为全球金融中心。而在英国的国际贸易受到巨大冲击、国际地位显著下降后，依附于其上的汇票发展遇阻，后续也没有跟进科技发展引领的时代变革步伐，在自身便利操作难实现、替代品更好适应需求的情况下，只能作为小众产品存在。与此同时，随着商业信用的培育崛起、供应链的深化发展，商业票据、发票融资等取得了长足发展，附着银行信用的产品运用式微。

日本的情况类似。20世纪初，随着国内外贸易的发展，日本同时使用日元和美元汇票进行结算。第二次世界大战后，重建中日本与美国有着频繁的贸易往来，因此主要使用美元汇票结算。1985年日元汇票重启，一度成为中小企业支付融资的主要手段。但后续由于没有与时俱进地进行改革创新，汇票管理成本高、税费高、操作风险大，不再成为企业的优先选择，业务量持续大幅下降。具备替代功能的新工具则逐步产生发展，比如债权转让市场的兴起，债权电子登记转让平台的建立，正成长为日本诸多中小企业积极参与的重要市场，弥补了票据业务萎缩所产生的供给缺口。

2. 政府的支持、政策的扶持有力地引导了票据相关市场的发展方向。从英国的情况看，18世纪以前类似汇票的票据业务在欧洲大陆很多国家都在萌芽发展，包括意大利、比利时、荷兰等，部分地区的业务创新还领先于伦敦，比如荷兰的阿姆斯特丹、比利时的安特卫普等，但英国最早以法律的形式将业务形态固化下来，即17世纪末到19世纪的《票据付款法》《本票法》《汇票法》，率先确立了现代意义上的票据。后续，英国政府还

通过出台政策扶持了贴现所这类票据专业机构，并引入中央银行的再贴现工具，有力地支持了市场的深化拓展。此后很多国家票据市场乃至货币市场的建立和发展，多是借鉴英国这种模式。

日本的货币市场建立于19世纪末，主要是模仿伦敦货币市场而建，但其汇票业务开展初期并不理想。直到20世纪70年代，日本银行介入其中，参与票据市场买卖、实施公开市场操作，一度成为该市场的主要资金供给者，90年代占比曾超过70%，从而有力地引导了其发展。此后日本商业票据市场的建立发展，也是日本银行积极扶持的结果。在1987年11月推出商业票据一年半后，1989年5月，日本银行即开始使用商业票据进行公开市场操作。近年来，日本银行通过负利率政策以及直接参与二级市场购买政策，不定期开展符合其标准的商业票据竞标购买，规模保持在2.2万亿日元左右，引导商业票据发行利率降至零利率略高水平，激发了更多大企业参与发行的热情，有效地激活了商业票据市场进一步发展的势头。

3. 经纪商、做市商等专业机构在票据相关市场发展中起到了积极有益的作用。英国以贴现所为代表，在其汇票市场的发展中起到关键作用。贴现所起源于18世纪末19世纪初的票据经纪商。当时英国的商业银行多为区域性小银行，没有分支机构，票据经纪商充当中介人，从资金短缺方收集汇票交给资金盈余方进行贴现，并赚取佣金。1825年英国爆发金融危机，促使银行在其资产配置中增加汇票、拆出资金等流动性资产，这不仅扩大了对汇票的需求，也使票据经纪商有机会从银行融入资金并自营票据贴现，逐渐从票据经纪商向贴现所转变。1830年，部分贴现所获得英格兰银行再贴现资格，英格兰银行专门通过向这些贴现所提供资金间接参与贴现市场，传导货币政策。20世纪以来，随着汇票使用的减少，贴现所的生存地位受到挑战。考虑到贴现所在历史上的贡献，英格兰银行曾赋予其承销政府短期债券的特权，使贴现所得以生存下来。后来这类机构凭借在货币市场上积累的经验，转向货币市场基金管理等方向发展，实现了业务转型。

日本则以短资公司为代表，其前身即是票据经纪商。比如笔者曾调研的东京短资公司（Tokyo Tanshi），其1909年成立时名称为柳田票据经纪公司（Yanagida Bill Broker）。1971年日本政府力推票据二级市场发展，正是借助这些机构开展的。一方面，允许各类型金融机构开展票据买卖，但要求通过短资公司作为中介；另一方面，赋予短资公司自营参与票据市场的资格，并从1972年起通过短资公司参与票据市场买卖，以调节货币供应量。1987年商业票据市场建立后，短资公司也作为经纪商参与其中，并通过一定量的自营买卖，同样发挥着货币政策传导渠道的作用。

四、结语

通过观察国际票据市场发展情况可以看到，作为短期支付融资工具，票据的生命力在于便利，否则很容易被市场淘汰，应当持续完善相关业务功能。不论是英国还是日本，汇票市场显著萎缩的一个重要原因在于长期停留在纸质凭证阶段，签发、传递、保管、到期兑付等成本高、风险大，更无法适应互联网时代电子商务的快速发展，当其他电子化形式、更为便捷高效的工具产生以后，逐步被替代。而纵览全球，我国早在2009年即建成电子商业汇票系统、推出电子商业汇票，是具有前瞻性的、重大的业务创新和机制创新。经过十多年的发展，特别是票交所成立以来，电子商业汇票发展显著加速，目前签发、流转、交易的市场占比均超过95%。但根据市场调研，我国汇票使用的便捷度和功能发挥仍有待提高。

此外，在良好的信用环境下，依托商业信用开展融资是大势所趋，但我国还需合力培育商业信用，去银行信用尚需时日。银行信用在国际、国内贸易中的“脱媒”明显，几十年甚至上百年培育出的良好商业信用环境是重要基础。当今发达国家已经培育形成了以大企业为信用核心，获得主要的金融资源支持后，通过信用担保、“短账期＋现金”等方式向中小企业进行信用传递及资金传导的运行模式，有效地减轻了中小企业的融资压力。反观国内汇票市场，银票、商票比例持续保持在9:1的水平，反映了我国信用环境不够完善的现状，不得已必须依靠银行信用作补充。鉴于此，我国良好商业信用环境的培育仍需加强顶层设计、逐步规范引导、日积月累形成。在此之前，银行信用占主导、银行承兑汇票为主体的状况必将持续，既适应了我国社会信用制度尚不健全的现状，也满足了我国当前经济转型关键阶段实体经济特别是中小微企业的发展需求。当前仍应当完善好、维护好商业信用环境，让其发挥应有的积极作用。

第二章　票据的支付与融资属性及其演进

第一节　票据的支付属性

一、支付的定义

（一）原始的物物交换经济条件下不存在支付的需要

在社会经济活动中，个人或家庭需要购买生活用品以满足生活需求，企业需要购买生产所用的原材料，在这些交易活动中，无不需要通过给付货币来完成交易。事实上，支付无处不在，是社会经济的微观活动中最重要的组成部分之一。

支付并不是社会经济的天然组成部分。早期人类的经济活动主要是自给自足的自然经济，生产活动的产品种类非常有限，也主要是自给自足。如果别人拥有自己想要的产品，则一般采用物物交换的方式实现。在这种社会经济状态下，物物交换足以适应日常的经济生产活动，并不需要产品交换的媒介来完成交换。

但当社会经济逐步发展，生产活动的产品种类越来越丰富，生产活动开始出现专业化分工之后，越来越多的产品从自给自足进入商品交易。在这种情况下，物物交换双方由于需要在时间、地点、商品数量和交换需求上产生耦合，需求信息匹配的成本很高，就显得效率非常低了。

（二）商品经济条件下的支付媒介

当社会经济产生了足够的生产剩余，产生了广泛的物物交换需求，特别是社会生产专业分工条件下，原始的物物交换已经完全无法满足大量生产剩余产品的交换需求时，商品经济即产生了，从一般商品抽象出某个固定商品作为交易媒介自然就有了必要。亚当·斯密在《国富论》中指出："一旦劳务分工被广泛运用，一个人的需求中就只有极少部分由他自己的劳动的产品来满足。随着商品经济日益发达，产业分工不断细化，自给自足式的田园生活正在逐渐离我们远去，那些能满足人们生产和生活需要的、品目繁多的商品只能通过各种支付方式和支付渠道等价交换取得。"①

经济活动通常伴随商品、信息或者服务以及资金的双向转移，其中商品、信息或者服务在空间、介质等意义上的转移，即是社会生产活动产品的交换，而资金的对向转移就是所谓的"支付"了。换言之，支付就是"社会经济活动引起的债权债务清偿及货币转移行为"②，再简言之就是"货币转移"活动。

（三）支付媒介的形态变化

从远古时代的贝壳，到金银等贵金属，到具有银行券性质的"交子"，到政府发行的法定纸币，再到电子货币，以及信用支付类的支票、商业汇票等，人类从具有社会性、规模性的经济活动诞生开始，货币或类货币的支付工具形态发生了一系列变革。

随着社会经济的发展，专业分工越来越细，特别是商品交易的空间越来越广阔，支付过程也越来越复杂，贸易各方在资金支付上更加难以完全

---

① 亚当·斯密．国富论［M］．唐日松，译．北京：华夏出版社，2005.

② 中国支付清算协会．支付清算理论与实务［M］．北京：中国金融出版社，2017.

实现时间、地点的耦合并使用货币现金进行支付，出现了一系列支付工具和提供支付服务的机构。例如，中国近代以来出现的山西等北方各地票号、浙江和上海等南方各地钱庄与欧洲近代出现的银行业机构，以及随之产生的新支付工具如票据、银行账户等，使得实物货币的支付不再是唯一的选择，也就使得单纯地将支付定义为“货币转移活动”不准确了。

国际结算银行支付结算委员会（BIS CPSS）将支付定义为“付款人向收款人转移可以接受的货币债权的过程”（The payer's transfer of a monetary claim on a party acceptable to the payee.）①，即银行账户余额（即对于开户银行的货币债权）的转让、票据权利（对承兑人的货币债权）的转让都是支付过程，将货币之外的其他“可接受的货币债权”纳入了支付的定义。

（四）信用支付工具：商业信用的介入

归根结底，支付的需要来自交易下实际的资金交割行为晚于交易的商品、信息等的交割行为，形成了交易双方的应收和应付关系。这一应收应付关系本质上即引入了应付款人的商业信用。

正常情况下，商业信用产生于资金支付时点和商品交割时点的分离，那么商业信用的信用方应当在约定的时间内支付相应的法定货币。而货币是由中央银行发行的国家信用，那么货币转移的过程，本质上即是以法定货币的国家信用来替代应收应付的商业信用，实现对应收应付关系中债权债务的消灭。

当然，支付过程并不必然体现为国家信用对商业信用的消灭。当商业信用本身具有较高接受度，也具有凭证化的条件，可以形成一个可转让的客体时，商业信用就具备了债权流转的基本条件，其凭证就可以作为类货币了。而商业信用凭证作为类货币在付款人向收款人以支付贸易对价为目的的转让

① Committee of Payment and Settlement System. A glossary of terms used in payments and settlement system [J]. Bank of International Settlement, 2003: 37.

过程中，实现了以商业信用凭证为表现的“货币债权”的转移，即是以商业信用而非国家信用（即法定货币）为货币债权载体的支付行为。

（五）商业信用票据化进程与票据信用

正如前文所述，在商品经济条件下，商品赊销、延期付款情况下必然产生口头信用、挂账信用等形式的商业信用，它是企业间的直接信用关系，是一种基础性的信用关系。这些商业信用是基础和初级的，虽有优点，但缺陷明显。一方面，它尚未凭证化，没有信用凭证；另一方面，商业信用的约束较弱，容易导致违约拖欠、故意欺诈等信用违约纠纷。商业信用既要充分发挥其作用，也要防止负面影响，因此必然在一定的历史阶段产生对商业信用行为进行规范的要求，促使基础的商业信用向更高阶、规范的方向进化。

票据信用是在商品贸易和应收应付的商业信用不断演变和进化中产生出来的一种特殊的商业信用，以票据信用替代一般商业信用、实现商业信用票据化也就水到渠成。一旦商业信用票据化，票据凭证替代商业凭证，即成为一种更加高阶和可接受的信用支付工具。

至于商业信用、票据信用各有何特点，以及为什么票据信用可以替代商业信用形成更为高阶的支付工具，本节不再赘述，感兴趣的读者可以参阅本章第四节关于票据支付和融资属性的特点分析。

二、票据的支付属性

（一）票据的第一层支付属性：汇兑作用

票据是代表一定货币债权的法律文件。现行汇票制度也主要基于票据的汇兑功能而构建。票据的汇兑功能，是票据最基本、最原始的功能，代替了现金支付未清偿交易的债权债务，解决跨区域贸易的货币流通困难，或者不同货币之间的兑换困难。如果商品流通局限在某一特定的区域，货币流通的问题并不明显，但当商品流通发展到跨区域范围时，金属货币的跨区域流通必然产生运输和安全上的困难，催生了票据这一货币替代物。

一般认为，西方的票据起源于12世纪的意大利。当时，意大利的商业贸易发达，但各商业城市在封建割据下使用的货币种类不一，也存在较强的贸易保护主义，不同种类的货币需要安全可靠地跨城市进行流通和兑换，于是出现了专业的货币兑换商，既经营不同城市货币间的兑换，也从事异地汇兑业务①。商人将货币交给兑换商，兑换商开立一张兑换证，商人持该兑换证向兑换商在另一城市开设的分支柜台领取当地的通用货币。这种兑换证使跨区域的异地结算更为方便，就是汇票的前身。汇票在英文中称为“bill of exchange”，exchange一词也表明汇票最初的作用即是“兑换”。

票据作为汇兑工具在中国的萌芽和发展与欧洲情况类似。18世纪以来，以跨区域贸易为特征的近代经济活动在国内蓬勃发展，扩大了贸易双方的空间分离程度，导致票据作为跨区域支付工具的大量使用。例如，南方的跨区域贸易网如“广州—杭州—上海”等，北方的跨区域贸易网如“晋中—太原—杀虎口—归化—恰克图”等，还有跨南北区域贸易网如“广州—汉口—开封—晋中—北京”等②。同时，贸易总量也越来越大。1840年，粮食、棉花、棉布、丝、丝织品、茶、盐等七种主要商品的市场价值达到3.87亿两白银，即使其中三分之一的白银需要异地支付，按晋商大盛魁商号极盛时期每年1500峰骆驼的运力也要运送14年才能完成异地支付。显然，传统的运现支付方式已经成为以长距离、大规模、大金额为特征的商品经济的严重障碍③。

异地汇兑的需求产生了，信誉高、资本足、分支机构分布较广的商家以票据形式实现货币的汇兑自然就水到渠成了。票据如何实现汇兑结算？

---

① 王孝通．票据法［M］．第二版．北京：商务印书馆，1934：26.

② 宋陆军．支付功能供求均衡与中国近代金融演进研究［D］．太原：山西财经大学硕士学位论文，2011.

③ 黄鉴晖．山西票号史［M］．太原：山西经济出版社，2002.

供应商向购买方卖出货物，买方用票号签发的汇票进行支付；供应商收到汇票后，再将汇票交给票号本地分号，使其代为进行结算，取得现款；票号在公会范围内再进行跨票号的票据清算。

中国第一家票号“日升昌票号”在1824年由其前身西裕成颜料庄更名而来，成为中国第一家专营银钱汇兑、存放款业务的私人金融机构，分号遍及全国各大城市。其时，全国的汇兑业务由山西商人垄断，各大票号资金雄厚、信誉卓著，分支机构遍布全国各大商埠。得益于票号以及钱庄等准金融机构的不断兴盛以及跨地区贸易的不断发展，中国近代金融支付体系逐渐形成，金融支付这一业务便逐渐由镖局异地运送白银转由汇票、庄票等纸质票据所取代，极大地方便了商业贸易的支付和结算。

不过，用作汇兑工具的票据并不天然具有流通性。在充当汇兑工具时，票据由货币兑换商签发，一旦兑换，汇票便结束使用，成为废纸一张。这种意义下的票据实质上是一种权利证明证书，在使用过程中不存在交换环节，自然没有流通可言。

（二）票据的第二层支付属性：背书转让制度的流通性

所谓支付功能，就是票据代替现金使用。票据在汇兑的基础上进一步扩大支付功能，在于背书制度的出现为票据流通性确立了制度基础。背书制度，即持票人为将票据权利转让给他人或者将一定的票据权利授予他人行使，在票据背面或者粘单上记载有关事项并签章，然后将票据交付给背书人的票据行为。持票人以背书和交付票据为转让要件实施转让行为，票据权利即行移转，无须遵循民法关于债权让与需通知债权人等的规定。

这其中涉及两个很重要的概念，票据具有“流通性”（negotiability），而不仅仅是“可转让性”（transferability）。具备汇兑作用的票据，作为一种权利证明文件，显然可以转让，但可转让的债权文书并非当然可以流通。这其中，使票据具有“流通性”而不仅仅是一般债权的“可转让性”的原因在于票据权利证券化，即“把权利表现在证券上，使权利与证券相结合”①，权利让与极为方便，促使票据债权的转让方式与法律效果形成了不同于一般债权的鲜明的特点。

第一个特点，背书转让无须通知债务人。一般债权的转让，让与人与受让人达成合意之后，不通知债务人，则不产生效力，转让仅发生对内效力。而背书转让时，票据债权自背书完成交付时转移，不需要通知债务人，使票据转让更加简便和顺畅。

一般债权的债权人常态情况下较为固定，当债权人转让债权时，为明确债务履行的对象，有必要将债的主体变化通知债务人。但对于票据而言，债务定期实现，且债务履行义务以债权人发起申请为要件，这也就决定了在票据债权实现之前，债务人并不需要掌握票据的流通过程或者具体的持票对象。当票据到期时，债务人可以通过持票人的提示付款来确认债权人并履行债务。

第二个特点，背书转让受抗辩切断制度保护。一般债权的转移，以不丧失同一性为前提，受让人与让与人具有同样的法律地位。受让人继承让与人权利的同时，也继承其瑕疵或负担，换句话说，债权转让时，债务人的抗辩随之转让，债务人能因债权瑕疵向让与人主张的抗辩，不论受让人是否知晓，均能向受让人主张。在这种情况下，转让次数越多，最后一手受让人面临的抗辩也越多。

如果以一般债权的转让规则来规范票据权利的转让，转让次数越多，持票人可能受到的抗辩越多，票据权利的实现越困难，票据的受让人在接受票据之前必然对所有前手的权利一一审查，巨大的成本耗费必然使受让人对票据的使用望而却步，从而难以达到流通的目的。

票据转让次数越多，流通性才能越强，因此票据的背书转让需要抗辩切断制度修正原有规则，以保障流通。票据的背书转让制度中，票据权利的受让人在一般情况下免受债务人对其直接前手或出票人的基于人的抗

① 谢怀栻．票据法概论［M］．北京：法律出版社，2017：1－2.

辩，即票据债务人不得以自己与持票人前手或出票人之间的抗辩事由对抗持票人，除非持票人明知抗辩事由的存在而取得票据。

当然，这种抗辩的切断应限定在强化票据流通的必要限度内。因此，只有基于票据上人的抗辩可以切断，基于物的抗辩，如票据的瑕疵或伪假等抗辩事由仍然成立。

第三个特点，背书转让适用善意取得制度。债权转让过程中，一般债权的债权人如无处分权，则债权转让是无权处分行为。

在动产转让的无权处分行为中，法律规定了善意取得制度以保护善意第三人的利益。但债权由于其固有特点，适用善意取得制度应当具备一定条件，正如有学者所言，“债权究属一种权利，而非动产，故关于动产之善意受让制度，于债权让与不得准用。申言之，由无权处分人受让债权时，不因其为善意而取得该债权”①。

不同于一般债权，票据是对债权的实体化、动产化，票据债权具有了物的形态，受让人可以实际占有或支配债权，票据的背书占有使票据权利的转让具有了公示的形式，因此票据的背书转让可以适用善意取得制度②。

总而言之，票据债权鲜明的特点形成的票据的高度流通性，使票据接近货币。马克思认为，在成熟的商品经济条件下，由于是被“绝对地当作货币来发生作用”的，票据已经“形成真正的商业货币”。他进而断言，“真正的信用货币不是以货币流通（不管是金属货币还是纸币）为基础，而是以汇票的流通为基础”，“汇票是通货的一个组成部分，其数额比其余一切部分加在一起的数额还要大”③。

---

① 郑玉波．民法债编总论［M］．北京：中国政法大学出版社，2004：434.

② 《中华人民共和国票据法》第十二条：“以欺诈、偷盗或者胁迫等手段取得票据的，或者明知有前列情形，出于恶意取得票据的，不得享有票据权利。持票人因重大过失取得不符合本法规定的票据的，也不得享有票据权利。”

③ 马克思．资本论［M］．第三卷．北京：人民出版社，1953：451.

第二节　票据的融资属性

一、融资的定义

（一）广义和狭义的“融资”含义

《新帕尔格雷夫经济学大辞典》对融资的解释是：“融资是指为支付超过现金的购货款而采取的货币交易手段，或为取得资产而集资所采取的货币手段。”

融资通常是指货币资金的持有者和需求者之间，直接或间接地进行资金融通的活动。广义的融资是指资金在持有者之间流动以余补缺的一种经济行为。这是资金双向互动的过程，包括资金的融入（资金的来源）和融出（资金的运用）。从狭义上讲，融资即是一个企业筹集资金的行为与过程。也就是公司根据自身的生产经营状况、资金拥有状况，以及公司未来经营发展的需要，通过科学的预测和决策，采用一定的方式，从一定的渠道向公司的投资者和债权人筹集资金，组织资金的供应，以保证公司正常生产需要和经营管理活动需要的理财行为。

（二）“票据融资”的含义

在票据市场，无论在学术界还是市场实践中，“票据融资”都是热门词汇，似乎“票据融资”一词是具有清楚而又被广泛认可的含义的。但其实讲到“票据融资”，它的定义始终是准确而又模糊的。说它准确，是因为一般将票据融资等同于票据贴现。说它模糊，是因为票据融资的属性往往不仅仅体现在贴现上，银行为商业汇票承兑、提供信用支持，出票人获得银行承兑的票据用于支付商品货款，这是不是融资呢？所以，有必要回归本源作一些探究，搞清楚当我们在讲“票据融资”的时候，到底在讲什么。

一方面，中国人民银行调查统计司对“票据融资”的定义是“银行业金融机构通过对客户持有的商业汇票、银行承兑汇票等票据进行贴现提供的融资”①。另一方面，在中国人民银行关于社会融资规模的统计中，将未贴现的银行承兑汇票、已贴现的银行承兑汇票和商业承兑汇票均纳入了统计范围，也就是社会融资规模将实体经济因银行业金融机构的承兑行为获得的金融机构信用，也纳入了融资的范畴。

事实上，对票据的融资属性进行仔细剖析就会发现，无论是“社会融资规模”统计对商业汇票的取舍，还是票据市场将票据融资约定俗成等同于贴现融资，都是根据相应的统计和管理需要采取的单一角度，对于票据融资的定义都是不全面的。

其中，社会融资规模侧重于实体经济从银行等金融机构获得资金的角度理解融资，主要目的在于了解宏观货币政策中通过金融机构实现的对实体经济的流动性投放，但也忽略了票据融资属性中实体经济内生性的内部融资。而贴现融资，也只是票据融资完整定义中的一部分，是从信用贷款的狭义货币扩张角度定义的融资，把着眼点放在狭义 M1 货币对票据作为广义货币的流动性替代上，忽略了承兑人的商业信用或者银行信用对于广义货币的流动性扩张作用。

二、票据融资：商业信用的产生及其向银行信用和国家信用的转换

（一）商业汇票的第一层融资属性：商业信用

商业信用是在商品交换过程中，企业之间按照相互约定和承诺的条件，以商品垫支形式所产生的借贷行为，是商品运动与货币运动脱离后出

① 中国人民银行调查统计司．金融统计常用指标释义［EB/OL］．http：//www. pbc. gov. cn/diaochatongjisi/116219/116229/2881418/index. html，2011－05－20：4.

现的一种债权债务关系①。买卖双方通过票据以延期支付方式买卖商品和劳务，卖方向买方提供了赊欠挂账的商业信用，是一种最基础的融资行为。盛松成等（2015）指出，商业信用实际是非金融性公司为社会提供流动性的一种渠道，非金融性公司签发票据，票据有较强的流动性，可以认为这些非金融性公司也成为货币或者说流动性的发行部门②。票据是在商业信用基础上产生的最具代表性的金融工具，其实质是一种延期支付凭证。

商业信用在社会经济中随着商品经济的发展逐步产生。商品经济中，企业间在开展贸易时，服务或货物与其对应的价款的交割，很少是以“一手交钱一手交货”的方式来实现的。或者是因为双方的物理距离太远，且相互间缺乏互信关系，需要其中的一方先对“钱”或者“物”确认；抑或是贸易的双方地位不对等，地位较强势的一方以预付款或应收款的方式来要求供应链的上下游，缩短自身的应收款期限、拉长自身的应付款期限。

当货物或者服务已经交付，价款尚未支付的时候，就产生了我们所说的应收应付账款。应收应付账款反映的是贸易双方的债权债务关系，是由待支付资金与贸易交付物的交割期限不匹配产生的，以债务人一定期限的承诺替代了应付的资金，体现在贸易买方即是应付账款，体现在贸易卖方即是应收账款。一旦由于延期付款或预收货款产生了应收账款，企业间便实际形成了借贷关系，产生了商业信用。这种借贷关系，便是基于商业信用的融资，是融资行为中较为常见的一种表现形式。

早期的票据，通常即是伴随上述赊销预付等商业信用活动的交易性票据，其签发交付的过程实际上包含了两种不同的行为，即买卖和借贷。一方面，如前文所述，买卖双方通过票据以延期支付方式买卖商品和劳务，商品所有权从卖方转移到买方，此时的票据代替货币结算、清算了因商品

---

① 蒿日升．商业信用与商业汇票［M］．北京：中国财政经济出版社，1986：3.

② 盛松成，徐诺金，张文红．社会融资规模理论与实践［M］．北京：中国金融出版社，2015：6.

交换所引发的债权债务关系，发挥的是支付结算功能。另一方面，由于卖方向买方提供了赊欠挂账的商业信用，而票据所代表的正是在此基础上形成的买卖双方之间的债权债务关系，票据信用即是一种特殊的、规范化的商业信用，此时的票据就成为一种融资工具。

商业汇票是基于贸易双方的应收应付关系产生的，体现了贸易双方基于商业信用的融资关系，基于商业汇票的票据信用则是商业信用由一般向特殊发展的必然结果。首先，商业汇票把商业信用的表现形式规范化和科学化了，商业汇票上票据关系得以成立的各项形式要件，比如票据必须记载的要素、背书的必要形式等，都在《票据法》等各项法律法规中进行了翔实、清晰的规定。其次，票据的到期清偿受到法律的有力保障。贸易双方一旦决定开立票据作为应收应付关系的凭证，应收应付关系即从合同关系转化为了票据关系，票据关系所对应的基础原因关系适用《合同法》《民法总则》等，而票据关系有专门的《票据法》等法律法规来规范。最后，商业汇票为商业信用的债权人带来更大的资金上的灵活性和安全性。

总而言之，商业汇票的第一层融资属性，即基于商业信用的、在收付款双方间产生的基于贸易关系的借贷关系。票据的出票人签发票据时，是基于出票人、收款人之间的基础原因关系，即双方确立的贸易关系。贸易双方的借贷关系或者说债权债务关系的凭证，由贸易合同转变为了商业汇票。

（二）商业汇票的第二层融资属性：承兑人信用的加入

在出票人、收款人之外，商业汇票还引入了第三人即承兑人作为信用供给方，给出票人、收款人之间简单的基于商业信用的融资关系增添了一些复杂性。其中又根据承兑人是否是金融机构，在融资的属性上略有区别。

1. 非金融企业作为承兑人时的流动性扩张。承兑人将出票人与收款人之间的双边借贷关系阻断，转化为了出票人与承兑人、承兑人与收款人之间的借贷关系（也有很多情况下出票人与承兑人具有关联关系，或者甚至就是一家企业）。即使如此，在商业汇票由非金融机构的法人或其他组织承兑时，商业汇票的融资属性仍然是基于承兑人与收款人、出票人与承兑人之间的商业信用，没有脱离一般的商业信用融资的范畴。

虽然未引入金融机构信用的商业汇票或者讲商业信用，也是社会整体流动性的一部分，但这部分流动性对于广义货币的冲击应当是有限的，商业汇票更大程度上体现其融资功能、体现金融机构的流动性创造作用，是在引入金融机构信用之后。

2. 金融机构作为承兑人时的流动性扩张。我们经常采取金融与实体经济两部门的基本模型来分析金融与经济的关系。例如，在党中央、国务院的各类经济金融政策以及相关的学术文章、新闻报道中，经常会强调金融对实体经济的支持力度，或者讲到实体经济的融资难、融资贵问题，实际上就是将社会经济简要区分为金融与实体经济两个部门，由此来分析贷款、信托、票据、债券等金融产品如何体现金融部门与实体经济部门之间的互动，从而为宏观货币政策有效调控、实体经济平稳发展提供有力支撑。

从实体经济和金融的两部门模型来理解票据融资，当商业汇票引入金融机构信用时，商业汇票的融资属性就有了变化。前面讲到，承兑人的引入将出票人和收款人间的商业信用关系转变成了收款人与承兑人间的商业信用关系。当承兑人为金融机构，即商业汇票是银行承兑汇票时，票据信用所代表的承兑人与持票人之间的借贷关系，就成为金融机构与持票人之间的借贷关系即信用关系，商业信用就成为金融机构向持票人提供的金融机构信用。这意味着融资提供的主体由企业变为财务公司、银行等金融机构，融资的性质由实体经济内生性的内源融资转变为实体经济从金融机构获取的融资。

这也就是为什么中国人民银行在统计社会融资规模时，会将未贴现的银行承兑汇票也纳入统计。

（三）商业汇票的第三层融资属性：贴现

商业汇票经过了承兑人承兑，持票人与承兑人之间有借贷关系，商业汇票即是承兑人对持票人提供基于商业信用或银行信用的融资，那么为何持票人持有商业汇票在金融机构贴现时，又是一种融资呢？

商业汇票是广义上的货币，这在中国人民银行关于货币层次的定义中即有体现。1994 年 10 月 27 日，中国人民银行印发了《中国人民银行货币供应量统计和公布暂行办法》，将我国货币供应量划分为 M0、M1、M2、M3 四个层次，其中 M3 层次的货币包括“M2 + 金融债券 + 商业票据 + 大额可转让定期存单等”①。

不同的货币层次表明了货币不同的流动性。例如，M0 与消费变动密切相关，是最活跃的货币；M1 反映居民和企业资金松紧变化，是经济周期波动的先行指标，流动性仅次于 M0；M2 流动性偏弱，但反映的是社会总需求的变化和未来通货膨胀的压力状况。通常所说的货币供应量，主要指 M2，M2 也是宏观货币政策主要中介目标之一。

因此，持票人持有商业汇票并办理贴现，是将商业汇票资产转换为人民币资产，可以是企业的存款、定期存款抑或是流通中的现金，实际上也就是将 M3 层次的货币向 M2、M1 或者 M0 层次的货币转换，这也意味着票据贴现会对货币供应量（M2）形成扩张效果，产生了直接的、M2 层次的货币投放。

这个过程从信用的角度来看，实质是将票据信用转换为央行发行的国家信用。如果是银行承兑汇票，就是将银行信用转换为国家信用；如果是商业承兑汇票，就是将商业信用转换为国家信用。

从以上角度来分析票据贴现，就不难理解为什么习惯上将票据融资等同于票据贴现，更不难理解为什么自 1996 年中国人民银行发布《贷款通

① 中国人民银行后续在 2001 年、2002 年、2011 年、2018 年分别对 M2 的范围进行了调整。

则》起，监管机构始终将票据贴现作为贷款的三个种类之一。

当然，从这个角度我们也不难发现，贴现虽然在监管和货币统计上归于贷款的种类之一，但由于贴现业务的双方与其说是借贷关系，不如说更类同于交易关系，因此贴现与其他类别的贷款还是有很大不同的。

第三节　票据承兑、贴现和背书制度的萌芽确立与发展变迁

何谓“制度”？作为制度经济学的研究对象，“制度”（institution）是“一系列被制定出来的规则、服从程序和道德、伦理的行为规范”①，而所谓“制度变迁”，则是指“制度创立、变更及随着时间变化被打破的方式”②。

制度经济学认为，制度变迁与技术进步相类似，即推动制度变迁与技术进步的行为主体都是以追求收益最大化为动机目标。制度变迁的成本与实现收益之间的对比，对于促进或者推迟制度变迁起着关键作用。只有在预期收益高于投入成本的状态下，行为主体才会主动推进直至制度变迁的最终实现；反之则相反。制度变迁的步骤可以概括为：第一，形成对于制度变迁起主导作用的主导力量集团；第二，提出制度变迁的实施方案并根据变迁原则进行评估筛选；第三，形成对于制度变迁产生次要作用的辅助集团，与之形成合力共同实现变迁目标。从下面对票据信用制度变迁的历史研究中，可以清晰地发现制度经济学理论体系的合理性，这对于我们把握票据制度的未来演进方向也具有重要意义。

---

① 道格拉斯·C. 诺思．经济史中的结构与变迁［M］．陈郁，罗华平，等译．上海：三联书店，1999：225－226.

② 同注①。

一、缺乏流通性的传统旧式票据：近代以前的票据制度发展与变迁

（一）近代以前的传统旧式票据

无论在纵向的历史时间线上还是在横向某一时点的广阔经济发展背景中，广义而言，票据往往并非仅指《日内瓦统一汇票本票法》或《中华人民共和国票据法》中所定义的汇票、本票和支票。就历史的纵向发展而言，正如前文所述，只要是商业信用产生，那么商业信用的凭证均可作为广义的票据；而取历史的某一横截面而言，即使同一历史时期内，很多有固定格式的金融结算凭证都可以称为票据，如发票等。

从定义而言，本书讨论的票据，一般仅指商业汇票。一方面，同类的发票等其他广义的金融结算凭证，与本书讨论的票据相关性极小；另一方面，就票据的历史发展脉络而言，古代直至近代以前，作为商业信用凭证的所谓广义的票据，与现代意义上的票据在实际性质上基本上可以认为是两种不同的金融凭证。原因是，虽然近代以前在中国传统意义上的票据发展实践中也逐渐萌芽出一些现代意义的制度安排，但由于国内现行的现代意义上的票据，即有固定格式和规范的承兑、背书、贴现等票据处理惯例或成文法规范的票据，从近代伊始，是完全基于引进的《日内瓦统一汇票本票法》等成形惯例，实际上摒弃了古代以降的票据发展传承，因此，以近代中国的票据立法实践为分水岭，近代之前的票据历史，就本书而言，并无研究的必要。

（二）近代以来的传统票据以及承兑、贴现等制度的萌芽

近代以来中国的票据并未在类型上作具体法律意义上汇票、本票、支票的划分，这与现代以来国际通行的做法以及我国《票据法》的实践是不一致的。其时，现代意义上的商业汇票尚未产生，而在中国境内流通的近代的旧式“票据”，缘起于实际贸易中的汇兑安排，由于贸易的区域、汇兑的钱庄

或票号甚至习惯的不同而形成纷繁复杂的票据样式和票据习惯。在很长一段时间内，各式地方性票据如钱票、银票、上票、解信、竹票、茶票、存票、拆票、汉票、取款证、汇票、汇条、庄票、汇兑票、汇兑券、汇兑信等并存[①②]。银行周报社在其所编的《票据法研究》一书中，记录了江苏、直隶、浙江、福建等52个地区的票据样式及制度安排，收录的一百余种票据样式[③]，名称复杂多样，在具体规则上纷繁复杂，并无统一之规。

较为早期的承兑制度萌芽。起源于商业习惯的各式传统旧式票据，主要作用是汇兑，缺乏承兑和背书的制度安排。所谓承兑，是指票据的付款人接受出票人的付款委托，同意承担支付票据金额的义务，而将此项意思以文字记载于票据上。经承兑的票据，付款有保障，票据的信用度和流通性大大增加。但“我国之汇票，对于承兑手续则甚忽视，执票人提示时，仅书某日‘见票’数字于票背或有加盖‘根未到’三字者，而无正式签名。汇票虽经如是承兑，而仍须重发票人之信用，承兑人可以圆滑手段，不负责任”。[④] 实际上，钱庄庄票有照票手续，商家收到他家解来的庄票，为防止假票，可以向出票的钱庄进行照票，由其核查无误后加盖“某庄照票”图章。虽有照票手续，可以看作一种不规范的承兑，但毕竟与承兑这一交易方式有本质的区别[⑤]。

背书转让的制度安排也较为原始。在新式票据、票据习惯以及成文的《票据法》引入之前，近代中国旧式票据的流通并没有统一的背书制度。例如，1930年7月《钱业月报》刊文指出，“我国票据之授受，则仅凭授者之口头信用，初无一定之背书制度，往往有碍票据之流通，盖此则只能

① 张松．统一与多元：近代中国票据习惯之演进［J］．政法论坛，2018（3）：184－191.

② 中国人民银行历史研究室．近代中国的金融市场［M］．北京：中国金融出版社，1989：214－216.

③ 银行周报社．票据法研究［M］．上海：银行周报社，1922：228－472.

④ 李铎．我国票据不发达之原因［M］//万立明．近代中国票据市场的制度变迁研究．上海：上海远东出版社，2014：38.

⑤ 万立明．近代中国票据市场的制度变迁研究［M］．上海：上海远东出版社，2014：178.

行使于彼此所相识之人或信用著者则可。反之即善意执票人其权利亦有危险”①。陈天表在《票据通论》中提到，“其背书亦无一定之方式，如扬州汇票流通，其背书文字书于票面，殊属不合法律之规定”②。这也导致普遍的票据背书习惯难以形成，票据的流通功能难以发挥。《票据通论》指出：“除大都市稍有运用者外，内地则鲜有以背书转让票据者。各地本票多系记名式之流通证券，其流通方法与动产无异，一依当事人之出让而流通，如汉口习惯对于业经满期之期票可以直接交付，互相授受，辗转流通，在收受该项票据时或有于票背记明前手之姓名或商号，以为直接行使追偿请求权之地步，但非含有转让之意。汇票发行多系记名，其流通方法之中间或以背书转让者，但不甚通行，其背书之方法，并不指示某人或商店为授权者，仅于票之背面有转让者签名盖章而已。”③

贴现方面，19 世纪 50 年代至 20 世纪初，由于缺乏法律的规制和保护，且各式票据纷繁复杂，银行面临较大的操作风险，中国并没有形成正规的贴现市场④。最早在中国开展票据贴现业务的只有外国相继在华设立的银行。例如，1878 年一份英国报纸写道，“丽如银行过去一直把自己的业务限制在汇兑上”，现在“已经相当地改变了这个毫无生气的策略，不再把它的大量现金余额锁在金库里面，而把它投到贴现市场上来”⑤。“汇丰银行在 1883 年上半年的境况是令人满意的，这半年来贷款和票据贴现的数量都表明银行营业状况较去年同期有所发展……在 1884—1888 年五年中，贷款和票据贴现增加了 41.8%。”⑥

传统的钱业方面，1889 年至 1890 年，上海协和钱庄为了吸收存款，开创了“贴票”的方法，现金存入 90 元，钱庄付给 100 元面额半月期庄

① 李铎．我国票据不发达之原因［M］//万立明．近代中国票据市场的制度变迁研究．上海：上海远东出版社，2014：38.

② 陈天表．票据通论［M］．北京：商务印书馆，1937：96.

③ 同注②。

④ 万立明．近代中国票据市场的制度变迁研究［M］．上海：上海远东出版社，2014.

⑤ 汪敬虞．外国资本在近代中国的金融活动［M］．北京：人民出版社，1999：92.

⑥ 同注⑤，146 页。

朴，到期后客户凭票取款 100 元，可以看作远期本票贴现[①]。1906 年，上海《南北市钱业重整条规》中的“更现”一词，即为原始的贴现形式，是钱业最早以文字形式记载的真正意义上的贴现活动[②]。随后，1920 年《上海钱业营业规则》中，已经明确“各种期票之贴现”为营业项目之一，说明其时上海的钱庄业或多或少开展贴现这一交易，期票持票人以未到期之票向钱庄售换现银。“钱庄接受长期、短期和各种不同利率的存款，并进行贷款和票据贴现等业务。他们使各级商人，从最大的商号到最小的零售店主，都能得到并利用这些便利。”[③]

总体而言，清代末期至民国初期，虽然长期的重农抑商政策导致商品经济和金融业务发展落后，但在票据的承兑、贴现、背书业务惯例等制度方面，仍然出现了早期的萌芽。但自发形成的票据制度萌芽，缺乏对承兑、贴现、背书等制度的归纳与规范，并未形成科学完善的票据制度，这也导致近代以来民间自发产生种类繁多、规则不一的票据。徐沧水在《票据法研究》中写道，“至于吾国历来误于贱商之政策，故前清律例……更鲜关于票据之详密条文，加以疆域辽阔，通行票据，如货币然，各地互异，不相统一。关于票据之流通使用，仅有当地习惯相沿之规约，从无专法堪资遵守，因此遇有纠葛，障碍殊多……”[④] 这正是其时真实情况的写照，故“票据法之制定，实为必要之图”[⑤]。

二、现代意义的票据以及承兑、贴现、背书等制度在中国的起源、确立与发展

（一）近代立法实践对现代票据以及承兑、贴现、背书等制度的确立

19 世纪末，欧美国家的票据制度纷纷走向改革，票据类型的区别自此

---

① 洪葭管，张继凤．近代上海金融市场［M］．上海：上海人民出版社，1989：56.
② 同注①。
③ 潘子豪．中国钱庄概要［M］．上海：华通书局，1931：87.
④ 银行周报社．票据法研究［M］．上海：银行周报社，1922.
⑤ 同注④。

从观念和习惯上脱胎形成了票据的成文法律，票据的类型、票面的记载方式各自有了其统一规定，形成了现代意义的汇票、本票、支票的划分，票据性质、权利以较为明确的方式呈现在票面上，使一般人能够利用票据工具的便利，避免票据成为小范围、特定团体掌握和使用的专业工具。

中国近代早期的票据，与现代意义的票据出现之前早期欧洲的票据并无大的差异，其都是产生于跨地区贸易的汇兑结算需求，缺乏统一的形制以及规范的制度安排。但在近代以后，中国并没有从传统的旧式票据中进化形成自有的票据制度，而是完全接受了西方关于票据的一系列成形的制度安排。

从经济活动的主体而言，传统旧式票据的长期混乱，对依赖于票据开展的经济金融活动发展十分不利，无论钱庄等钱业代表还是新式银行等银行业代表，作为票据重要的利益相关方，都从行业规范角度对行业秩序乃至票据的规范发展作出努力。例如，上海钱业公会先后对庄票的挂失止付以及本票和支票的到期兑付、票贴等作了规范，对风险防控以及处置规则进行了指导说明。但传统的票据行业到了这个阶段，已经不是金融业凭借一己之力能够维护和保障的，迫切需要在顶层设计上出台法律规章。因此，上海、北京、杭州等地的银行公会也先后通过议案等方式，督促当时的北洋政府出台正式的票据法规①。

早在 1907 年 7 月，清政府即聘请日本学者志田钾太郎起草票据法。志田整理了中国以往的票据习惯，并参考了 1910 年在海牙召开的第一次国际票据法统一会议所拟定的《统一票据法草案》《票据统一有关条约草案》，还借鉴了当时德国、日本的票据法，于 1911 年完成了《大清票据法草案》，但却由于辛亥革命等大环境的急剧变化，缺乏公布施行的条件。1913 年，北洋政府法典编纂会仍以志田钾太郎为顾问，重新编纂《票据

① 万立明．上海银行公会与 20 世纪二三十年代的票据立法［J］．社会科学研究，2007（5）：169－174.

法》，仍因故未予施行。其后，自 1922 年起，民国政府成立票据法编纂会，先后起草了票据法第一、二、三、四、五案，均因为军阀混战、贸易凋敝、票据法出台的现实需要变化无常而一直未能正式颁布。

国民政府成立后，设立工商部以及工商法规委员会，继续在民国政府前期工作基础上起草票据法规，在参考以往各次票据法草案、第二次海牙国际票据法统一会议《统一票据规则》以及德日英法等国票据法的基础上，先后形成《票据法草案》《票据法第二案》，并经立法院商法起草委员会提出票据法新案，共五章 12 节 139 条，形成了票据法的最终文本，于 1929 年 10 月 30 日颁布实施，又于 1930 年 7 月 1 日公布《票据法施行法》。至此，法律层面对票据有了统一规定，并一直颁行至 1949 年国民政府退出历史舞台①。

除此之外，国民政府财政部先后于 1940 年 1 月颁布《推进银行承兑贴现业务暂行办法》、1942 年 9 月颁布《关于流动资金贷款拟采用票据贴现方式的决议》、1942 年 12 月颁布《生产事业票据保证承兑及贴现暂行办法草案》、1943 年 4 月颁布《非常时期票据承兑贴现办法》，又于抗战胜利后的 1945 年 12 月颁布《票据承兑贴现办法》，作为《票据法》《票据法施行法》的细化和补充，促使票据市场的制度进一步完善。

（二）承兑、贴现、背书制度在近代被引进并确立的原因

1. 制度变迁。在制度经济学看来，任何制度的变更、替代都是有成本的，只有制度创新可能获取的潜在利益大于为获取这种利益所需付出的成本时，制度创新才可能在“个人或一群人在响应获利机会时自发倡导、组织和实行”② 的情况下发生。

近代中国的票据市场由仅具传统汇兑功能的传统旧式票据向具备汇兑、

① 王小能．中国票据法律制度研究［M］．北京：北京大学出版社，1999.

② 林毅夫．关于制度变迁的经济学理论：诱致性变迁与强制性变迁［M］//科斯，等．财产权利与制度变迁——产权学派与新制度经济学派译文集．上海：上海三联书店，1991：384.

背书以及承兑、贴现等支付和融资属性的新式票据的变迁，不仅是票据形态向现代化、标准化发展，背后是更深层次的票据制度的变迁，即商业信用不稳定条件下，由传统旧式票据关于商业信用相关业务惯例等制度安排，向现代票据由《票据法》等约定的承兑、背书、贴现等规范化制度安排的变迁。

2. 商业信用的不稳定导致的商业信用票据化需求。赊销形成的应收应付关系中体现的商业信用，是商品经济中的普遍形式，商业信用的长期存在逐步磨合形成了稳定的、以商业惯例为表现的制度安排，这在近代中国也不例外。在经济和金融环境稳定、法治环境完善的情况下，商业信用并不存在太多的信用风险问题。正常时期，经济金融环境持续稳定发展，商人、银钱业对这种传统旧式票据所体现的挂账式的商业信用仍然可以保持总体认可态度，那么这些关于商业信用的相关惯例，也会逐步在一些局部的、微观的不均衡状态下，逐步改良演变形成正式的以法律为表现形式的制度安排，也许若干年后也会在中国出现不同于西方票据制度的关于票据业务的正式制度。

但如果经济金融和法治环境发生较大波动，那么这种制度均衡状态将会难以维持，必然需要更为科学和现代的制度来对旧的制度进行彻底的变革。而20世纪初的近代中国，恰恰面临武装革命、军阀混战、抗日战争等战争环境以及货币政策混乱带来的经济和金融的不稳定。例如，近代及近代以前中国均以银本位制为主要币制，民国初期北洋政府也在1914年确立了银本位制，“两、元”混用，甚至大量外国银元也可以合法流通[①]。银本位制下，1934年，美国宣布“白银国有”，美国在全世界高价收购白银以提高货币储备中的白银占比，导致中国白银储备大量外流，直接导致发生“白银风潮”，通货紧缩严重[②]，进一步触发了国民政府的法币改革。

这种经济金融环境的极不稳定，导致商业信用所依赖的制度环境时时发生重大变化和波动，旧式票据的制度安排也就无法保持相对均衡状态，

① 石毓符. 中国货币金融史略［M］. 天津：天津人民出版社，1984：238－241.

② 《大辞海 中国近现代史卷 中国现代史》“事件、惨案”类目中“白银风潮”条目，上海辞书出版社，2014。

即出现制度经济学所谓的制度非均衡。

例如，商业信用缺乏流动性，应收款方在款项到期后，只能依赖商业信用的履行来实现收款兑付；而商业信用如要进行流动性扩张，例如向银行业获得信用或抵押放款，银行在款项到期时也是依赖商业信用的履行来收回放款。这种制度安排在平常时期，是可以较好地满足其时的商品经济需要的，即可以认为制度均衡。但一旦遇到持续或大范围的战争，或遇到类似“白银风潮”的金融危机，应收款方或者银行对于如期收回本利的预期都要大幅降低，依赖商业信用的相关制度安排难以维持，再也不能保持制度均衡了。

因此，无论是对于应收款方或者放款的银行业来说，以承兑制度或贴现制度安排替代商业信用下的应收应付或抵押放款，以流动性较好的票据债权即票据信用来替代商业信用，成为一种较好的制度变迁选择，直接促进了现代票据制度的引入、确立和发展，推进了商业信用票据化。

3. 总结。归根结底，之所以会产生制度需求，必然会有制度变迁的外部收益存在。近代中国经济金融动荡不安，商业信用难以为继，如果仍然固守习惯的挂账机制，工商业、银行业终将会因为缺乏流动性而深处困境。现代意义上的票据，具有明确的法律基础，有明确的票据关系、明确的兑付日期和兑付要求，可以贴现融资或背书流转，银行也可以转贴现或向央行“重贴现”①，无疑是一个很好的制度变迁选择了。

三、新中国成立以后以及改革开放以来的承兑、贴现等制度的变迁

（一）计划经济时期商业信用的取消以及票据相关制度的断层

新中国成立后，包括票据法相关法规在内的各项由中华民国颁布的法

① 类似于中国人民银行的再贴现业务。

律制度废除。1950 年 8 月，全国金融业联席会在北京召开，决定钱庄和银行均不得发行本票、禁止发行迟期发票，支票有效期一年，是以行政规则管理票据业务，票据市场实际是处于无章可循的真空状态。

在这种真空状态下，金融机构办理过一些票据承兑贴现业务，但随后在近三十年时间里都实行计划经济，对产品统购统销，对财政统收统支，对金融统存统贷，以商业信用为基础的票据信用没有了生存土壤，票据的相关制度也就没有了存在的必要。

1. 商业信用在计划经济体制下并无存在必要。新中国成立后，国家为了进行大规模经济建设，要求对资金进行集中管理和计划分配，而当时国营企业间的商业信用占企业流动资金的 10% ~20%，既不利于资金的集中管理和分配，也不利于国家对企业的监督，必须取消商业信用，集中信用于国家信用①。商业信用与计划经济体制存在本质性的冲突矛盾。

一方面，计划经济体制下，非公有制经济与公有制经济完全对立，定性为“资本主义尾巴”，始终是要消灭和取缔的对象。各行各业都是国有企业、国家信用，产、销、购的商事主体都只有国家，更像是国家经济这一大机器上的小模块，只是互有分工，不同企业个体之间的资金结算，更多的是国家作为单一的商事主体的内部经济总账如何摆平的问题。

另一方面，计划经济体制下，无论产品的生产还是购与销均存在严格的计划性，而商业信用是以延期结算为表现形式的短期融资，是在商品贸易中不同商事主体选择不同的结算安排时自然产生的，在产、销、购的严格计划下，并无存在的必要，也难以通过中央进行计划控制，与计划经济体制相违背。

1955 年 5 月 28 日，商业部、中国人民银行在发布的《关于取消国营商业系统内部及各部门之间所存在的商业信用的规定》② 中，曾对当时的

---

① 姚遂．中国金融史［M］．北京：高等教育出版社，2007：453.

② 《关于取消商业信用改进按财务收支差》（商业部、中国人民银行总行，（55）商财联字第 74 号|（55）银）附件《关于取消国营商业系统内部及各部门之间所存在的商业信用的规定》。

商业信用类型作过概括，将其分为预付款、预收款、赊购、赊销、垫付款等八类，并认为商业信用“绝大部分必须迅速取消，否则对提高计划水平是不利的”。文件对取消商业信用的原因作了总结，虽未从经济理论上进行总结，但从计划经济的实际执行角度指出了商业信用与计划经济体制的不协调性①：

“1. 商业信用是计划外的资金再分配，它起着助长企业盲目经营的作用。同时由于企业可将商品赊销出去，来完成销售计划，但货款并未及时收回，因而并未完成财务计划；或者把预收货款作为销售，上缴了利润，使财务计划在销售计划完成以前，就虚假地完成了，这样就掩盖了计划执行的真相，妨碍了国家计划的全面执行。因此它是与计划经济不能并存的。

2. 妨碍企业贯彻经济核算制，影响国家资金的合理运用。由于企业间相互拖欠，企业的资金不能合理地用于保证生产或商品流转的需要上，也就使降低成本和流转费用等计划指标的检查，失掉正确的依据。

3. 使信贷与商品运动脱节，削弱了国家银行的监督作用，使国家不能通过信贷、结算等工作来对生产与商品流转计划执行情况进行监督。有时企业用信贷弥补被别人占用的资金，有时企业又占用别人的资金来归还借款，因此信贷增减即不能完全反映商品运动的情况。”

因此，在社会主义计划经济里，商业信用难以生存，基于商业信用的各种票据自然也就没有了存在的土壤。

2. 商业信用和票据制度的逐步取消。1950 年 12 月，政务院财经委发布通知，停办了票据承兑业务。1953 年 5 月，商业部和中国人民银行联合发出《关于中国人民银行办理国营商业短期放款暂行办法中若干问题的具体规定》，指出商业单位除处理少数情况以外，不允许再存在商业信用关系。1954 年，商业部和中国人民银行又共同清理了国营商业系统内部的商

① 《关于取消商业信用改进按财务收支差》（商业部、中国人民银行总行，（55）商财联字第 74 号 | （55）银）附件《关于取消国营商业系统内部及各部门之间所存在的商业信用的规定》。

业信用，规定国营商业企业的商品购销贷款和资金往来一律通过中国人民银行办理结算①。1954 年，中国人民银行向国务院报告了《关于取消国营工业相互间以及国营工业与其他国营企业间的商业信用代以银行结算的意见》，并在 1955 年 5 月 6 日由国务院转发执行②。1955 年 5 月 28 日，中国人民银行发布《关于取消国营商业系统内部及各部门之间所存在的商业信用的规定》③。

一系列的文件规定以及商业部、中国人民银行的清理工作执行下来，到 1957 年已经基本上消灭了“属于资本主义”的商业信用。禁止签发商业票据，自然商业票据的承兑、贴现等市场也就不复存在了。

当然，在计划经济体制下要能完美实现计划经济，计划的制订方必须能够精密地制订每一项计划，而计划的执行方更要精准地执行每项计划，这自然是不可能的。同样，要想完全取消商业信用，自然也是不可能的，经济计划执行过程中难免有摩擦刮碰，不同企业个体之间难免在事实上形成商业信用。特别是“文化大革命”时期，金融工作遭到破坏，经济计划的执行并不在轨道上，各项结算更加难以严丝合缝，企业间的相互拖欠即事实上的商业信用，也就更加难以避免了。这也为“文化大革命”结束、改革开放后，用票据信用替代商业信用以清理“三角债”等问题埋下了伏笔。

（二）现代意义票据以及承兑、背书和贴现等制度在改革开放以后的重建及发展

自改革开放开始，社会主义市场经济蓬勃发展，在商业信用、银行信用的基础上，票据制度逐渐恢复，并以 1979 年中国人民银行准许企业签发

① 沈民刚，江定仁．积极做好国营商业系统清理商业信用工作［J］．中国金融，1955（14）：9－10.

② 《中华人民共和国国务院关于中国人民银行〈关于取消国营工业相互间以及国营工业与其他国营企业间的商业信用　代以银行结算的报告〉的批覆》。

③ 《关于取消商业信用改进按财务收支差》（商业部、中国人民银行总行，（55）商财联字第 74 号|（55）银）附件《关于取消国营商业系统内部及各部门之间所存在的商业信用的规定》。

商业汇票、1984 年中国人民银行颁布《商业汇票承兑、贴现暂行办法》等为标志，票据作为支付工具进入快速发展阶段[①]。

正如在分析近代中国票据发展历程时所讲到的一样，制度的均衡状态下进行制度的替代与变更，都必须以这种制度变迁的收益大于成本为前提。20 世纪 80 年代是中国当代票据市场的起点，中国人民银行在 1984 年开始逐步放开商业汇票业务限制，可以从票据这一工具本身出发，结合实体经济和贸易形势的宏观演变，对其作为支付工具在实体经济应用中的变迁，进行政策变化的梳理分析，从而搞清楚票据市场制度变迁的动力。

1. 社会主义市场经济的发展推动商业信用政策的恢复。改革开放以后，传统计划经济体制逐步向市场经济变革，随着国有企业经营管理体制的改革，商品流通渠道日益增多，商品的供需以市场为依托，需求多少、什么时间供货、什么地点交割、采用什么方式付款，完全由贸易双方自主确定，即使是供不应求的产品，也会由于资金暂时短缺、市场价格变化、产品的运输调度等因素有延期付款的要求，赊销经营成为重要的竞争手段，这是市场经济的自然现象。

从生产资料到生活资料，从积压商品到正常商品甚至紧俏商品，从烟、酒、糖、茶等日常用品到电视机等高档消费品，再到医药、建材、石油、煤炭、汽车、机床等产品，几乎所有的交易都存在赊销[②]。以吉林省为例，1982 年全省企业间赊购金额占总发生额的 49. 48%，赊销发生额占总发生额的 55. 12%。[③]

工商企业之间发生的商业信用越来越多，规模之大、范围之广，令管理部门应接不暇，传统的商业信用政策已经难以适应新的市场发展。为适应市场经济发展的需要，控制与引导商业信用，政府开始改变禁止、取缔

---

① 上海票据交易所．中国票据市场：历史回顾与未来展望［M］．北京：中国金融出版社，2018.

② 赵学军．略论改革开放以来商业信用发展的路径依赖［J］．中国经济史研究，2009（1）.

③ 中国人民银行吉林省分行商业信用研究资料汇编编写组．吉林省四市中县商业信用调查报告［Z］．商业信用研究资料汇编，1984：100.

商业信用的政策，先逐渐给予商业信用合法地位，再逐步转向推动票据化商业信用[①]。

2. 挂账式商业信用的恢复。商业信用的恢复是从挂账式商业信用取得认可开始的。彼时金融市场信用工具单一，贸易买方如需融通资金，必须先到银行贷款，耗费大量的操作成本，效率也不能满足市场经济的要求，往往只有通过贸易双方的协商先完成商品交易，延后付款。

1980 年 8 月，中国人民银行副行长李飞在公开场合表态，“为了把经济搞活，需要有控制、有条件地开放某些商业信用”[②]，表明长期以来禁止商业信用的政策出现了松动。

1981 年，为了加快销售积压商品，国务院指示商业、物资部门可“采取削价、赊销、分期付款、转账交付使用等办法推销”[③]。国家经委、财政部、中国人民银行等十部委随即宣布，“对长期积压的机电产品……可以用赊销或分期付款的办法处理”[④]。1981 年 11 月 27 日，中国人民银行又提出，对于某些国家骨干企业的某些技术先进但因国民经济调整而暂无销路的产品，具备一定条件的可给予卖方信贷，试行赊销[⑤]。

1982 年，为加快销售部分耐用消费品，商业部推出了“提前付货，分期收款”的销售方式[⑥]。1982 年 12 月，国务院要求，“对于有利于发展生

---

① 赵学军. 中国商业信用的发展与变迁［M］. 北京：方志出版社，2008.

② 中国人民银行吉林省分行商业信用研究资料汇编编写组. 总行李飞副行长在分行行长座谈会上的总结发言［Z］. 商业信用研究资料汇编，1984：42－43.

③ 中国人民银行吉林省分行商业信用研究资料汇编编写组. 国务院批转国家物资总局关于全国物资局长会议汇报提纲的通知［Z］. 商业信用研究资料汇编，1984：43.

④ 国家经委、财政部、中国人民银行等十部委《关于印发〈贯彻落实国务院有关扩权文件，巩固提高扩权工作的具体实施暂行办法〉的联合通知》，引自中国人民银行办公室. 金融规章制度选编（1981 年）（上）［M］. 北京：中国金融出版社，1982：245.

⑤ 《总行印发〈关于当前国营工业企业流动资金贷款掌握的意见〉的通知》，引自中国人民银行办公室. 金融规章制度选编（1981 年）（上）［M］. 北京：中国金融出版社，1982：201.

⑥ 《总行转发商业部〈关于部分工业品开展“提前付货，分期收款”业务的通知〉的通知》，引自中国人民银行办公室. 金融规章制度选编（1981 年）（上）［M］. 北京：中国金融出版社，1982：170.

产、搞活经济、扩大商品销售的商业信用，对于经过批准允许赊销的商品、分期付款和预收货款的，各级银行要予以支持”[①]。这表明，20 世纪 80 年代初期，商业信用的恢复与发展已是官方既定政策。

商业信用放开后，企业能够利用熟悉的挂账式商业信用扩大生产经营，挂账式商业信用的迅猛扩张水到渠成[②]。

3. 商业信用票据化。由于挂账式商业信用最大的缺点是债权债务不能流通转让，在商业信用迅猛发展情况下，企业间相互挂账的信用关系错综复杂，特别在市场经济体制及法律法规不完善的背景下，挂账信用法律约束不强，且没有利息负担，导致挂账信用逐渐演变为部分投机分子的投机行为，形成了俗称的“三角债”问题，传统挂账模式下的制度均衡演变为制度非均衡。

企业之间货款拖欠是当时宏观经济大背景下社会资金短缺的综合反映，资金短缺的原因有以下几个方面：一是固定资产投资规模过大，许多生产经营性资金转移到了办公楼等固定资产投资上，占压了相当数量的资金；二是消费需求快速增长，挤占了一大块生产经营性资金，使生产资金周转更加困难；三是物价水平的持续上涨，使同样的产出规模下，社会流通资金需求加大[③]。

西方市场经济国家的发展经验表明，如果商业信用实现票据化，通过商业票据的转让或贴现，可以实现债权债务的及时清偿，发展商业票据是疏导商业信用有效的手段。票据是债务契约和支付凭证的统一，其作为信用工具，具有区别于一般商业信用的显著特征，即以无因性和流通性为表现的支付属性。票据的背书流转，通过票据市场对冲企业间交互的债权债务，大幅减少全社会商业信用总量，降低社会整体费用。同时，商业汇票明确规定了支付日期及罚则，对企业有一定约束力，可以将挂账信用的无限期拖欠变为有期限偿付，提高安全和效益。

---

① 《国务院批转总行关于加强企业流动资金管理的报告》，引自中国人民银行条法司．金融法规手册（二）［M］．北京：中国金融出版社，1986：44.

② 赵学军．略论改革开放以来商业信用发展的路径依赖［J］．中国经济史研究，2009（1）.

③ 李晓．建立票据市场是解开“三角债”的有效途径［J］．中国经贸导刊，1994（11）.

1982 年，中国人民银行上海分行先行先试，制定了《票据承兑贴现办法》。随后，中国人民银行在总结全国试点经验后，于 1983 年 12 月制定《票汇结算办法》，开办银行票汇结算。1984 年 12 月 4 日，中国人民银行颁布了《商业汇票承兑、贴现暂行办法》，鼓励银行积极开展银行承兑汇票业务。然而，由于彼时的金融市场仍未获得足够的发展，而且以国家信用为主、商业信用为辅的总体思路仍未发生根本性的转变，银行信用仍是管理商业信用的主要手段，因此彼时的商业汇票业务，仍体现着将商业信用纳入银行信用渠道的根本思路。1984 年，中国人民银行福建省分行曾提出，要把商业信用纳入银行信用的管理渠道，企业开展商业信用要事先征得开户银行同意，对不符合规定的预收款，银行要进行结算干预并作出相应的处理①；而 1984 年颁布的《商业汇票承兑、贴现暂行办法》也规定，商业汇票除向银行贴现外，不准转让流通②。

因此，受制于包括票据信用在内的商业信用总体定位仍有较大限制，企业或银行使用、开办商业汇票业务并不多。票据信用发展缓慢，而挂账式商业信用却仍然日益膨胀，这显然不符合国家关于商业信用向票据信用发展的政策方向。

20 世纪 80 年代末严重的“三角债”问题，为进一步加强商业信用的票据化，提供了新的契机。1988 年，中国人民银行取消了禁止商业汇票转让的规定，允许商业汇票背书转让，要求各银行积极做好配套改革，办好银行承兑、贴现、转贴现和再贴现③。1989 年，国家体制改革委员会建议改变企业之间拖欠挂账的做法，普遍实行商业信用的票据化④。1991 年，

---

① 赵学军．略论改革开放以来商业信用发展的路径依赖［J］．中国经济史研究，2009（1）．

② 中国人民银行．商业票据承兑、贴现暂行办法［M］//中国金融学会．中国金融年鉴（1986），北京：中国金融出版社，1987：Ⅵ－37.

③ 中国人民银行《关于改革银行结算的报告》，中国人民大学报刊复印资料数据库（1949—2000）。

④《国务院批转国家体改委关于 1989 年经济体制改革要点的通知》，中国人民大学报刊复印资料数据库（1949—2000）。

国家体制改革委员会再次提出，在清理“三角债”的同时，要加快推行商业信用票据化的步伐[①]。为纠正前几年商业票据市场的混乱状态，规范商业汇票的使用和银行票据承兑贴现行为，1991 年 9 月，中国人民银行总行颁布了《关于加强商业汇票管理的通知》。

20 世纪 90 年代后，国家更是着力推行商业信用的票据化。1994 年 7 月，中国人民银行正式制定了《商业汇票办法》《再贴现办法》。1995 年 5 月 10 日，第八届全国人大常委会第十三次会议通过了《中华人民共和国票据法》，为商业票据制度的进一步完善确立了法律基础。1997 年 5 月 22 日，根据《中华人民共和国票据法》《中华人民共和国中国人民银行法》《中华人民共和国商业银行法》，中国人民银行制定了更为完善的《商业汇票承兑、贴现与再贴现管理暂行办法》。

事实上，从政策变化的梳理中可以很清晰地看到，商业信用票据化一直是宏观政策的引导方向。但是，由于社会信用体系建设滞后，企业在票据的使用上偏重银行承兑汇票导致商业汇票过分依赖银行信用的状况，至今仍没有发生根本性的改变，这在历年央行的货币政策执行报告或近年来票交所公布的市场关于银票、商票占比的统计数据中都有清晰的展示，本书不再赘述。

第四节　现代票据制度下票据作为支付和融资工具的优势

一、企业间支付行为的工具选择

（一）企业间支付工具的分类

企业间贸易支付工具具体包括哪些？在传统的关于支付工具的统计分

① 《国务院批转国家体改委关于一九九一年经济体制改革要点的通知（1991 年 5 月 20 日）》，中国人民大学报刊复印资料数据库（1949—2000）。

析中，例如中国社会科学院发布的各年度的支付清算发展报告，抑或是中国人民银行定期发布的《支付体系运行总体情况》，对于支付工具都是按现金支付与非现金支付来划分，其中，非现金支付工具又包含票据、银行卡、贷记转账、直接借记、托收承付、国内信用证等。

这是直接以供给的角度，从金融机构支付产品的设计和提供的服务的视角去划分的，并没有从本质上区分这几类支付工具的不同之处。例如，无论是贷记转账还是直接借记，或是银行卡中的借记卡，都是基于银行账户存款的划转进行的支付，而票据中的商业汇票、国内信用证等与贷记转账等有本质的区别，涉及银行等金融机构或者第三方付款的信用承诺或者指令，是基于第三方信用进行的支付交易。

支付交易也可以划分为三种类型①。一是以价值为基础的支付交易，在支付交易的时点，支付就是货币价值转移的过程，例如，使用流通的现金支付，或是将货币价值预先储存在卡介质中的预付卡支付。二是以账户为基础的支付交易，货币价值从付款方的金融机构账户向收款方的金融机构账户转移，例如票据中的支票、银行卡中的借记卡，还有贷记转账、直接借记等。三是以信用为基础的支付交易，涉及向商品和服务买方也就是支付工具的需求方扩展信用的第三方，例如信用证、商业汇票②。

（二）信用支付工具

在上述分类方式下，我们可以对商业汇票进行相对准确的定位和比较分析。按照上述三种分类，以价值为基础即以货币为客体的支付过程中，货币代表的是国家信用；以账户为对象，即把商业银行账户内以现金表示的价值作为客体，账户内以货币为单位的价值代表的是银行信用；以凭证

---

① Chakravorti S. How do we pay？［R］. Federal Reserve Bank of Dallas，Financial Industry Issues（First Quarter），1997：1－10.

② Chakravorti S，Lubasi V. Payment instrument choice：The case of prepaid cards，Federal Reserve Bank of Chicago，2006.

化的商业信用为对象，以商业信用为客体，例如应收账款的电子凭证、信用证、商业汇票，那么凭证代表的就是商业信用，其中的票据我们又可以单独将其归纳为票据信用。

综上所述，实际上可以把除了以物换物的原始贸易以及以黄金等天然货币为支付客体的支付外主要的支付客体，均认为是信用支付工具，只是在信用的性质以及信用凭证的标准化、抽象化水平上有所不同罢了。

“信用”是经济学中的概念，商品生产者由于再生产循环周期以及资金、生产规模的差异，具体交易中可能出现交易物无法即时交付的情形，为顺利实现交易，双方当事人须采用缔结契约方式约束和保障交易关系。如前文所述，在商品经济条件下，必然存在买卖双方在权利和义务承担时间上不对称的情况，这种不对称体现为买方提前实现对商品标的物的占有，而在支付上形成一种义务人对债务履行的承诺，在经济学中称为“信用”[①]。“信用”是一种承诺，属于无形之物，需要通过法律使信用中的关系具化，并形成一系列的法律规定予以保障，信用中体现的特定关系即为“债权债务关系”。

（三）选择支付工具的影响因素

不同支付工具的选择，必然会给工具的使用者带来不同的效用和成本，例如，支付工具的可获得性、可选择性，使用的便利性、使用成本，转换为无风险货币的成本即信用溢价，与使用其他相关支付工具的相对比较成本等。有不同学者对支付工具选择的效用进行了分析。例如，汉弗莱等[②]建立了支付选择（如现金、借记卡和支票）模型，估计某种支付工具自身价格弹性、其他工具的服务价格弹性和支付替代弹性。总结起来，可以认为影响支付工具选择的主要因素包括：

---

① 彭晓辉．票据信用制度的演进与保障规则研究——以票据行为为中心［D］．武汉：武汉大学博士学位论文，2004：10.

② Humphrey D B, et al. Realizing the Gains from Electronic Payments: Costs, Pricing, and Payment Choice [J]. Journal of Money Credit & Banking, 2001.

（1）工具发行方能否从中获利。获利可能性越大，工具供给就越强。

（2）制度弹性。发行保证金缴纳比例、发行人门槛等支付工具制度的弹性越大，市场整体因发行该信用支付工具得到的“铸币税”就越多，支付工具的供给就会越多。

（3）信用兑现可靠性。信用工具到期兑付的可靠性越高，越受欢迎。

（4）生命周期长短。工具的生命周期越长，其在流通领域停留的时间越长，发行方、持有方等各方的利益就越大。

（5）高可用性。继续使用或转换为无风险货币使用的转换成本越低，则持有人的持有成本越低。

（6）操作成本。一笔电子支付（例如电票）的成本只有一笔纸基支付（例如纸票）成本的三分之一到二分之一，推广电子支付工具能带来很大的社会效益。

通过总结这些影响因素，可以清晰地发现票据作为支付工具的优势。从下文我们可以看到，票据特别是电票较好地契合了上述条件，所以近年来取得快速发展。

二、企业融资：需求的产生与供给的匹配

（一）企业融资需求的产生

在企业的经济活动中，生产、销售、供应、分配和资金回流都不是同时的，因此在企业经营的不同时点会不断产生资金的流动性需求。所谓企业融资，就是指企业在发展扩张中筹集所需资金的行为，其目的是满足企业战略调整、资本扩张、流动性周转等方面的需要。

企业为了解决融资需求，可以有多种途径，而企业的资产结构与融资结构是相匹配的，也就是不同的融资目的，决定了融资手段。如果是固定资产，要与长期融资相配合，长期性资金可通过股东增资、发行股票和长期债券来补充。如果是企业长久性的流动资产，那么期限对应的银行贷款

可以作为融资来源。如果是短期性的流动资产，即季节性和周转性的资产，则需要期限短、额度小、方式灵活的融资渠道。

如果企业无法通过有效渠道获得融资，则不得不另找出路。最为常见的是：

（1）现金交易。以供应链核心企业为例，其对于下游经销商，可以采取“先付款后交货”的政策，加快资金回笼。而对于经销商而言，如果无法及时获得融资，就必须有足够的现金流支持其现金交易。

（2）放弃交易和市场机会，延长等待时间。这可以缓解企业的流动性需求，但付出的社会成本和带来的经济后果是极为消极的，最可能的表现就是市场经济交易萎缩、活力下降，社会信用普遍低下。

（3）形成应收应付账款。20 世纪 80 年代票据市场的起源即是国家整顿金融秩序、清理“三角债”。经过多年的发展，账期支付仍然是企业间贸易的主要支付方式之一，在社会主义市场经济的发展中又以“供应链金融”的形式避免了“三角债”的弊端。

（二）企业融资的供给：不同的融资方式

1. 不同的融资分类方式。所谓融资方式，是指企业筹措生产经营资金所采用的具体方法。企业融资的方式很多，有学者指出，“资金从资金盈余部门向赤字部门转化即储蓄转化为投资的形式、手段、途径和渠道就是融资方式，也就是企业获得资金的形式、手段、途径和渠道”①。

融资按照资金来源的不同分为内源融资和外源融资②。所谓内源融资，是企业持续经营过程中，原始资本的积累和剩余价值的资本化。企业成立时有初始投资，形成了股本，随着经营过程中产生利润，又产生了留存收益，不断资本化积累形成资本。而外源融资，是企业通过一定方式向企业之外的

---

① Gurley J. , Shaw E. Financial Structure and Economic Development [J]. Economic Development and Cultural Change, 1967, 15 (3): 257 –268.

② 同注①。

其他经济主体筹集资金，例如发行股票和企业债券、向银行借款，从一定的意义上说，企业之间的商业信用、融资租赁等也属于外源融资的范围。

按照融资过程中资金运动的不同渠道，又可以把企业的外源融资分为直接融资和间接融资。这种划分的核心是，资金由储蓄向投资转化是否经过银行这一金融中介机构。直接融资借助一定的金融工具（股票、债券）完成出资者和融资者的资金联系，资金供给者与资金需求者不通过银行这一媒介，而是企业自己或通过证券公司向金融投资者（即储蓄者）出售股票和债券而获取资金。间接融资，是通过银行（包括各种信用社）这一媒介，把分散的储蓄集中起来，然后供应给资金需求者，资金需求者通过银行间接获取储蓄者资金的一种融资方式。

2. 企业的融资供给。正如前文所述，融资方式包括内源融资和外源融资，其中外源融资又包括直接融资和间接融资。在具体的实现方式上，包括内部积累、股权融资、债券融资、银行贷款、商业信用、信托或委托贷款以及租赁、风险投资、国家财政资金等方式。

表 2－1　企业融资方式

<table>
<tr><th colspan="2">融资主体的融资来源</th><th>融资渠道</th><th>资金来源</th></tr>
<tr><td colspan="2" rowspan="3">内源融资</td><td>部分折旧基金转化为重置投资</td><td rowspan="3">自有资金</td></tr>
<tr><td>部分留存利润转化为新增投资</td></tr>
<tr><td>向亲戚朋友等融资</td></tr>
<tr><td rowspan="6">外源融资</td><td rowspan="3">直接融资</td><td>股权融资</td><td rowspan="6">借入资金</td></tr>
<tr><td>债券融资</td></tr>
<tr><td>商业信用、贸易融资</td></tr>
<tr><td rowspan="3">间接融资</td><td>银行贷款</td></tr>
<tr><td>信托或委托投资</td></tr>
<tr><td>其他形式的借款</td></tr>
</table>

（1）内部积累。内部积累是指企业在其生产经营过程中从其内部融通资金，以满足其日常经营或扩大再生产之需，它是中小企业筹措资金的主渠道。内部积累包括初始投资、折旧和留存收益等。

（2）银行信贷融资。银行信贷融资是指企业向银行和非银行金融机构以及其他单位借入的各种借款，是企业特别是中小企业融通债务资金的一种基本途径。

（3）公开上市发行股票融资。股票是股份有限公司为筹措权益资本而发行的有价证券，是持股人拥有公司股份的证明。公开上市发行股票融资是股份有限公司筹措权益资本的基本方式，但发行股票对于公司治理等的要求较高，中小企业很难通过此方式融资。

（4）发行债券。债券是债务人（发行企业）为筹集债务资本而发行的，约定在一定期限内向债权人还本付息的有价证券，是企业筹集债务资本的重要方式。受限于准入的门槛较高，目前我国中小企业难以通过发行债券获得融资。

（5）商业信用及贸易融资。商业信用是指在企业买卖商品的交易中，买方延期付款或卖方延期交货而形成的一种借贷关系，是企业间的一种直接信用关系。商业信用也是目前中小企业商品交易中最常见的信用形式。以商业信用为基础，即以交易过程中形成的应收应付关系为基础进行的融资行为，就是贸易融资或基于供应链的融资，也是与票据融资本质最为一致的融资方式。

（6）租赁。租赁是出租人以收取租金为条件，在契约或合同规定的期限内，将资产租借给承租人企业使用的一种经济行为。租赁行为虽然只直接涉及物而不是货币资金，但从实质上看，它具有借贷属性，属于债务融资性质。

（7）民间融资。民间融资是指游离于国家正规金融机构之外的、以资金筹措为主的融资活动，具体包括企业集资、亲戚朋友之间的私人借贷、民间招商等。民间融资是最原始的融资方式。民间融资成本较高，风险较大，一般在关系密切、相互了解和信用关系良好的个人之间进行，是广泛扎根于乡镇、农村的一种融资方式，但往往由于其不在正规金融体系内，难以受到法律保护。

（8）风险投资。风险投资是一种把资金投向蕴藏高失败风险的高新技术及其产品的研究开发领域的投资方式，其目的在于促使新技术成果尽快商业化以取得高收益，促进科学技术向实际生产力转化。风险投资涉及的是高新技术领域，投资对象大多是初创企业，企业在市场上尚未建立起信誉，信息不对称问题较严重，但发展前景可能十分巨大。

（9）国家财政专项资金。国家财政专项资金也是部分企业从财政途径获得资金支持的一种融资方式。国家根据部分行业或某种类型企业发展的需要，明确规定财政资金的用途，以精准支持某类企业的发展。例如，国家设立各种专项基金提供财政支持，包括科技风险投资基金、中小企业科技创新基金、中小企业信用担保基金、中小企业发展基金等。

（三）需求与供给的匹配：企业特别是中小企业如何选择融资行为

融资方式的选择实质反映的是企业在资金融通过程中的行为选择，是企业从自身特点出发而进行融资方式的选择活动。目前国内外学者从理论和实证上对影响企业特别是中小企业融资方式选择行为的因素进行了比较深入的探讨，已有的研究成果对各种融资选择行为给予了较好的解释。

1. 金融环境与制度对中小企业融资方式选择的影响。李庚寅、周显志[①]指出，在推行“赶超”战略的计划经济时代，我国建立了以大银行为主的高度集中的金融机制，这就不可避免地造成我国中小企业的融资困境。国有金融体制对国有企业的金融支持和国有企业对这种支持的刚性依赖，使民营经济很难在这一金融体制中寻求到金融支持。

金融体系的功能在于为实体经济的发展服务，中国当前的金融结构体系，并不能最大限度地支持经济发展，迫切需要提高面向中小企业的普惠金融部门在整体金融体系结构中的比重。

2. 信息不对称对融资方式选择的影响。梅耶斯等以不对称信息理论为基础，同时考虑交易成本问题，提出了融资优序理论（Pecking Financial

① 李庚寅，周显志，等. 中国发展中小企业支持系统研究［M］. 北京：经济科学出版社，2003.

Order Theory)①。融资优序理论认为，企业根据成本最小化原则选择不同的融资方式，即首先选择交易无成本的内源融资，其次是外源融资中成本较低的债务融资，最后才是成本最高的股权融资。这一现象在信息不对称更为严重的中小企业的融资决策上更为明显②。

3. 融资风险、成本对企业融资方式选择的影响。研究表明，企业债券发行量在1亿美元以上，才能显示出规模效应，因此小企业及发行规模较小的企业债券融资成本较高，不得不选择银行贷款方式。企业融资规模及企业的大小与其债券融资比重正相关，与银行信贷量负相关③。

4. 企业特质对其融资方式选择的影响。正规银行资金对大企业比较重要，而中小企业从非正规金融获得资金的数量比从正规金融获得的资金大得多。林毅夫、孙希芳（2005）④ 也指出，发展中国家中小企业融资结构中，正规融资所占比重很小，而内源融资和非正规金融是中小企业创立和成长的主要资金来源。

三、支付或融资行为与信用形式

无论是信用对支付的介入形成以信用凭证为载体的信用支付工具，还是以商业信用以及延伸而来的贸易融资作为融资方式，商业信用都是其中的核心要素。而票据作为支付和融资工具的特点及优势，与票据的票据信用对商业信用的延续与发展有重要关系。因此，有必要在探讨票据的支付和融资工具特点前，在前文基础上对商业信用和票据信用作更为深入的分析。

---

① Stewart C M, Nicholas S M. Corporate financing and investment decisions when firms have information that investors do not have [J]. Journal of Financial Economics, 1984, 13 (2): 187 -221.

② Graham J R, Harvey C R. The Theory and Practive of Corporate Finance: Evidence from the Field [J]. Journal of Financial Economics, 2001 (60): 187 -243.

③ Krishnaswami S, et al. Information asymmetry, monitoring, and the placement structure of corporate debt [J]. Journal of Financial Economics, 1999, 51 (3): 407 -434.

④ 林毅夫，孙希芳．信息、非正规金融与中小企业融资［J］．经济研究，2005（7）：35 -44.

（一）商业信用的优点

商业信用是商品交易中企业之间因相互提供的延期付款、延期交货等而形成的信用关系。它是商品经济条件下企业之间的一种直接信用行为，也是商品经济条件下的一种基础性信用。

贸易活动中的商业信用同时包含两种不同性质的关系。一是商品、信息或服务的买卖关系，即卖方把商品等赊销给买方，即形成了商品等的买卖关系，商品等的所有权发生转移；二是借贷关系，由于商品对应的应付款并未同步对付，卖方同时也是应收款方、债权人，买方同时也是应付款方、债务人，买卖双方具有应收应付的借贷关系。商业信用直接为商品、信息和服务的流通进行信用融资，买方以其商业信用获得了卖方的融资，是自然性融资。

这种商业信用形式的融资，具有显著的优点。一方面，成本相对较低，可以避免其他融资工具的审批与手续费等成本；另一方面，门槛也低，相对于银行贷款等融资工具，只要卖方愿意就可以完成，是获得融资的最简便方式。

（二）商业信用的局限性

1. 商业信用的规模局限于对应的贸易行为。如上文所述，商业信用自然产生于赊销形式的商品贸易形成的借贷融资关系，即商业信用下的融资关系以贸易关系为前提，其规模具有刚性，受制于实际贸易的达成规模，本质上是对企业现有资金的再分配，将原本用于支付的现金转换为应付款周期内的可支配资金，并不能突破企业贸易规模的约束。

2. 企业的商业信用能力有局限性。商业信用下的借贷关系的成立，基于借贷关系双方具备一定的信任基础，否则借贷关系不会成立，也就难以形成商业信用。因此，在贸易的供应链关系中，只能是链条上直接前后手的两方之间由于相互熟悉和信任，容易形成商业信用，但已形成的商业信用并不能通过链条进行穿透，也即意味着供应链链条上的某家企业，可以既是商业信用的融资方，也可以是商业信用的提供方，大大增加了商业信用中相互关系的复杂程度。

3. 商业信用的到期履约性较弱，约束比较容易软化。商业信用是企业间的直接借贷，自发而分散，缺乏统一的信息披露等信用约束机制，缺乏统一的市场进行规范和管理，企业也不具备专业的信用审查能力，相应的法律规范也不够健全，因此容易形成应付账款的拖欠，并在供应链条上形成连锁反应，影响社会经济中的整体信用环境。

（三）票据信用对商业信用的发展

票据信用是以票据为载体的约期付款以及贴现、转让等形式体现的一种经济关系。购销双方在交易时，可以使用票据结算，应收应付账款内的挂账商业信用就外化为票据信用，并按照票据信用的规则，债务人到期无条件支付。到期如有债务纠纷，持票人可诉诸专门的票据法来保障权益的实现。商业信用的票据化，将商业信用引起的债权债务关系通过票据关系中明确的规定加以确认，将一般商业信用提升为专门的票据信用，并受票据法保护，从而进一步规范了商业信用行为。换言之，票据信用是具有相对更高兑付性的商业信用。

票据信用也为银行信用介入商业信用创造了条件，并因银行信用的参与，提高了票据信用的兑付性和流通性。正如前文在分析票据的融资属性时所述，银行信用可以在承兑、贴现两个节点介入商业信用，从而形成了票据上商业信用、票据信用、银行信用多层级的信用制度，使贸易双方都能迅速融通资金，促进市场经济的发展。

四、票据制度保障票据作为支付和融资工具的特点和优势

从前文分析可以看到，票据作为支付工具，因贸易而兴，因贸易而变，近年来包括支票、银行汇票在内的票据在支付工具中的地位整体逐渐

下降，但商业汇票却保持稳定的增长。同时，票据作为我国商品经济中的重要金融工具，将货币市场与实体经济紧密地联系在一起，在破解企业融资难题上又有一些特定优势。

（一）相对高的兑付性

1. 信用叠加。相比其他融资工具，票据具有信用叠加、远期支付、高流动性等多重特性。票据叠加了承兑人、背书人、贴现人等多重信用，可以利用信用叠加效应遏制小微和民营企业融资的信用风险。

票据信用按承兑人不同类别可以分为银行信用、商业信用。其中，银行承兑汇票信用主体是银行，虽然有国股、城商、农商、农信、村镇等不同类别，但信用等级普遍较高。财务公司承兑的商业汇票，信用主体是财务公司，近年来仅有个别财务公司出现到期兑付违约的风险，一般情况下信用等级也较高。企业承兑的商业汇票，信用主体是企业，区分央企、国企以及其他各类大中小型企业，信用等级各有不同。

票据的信用叠加特性可以有效弥补民营企业、小微企业等商业信用的不足，融资可获得性更强。《票据法》规定，票据持票人不仅可以追索其直接前手，而且对所有前手均有追索权，这意味着票据信用是所有票据前手信用的叠加，不仅包括企业的商业信用，也包括银行信用。这对贸易关系中规模较小、信用度不高的民营企业、小微企业来说，意味着相对于传统应收应付关系中单纯的商业信用，票据可以实现银行信用对商业信用的补充，从而增强商业信用受益方融资的可获得性。

2. 统一和规范的信用约束机制。票交所成立以来，依托统一市场的唯一基础设施地位，实施了一系列机制，规范票据市场的信用机制，保障到期兑付的兑付率和兑付效率。例如，对到期票据实行自动托收、强制结算的机制，资金可实时到账，收款更高效；推进商业承兑汇票的信息披露机制，提高信用信息对承兑行为的约束性。

3. 法律基础扎实。票据具有专门法律规范票据业务行为人的权利责任，约定了付款期限、付款责任等专门规则，切实保护参与者作为票据行为人的利益。1995 年 5 月，全国人大常委会通过《票据法》，这是中国市场经济立法的一个重大举措。1997 年，中国人民银行进一步加强商业汇票管理，印发了一系列规章制度，包括《票据管理实施办法》《支付结算办法》等。《票据法》及相关行政法规和规章、最高人民法院的司法解释、票交所业务规则，共同构建了完整、系统的票据市场法律体系，为保障票据相关人的权益提供了坚实的基础。

总而言之，包括法律法规、市场规则等在内的完整的票据制度体系，使票据信用作为特殊的商业信用，相对于一般商业信用例如应收账款电子凭证、信用证等信用的约束性更强，具备更高的兑付性，也就使其作为支付或者融资的客体具备更高的可接受性也即流通性。

（二）发行方、持有方均可获利

1. 延长供应链核心企业的账期。我国供应链贸易结算普遍使用账期结算方式，而票据是重要的账期支付也即信用支付工具，赋予签发票据的核心企业最长一年的付款期限。通过票据的承兑，核心企业仅以很少的资金、时间和操作成本，即可获得最长达一年的延期支付信用，从而获得票据期限内的资金融通。

2. 供应链下游持票企业可以获得信用支持，向银行融资。持票企业能以背书转让的形式使票据在企业间流转实现支付，以票据结算替代应收账款，使企业应收应付款项得以转销；可以抵押的方式，将收到的商业汇票抵押给银行，获得流动资金贷款或向银行申请开立新的承兑汇票进行融资；也可以联合上下游企业，与银行签订协议，开展特定企业开立的商业承兑汇票保贴业务，使出票企业和持票企业都获得融资的机会。中小企业由于资信等级不高，难以获取银行授信，融资难一直困扰着中小企业的发展，而票据结算可以使中小企业顺利通过上下游企业的整体信用传递获取更多融资的机会。

（三）再交易的成本低

再交易成本，即持有人收票后再背书流转或办理贴现的成本。收票企业的选择很灵活：在资金充足的时候，可以将票据持有到期，获取利息收入；有资金需求时，可以将票据作为支付款项背书至贸易对手，也可以通过银行贴现提前获取资金。

与贷款相比，票据是基于商业信用的融资工具，减少了流转环节，具有成本分担机制，融资成本可以分别由出票人和收款人（贴现申请人）分担，加之具有活跃的二级市场，流动性更高、周转更快，从而能使企业获得更低的融资成本，中小企业接受度较高。根据清华大学经管学院中国金融研究中心等研究机构公布的中国社会融资成本指数，2017 年中国企业平均社会融资成本为 7.60%，其中，票据平均融资成本为 5.19%，在所有融资方式中处于最低水平。中国人民银行《2021 年第一季度中国货币政策执行报告》也显示，2021 年 3 月，票据融资加权平均利率为 3.52%，比一般贷款加权平均利率 5.30% 低了 1.78 个百分点，比企业贷款加权平均利率 4.63% 低了 1.11 个百分点[①]。

表 2－2　不同融资方式的融资成本比较　　单位：%

中国社会融资（企业）		银行贷款	承兑汇票	企业发债	上市公司股权质押	融资性信托	融资租赁	保理	小贷公司	互联网金融（网贷）
平均融资成本	7.60	6.60	5.19	6.68	7.24	9.25	10.70	12.10	21.90	21.00
占比	100.00	54.84	11.26	16.50	3.39	7.66	3.95	0.44	0.87	1.10

数据来源：清华大学经管学院中国金融研究中心、财经头条新媒体、企商在线（北京）网络股份有限公司等机构于 2018 年 2 月 1 日联合公布的中国社会融资成本指数。

① 中国人民银行发布的《2021 年第一季度中国货币政策执行报告》，第 4 页。

（四）可获得性强

对于企业而言，相对于企业债、中小企业集合票据等其他金融工具，无论是从签发或承兑等发行标准和发行流程还是票据贴现融资的便利性来看，票据无疑都是门槛相对低、流程相对简便、效率相对更高的一种工具，可获得性较强。

从承兑而言，要想通过承兑获得银行信用，只需要银行对其具有一定的授信额度，请银行对汇票进行承兑，也只需要存放一定比例的保证金、缴纳极小比例的手续费，就可以获得一定期限的银行信用；如果想通过承兑获得商业信用，只需要信用提供方愿意，在票据上作出承兑的意思表示即可。

从贴现而言，相对于普通贷款，商业汇票特别是银行承兑汇票贴现具有低风险业务特征，银行办理业务流程短、环节少、速度快、所需业务资料少、审批通过率高等，融资门槛低，可获得性强，可以帮助企业通过票据贴现快速满足短期融资需要。若持票去银行申请办理贴现，一般在当日或次日即可获得资金支持。近两年来，票交所和广大金融机构群策群力，共同推动票据市场更好地服务实体经济，越来越多的金融机构推出以“线上办理、实时到账”为特点的“秒贴”业务，如中国工商银行的“工银 e 贴”、招商银行的“手机银行在线贴现”业务等，自助贴现、全流程无人干预，客户从发起贴现申请操作到放款成功不到一分钟，有效破解了传统票据业务中存在的询价流程长、操作步骤多、到账时间久、财务成本高等痛点，进一步推动贴现业务线上化、“零接触”发展。

（五）政策支持

党中央、国务院历来对票据支持实体经济发展高度重视。2018 年下半年以来，党中央、国务院多次发声支持民营企业发展，纾困民营经济、力挺民营企业发展正得到空前重视。国务院办公厅在调研融资难融资贵问题时，专门分析了票据贴现情况；中国人民银行货币政策委员会例会专门分析了票据市场情况；中国人民银行大幅度提升再贴现额度。这些都凸显了票据支持实体经济的重要作用。

2019 年 6 月 13 日，第十一届陆家嘴论坛在上海召开。中国人民银行行长易纲发表主题演讲时表示："支持上海票据交易所在长三角地区推广应收账款票据化，试点推广贴现通业务。"

（六）货币政策精准滴灌

中国人民银行可以通过票据再贴现更精准地对民营企业、小微企业进行支持。作为货币政策的重要工具之一，中央银行不仅可以通过对再贴现利率的引导影响市场利率水平，还可以通过对不同种类再贴现票据的选择，引导信贷资金的投向，有效促进信贷资源优化配置。

2019 年 2 月 14 日，中共中央办公厅、国务院办公厅发布的《关于加强金融服务民营企业的若干意见》提到："鼓励金融机构增加民营企业、小微企业信贷投放。……增加再贷款和再贴现额度，把支农支小再贷款和再贴现政策覆盖到包括民营银行在内的符合条件的各类金融机构。加大对民营企业票据融资支持力度，简化贴现业务流程，提高贴现融资效率，及时办理再贴现。""完善中小企业融资政策。进一步落实普惠金融定向降准政策。加大再贴现对小微企业支持力度，重点支持小微企业 500 万元及以下小额票据贴现。"

第五节　商业汇票支付与融资业务现状

一、在贸易支付市场全景中的动态发展

站在票据市场之中分析票据市场的发展，票据作为支付工具，无疑是蓬勃向上、欣欣向荣的。近年来，票据市场的签发、背书支付业务，

从业务量、参与企业数等方面均保持了稳步增长的态势。但我们必须跳出票据市场，站在企业间贸易支付市场的全景中来看待票据，保持冷静和思考。

（一）票据在非现金支付工具中不占主要地位

1. 电子化支付方式的相对重要性快速上升。现金更适合于小额零星支付，而电子化的非现金支付，更适合于大额交易。有学者[①]对美国、欧洲和日本五类支付工具的单笔交易金额进行了比较，结果表明，使用现金进行的单笔交易金额为5～25美元，借记卡为40～165美元，支票为1147～79754美元，行内汇兑金额为3820～14423美元，大额支付系统每笔交易达420万～9300万美元。

从绝对量上看，各国流通中现金占狭义货币的比重总体上比较稳定，国际清算银行支付结算委员会（BIS CPSS）成员的现金与GDP之比平均处于7%～9%，但总体来讲处于逐渐下降趋势。

2. 票据类支付工具的内部结构变化较大。在20世纪50年代信用卡诞生之前，票据一直是最主要的非现金支付工具，主要克服现金支付在时间和空间上不匹配的问题。

虽然不同类型的票据在性质和功能等方面存在差异，在不同的国家、不同的历史时期呈现不同的发展路径，但支票的使用最为广泛，在各个国家票据交易中的占比都很大。从各国情况来看，以支票为代表的票据支付方式，在支付业务中的总体比重普遍显现大幅下降的态势。票据支付在支付总体业务量中的下降，主要是票据中最主要的支票出现了大幅下滑。

① Wilko B，Humphrey D B．Payment Network Scale Economies，SEPA，and Cash Replacement［J］．Review of Network Economics，2007，6（4）．

表 2-3　美国非银行使用的非现金支付工具和终端：交易总值①

单位：10 亿美元

支付工具交易类型	2015 年	2016 年	2017 年	2018 年	2019 年
贷记转账	32476	34125	36680	40873	44292
直接借记	19602	20630	21853	23285	25586
支票	29184	28346	27509	26672	25834
卡和电子货币支付	5128	5463	5956	6583	7211
借记卡支付	2176	2311	2473	2749	3026
信用卡支付	2803	3000	3323	3644	3964
电子货币支付	148	152	160	190	221
交易支付总值	86390	88563	91998	97413	102923
终端交易					
其中：ATM 现金提取	763	774	763	797	808

以中国为例，票据笔数总体上呈现下降的趋势（2010 年小幅上升），从 2011 年起，票据笔数开始快速下降，而且下降的幅度越来越大。下降幅度最大的 2016 年票据笔数只占 2006 年票据业务笔数的 24.6%，跌去了将近四分之三。

表 2-4　2006—2020 年中国票据业务笔数和金额

年份	笔数（亿笔）	笔数增长率（%）	金额（万亿元）	金额增长率（%）	单笔平均金额（万元）
2006	11.91	—	224.68	—	18.86
2007	9.78	-17.90	236.46	5.24	24.18
2008	8.82	-9.82	251.35	6.30	28.50
2009	8.76	-0.76	270.03	7.43	30.83
2010	8.97	2.40	284.52	5.36	31.72
2011	8.47	-5.57	301.11	5.83	35.55
2012	7.84	-7.44	296.37	-1.58	37.80
2013	6.93	-11.61	287.70	-2.93	41.52
2014	5.78	-16.56	269.99	-6.16	46.71

① BIS, Statistics on Payment and financial market infrastructures (Unite States), T6: Value of cashless payments and withdrawal/deposit transactions [EB/OL]. https://stats.bis.org/statx/toc/CPMI.html.

续表

年份	笔数（亿笔）	笔数增长率（%）	金额（万亿元）	金额增长率（%）	单笔平均金额（万元）
2015	4.17	-27.87	238.23	-11.07	57.13
2016	2.93	-29.64	187.79	-21.17	64.09
2017	2.56	-12.79	172.37	-8.21	67.33
2018	2.22	-13.23	148.86	-13.64	67.05
2019	1.90	-14.46	133.81	-10.11	70.43
2020	1.49	-21.58	123.79	-7.49	82.85

数据来源：中国人民银行历年《中国支付体系发展报告》《支付体系运行总体情况》。

与非现金支付的其他工具比较，票据在非现金支付工具中的交易金额占比不断下降，从2007年的42%下降至2019年的3.54%。银行卡交易金额占比则从2008年开始基本在20%～30%波动，2019年为23.54%。贷记转账等其他支付方式交易金额占比总体在不断上升，2019年为73.01%①。从笔数来看，2019年票据在非现金支付工具中的交易笔数占比仅为0.06%，银行卡业务占比达到97.27%。

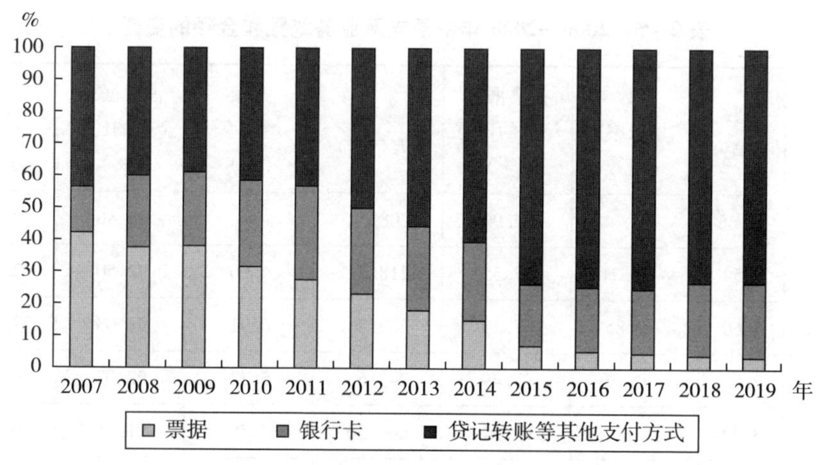

图2-1　非现金支付工具交易金额占比

① 杨涛，程炼．中国支付清算发展报告（2020）［M］．北京：社会科学文献出版社，2020：112.

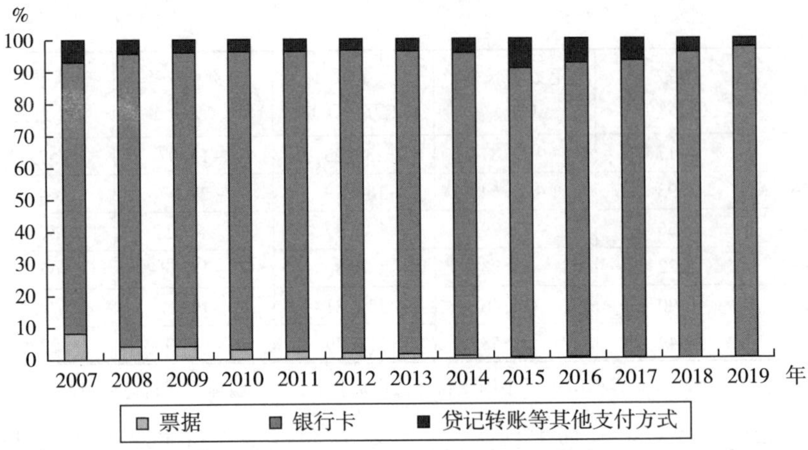

图 2－2 非现金支付工具交易笔数占比

从中国的情况看，支票的使用，无论绝对量还是相对量都在稳步下降，支票的笔数占票据总笔数的比重也逐年下降，但占据的比重依然很大，比重最低的 2020 年也达到了 84.34%。银行汇票、银行本票的发展轨迹与支票类似。

表 2－5 2006—2020 年中国支票业务笔数和金额的变迁

年份	笔数（亿笔）	笔数增长率（%）	占票据总笔数的比重（%）	金额（万亿元）	金额增长率（%）	占票据总金额的比重（%）	单笔平均金额（万元）
2006	11.66	—	97.90	208.50	—	92.80	17.88
2007	9.54	－18.21	97.55	218.72	4.90	92.50	22.93
2008	8.60	－9.85	97.51	233.84	6.91	93.03	27.19
2009	8.54	－0.76	97.49	248.62	6.32	92.07	29.11
2010	8.72	2.19	97.21	260.50	4.78	91.56	29.87
2011	8.21	－5.90	96.93	273.78	5.10	90.92	33.35
2012	7.56	－7.88	96.43	268.79	－1.82	90.69	35.55
2013	6.67	－11.77	96.25	259.56	－3.43	90.22	38.91

续表

年份	笔数（亿笔）	笔数增长率（%）	占票据总笔数的比重（%）	金额（万亿元）	金额增长率（%）	占票据总金额的比重（%）	单笔平均金额（万元）
2014	5.52	-17.26	95.50	242.57	-6.55	89.84	43.94
2015	3.91	-29.10	93.76	211.53	-12.79	88.79	54.10
2016	2.73	-30.23	93.17	165.80	-21.62	88.29	60.73
2017	2.37	-13.09	92.58	153.81	-7.23	89.23	64.90
2018	2.02	-14.99	90.99	131.47	-14.62	88.32	65.08
2019	1.68	-16.73	88.42	114.74	-12.72	85.75	68.30
2020	1.26	-25.00	84.34	103.28	-9.99	83.43	81.96

数据来源：中国人民银行历年《中国支付体系发展报告》《支付体系运行总体情况》。

3. 卡基支付的重要性逐渐上升。银行卡一般包括信用卡和借记卡。与其他支付工具相比，银行卡具有非常独特的性质，比现金和支票付款更便利。使用银行卡支付，没有携带现金的成本，免除了支票被拒收或退货的风险，一般也不受地域的限制。

银行卡发展的进程表明，尽管各个国家历史文化、支付习惯不同，但银行卡在各个国家支付工具体系中的地位和作用都在不断提升。国际清算银行支付结算委员会（BIS CPSS）成员2000—2017年卡基支付占非现金支付业务量（笔数）的比重增加了28.3个百分点。其中借记卡的发展速度远快于信用卡的发展速度，借记卡年均增长速度为20%，信用卡年均增长速度仅为7.4%。

4. 贷记转账是主要的单位间支付结算形式。直接转账是大额支付的主要形式，是依托付款人和收款人的银行结算账户，通过银行直接借记付款人账户和贷记收款人账户完成支付。

表 2-6　英国非银行使用的非现金支付工具和终端：交易总值①

单位：10 亿英镑

支付工具交易类型	2015 年	2016 年	2017 年	2018 年	2019 年
贷记转账	71946	80536	89389	89186	89476
其中：基于纸基工具	160	—	—	—	—
直接借记	1245	1262	1305	1327	1327
支票	624	624	492	443	425
卡和电子货币支付	661	709	755	801	831
借记卡	486	530	562	598	623
延期借记卡	29	28	29	30	30
信用卡	146	151	165	172	178
交易支付总值	74477	83131	91942	91757	92059
各类终端交易					
现金提取	194	194	187	173	162
终端交易总值	194	194	187	173	162

直接转账的特点如下：一是单笔交易金额较大。二是依托的媒介不具有固定性，可以通过移动终端或网络发起。三是信用风险小，可以通过现代化支付系统处理直接转账支付，资金基本能够及时到账，能够实现资金的零在途。

（二）商业汇票的重要性逐步上升

随着社会主义市场经济的发展，以商业汇票为主体的票据市场由 20 世纪 80 年代开始，至今已有 40 余年的时间，成为重要的企业间贸易支付以及货币市场的交易工具。

1. 实际结算的商业汇票的变迁。2006 年以来，实际结算的商业汇票笔

① BIS. Statistics on Payment and financial market infrastructures（Unite Kingdom），T6：Value of cashless payments and withdrawal/deposit transactions［EB/OL］. https：//stats. bis. org/statx/toc/CPMI. html.

数和金额保持持续上升的发展态势，只有在2016—2017年出现短暂的下滑，主要原因是2016年中国人民银行成立票交所并推广电票使用、限制纸票流通，导致当时占市场主要比重的纸票业务量大幅萎缩。但相比支票、银行汇票和银行本票业务量的持续大幅萎缩，商业汇票结算量总体上一直保持增长态势。

表2-7　2006—2020年实际结算商业汇票笔数和金额

年份	笔数（万笔）	笔数增长率（%）	占票据总笔数的比重（%）	金额（万亿元）	金额增长率（%）	占票据总金额的比重（%）	单笔平均金额（万元）
2006	588.00	—	0.49	5.51	—	2.45	93.71
2007	667.28	13.48	0.68	6.06	9.98	2.56	90.82
2008	775.31	16.19	0.88	6.87	13.37	2.73	88.61
2009	821.58	5.97	0.94	9.62	40.03	3.56	117.09
2010	936.71	14.01	1.04	10.85	12.69	3.81	115.83
2011	1256.05	34.10	1.48	14.23	31.20	4.73	113.29
2012	1553.33	23.67	1.98	16.06	12.91	5.42	103.39
2013	1630.67	4.98	2.35	18.24	13.57	6.34	111.86
2014	1842.14	12.97	3.19	19.28	5.70	7.14	104.66
2015	1905.71	3.45	4.57	20.99	8.86	8.81	110.14
2016	1656.45	-13.08	5.65	18.95	-9.71	10.09	114.40
2017	1648.39	-0.49	6.44	16.77	-11.48	9.73	101.74
2018	1892.57	14.81	8.53	16.21	-3.35	10.89	85.65
2019	2106.78	11.32	11.09	18.25	12.58	13.64	86.63
2020	2285.27	8.47	15.29	19.94	9.26	16.11	87.25

数据来源：中国人民银行历年《中国支付体系发展报告》《支付体系运行总体情况》。

实际结算的商业汇票笔数和金额占票据业务总笔数和总金额的比重逐年上升。无论是笔数还是金额，商业汇票所占比重均在支票之后位居第二，与支票相比，虽然差距很大，但在不断缩小。单笔商业汇票业务的平均金额波动增大，从2006年的93.71万元上升到2016年的114.4万元，随后又降至85万元左右徘徊。

2. 电子商业汇票业务的变迁。2009 年 10 月，由中国人民银行组织建设的电子商业汇票系统正式开通运行。运行以来，实际结算的电子商业汇票始终保持高速增长。在支票、银行汇票和银行本票业务的发展呈现显著下降收缩的背景下，电子商业汇票业务的迅猛发展更显突出。

表 2－8 2010—2020 年电子商业汇票出票和承兑笔数及金额

年份	出票				承兑			
	笔数（万笔）	笔数增长率（%）	金额（万亿元）	金额增长率（%）	笔数（万笔）	笔数增长率（%）	金额（万亿元）	金额增长率（%）
2010	7. 86	—	0. 27	—	8. 18	—	0. 28	—
2011	19. 87	152. 80	0. 54	102. 58	20. 34	148. 66	0. 55	97. 89
2012	30. 48	53. 40	0. 94	74. 76	31. 19	53. 34	0. 96	75. 40
2013	52. 09	70. 93	1. 59	69. 06	53. 47	71. 45	1. 63	68. 87
2014	84. 49	62. 20	3. 13	97. 29	83. 78	56. 69	3. 07	88. 95
2015	134. 08	58. 68	5. 60	78. 92	137. 52	64. 15	5. 79	88. 39
2016	230. 47	71. 89	8. 34	48. 96	237. 75	72. 89	8. 58	48. 29
2017	655. 42	184. 38	12. 68	52. 02	678. 00	185. 17	13. 02	51. 75
2018	1450. 71	121. 34	16. 79	32. 40	1489. 36	119. 67	17. 19	31. 99
2019	1990. 21	37. 19	19. 50	16. 11	2030. 32	36. 32	19. 96	16. 11
2020	2229. 74	12. 04	21. 36	9. 54	2270. 94	11. 85	21. 86	9. 52

数据来源：中国人民银行历年《中国支付体系发展报告》《支付体系运行总体情况》。

3. 现状：2020 年的转让背书业务情况①。2020 年，全国共发生背书 1. 11 亿次②，金额 47. 19 万亿元，背书发生额较 2019 年上升 1. 55%。按票据种类分，银票背书 1. 07 亿次，金额 44. 51 万亿元，金额占比 94. 32%；商票背书 0. 04 亿次，金额 2. 68 万亿元，金额占比 5. 68%。

① 上海票据交易所. 2020 中国票据市场发展报告［M］. 北京：中国金融出版社，2021.

② 不含纸票，仅指电票，下同。

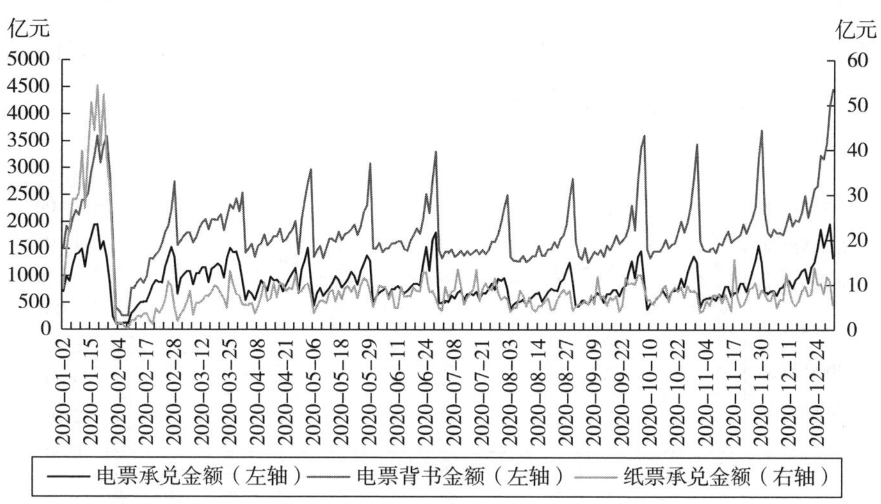

图 2-3　2020 年各月背书金额

背书活跃度整体保持平稳。从背书票据张数来看，2020 年每月票据背书张数平均为 316.04 万张，与 2019 年相比上升 9.26%。同时，单张票据背书次数整体较为平稳，平均为 2.88 次，与 2019 年相比下降 3.36%。

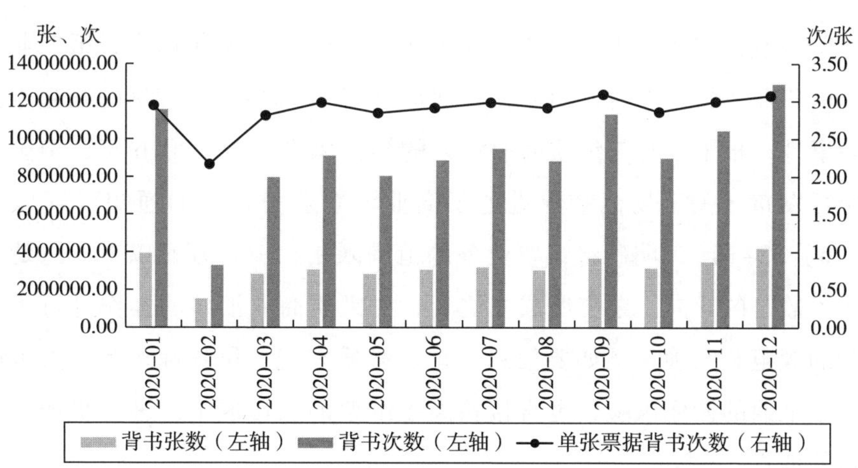

图 2-4　2020 年电子票据各月背书活跃度

背书企业参与背书的频次与2019年相比持平。从背书企业参与背书的频次分析，2020年平均每家背书企业参与背书的频次呈现稳步增加的态势，平均为每家企业每月背书10.23次，与2019年持平。

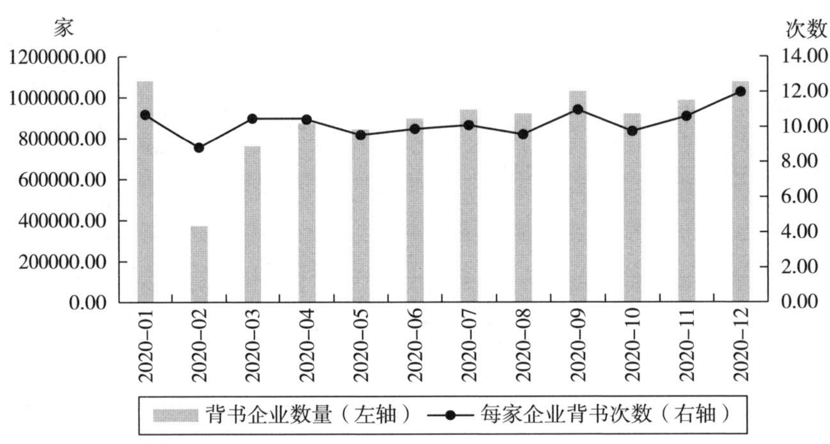

图2－5　2020年各月企业参与背书情况

（三）票据支付的特点与趋势

1. 支付工具的便利性：电子化的更易流通。2009年以来，纸票业务量、电票业务量发展对比明显，特别是2015年前后票据市场的几起重大风险事件，根子上都与纸质商业汇票的操作风险有关。2016年，中国人民银行发布《关于规范和促进电子商业汇票业务发展的通知》（银发〔2016〕224号），明确将纸票业务的范围限制在100万元以下，清楚地表明了监管的导向。票交所成立之后，对纸质商业汇票的操作进行了一系列的规范和明确，例如要信息登记、影像登记、付款确认等，大范围减少了纸票的操作风险，也直接抬高了纸票的操作成本，进一步加快了纸票的消亡。

2. 支付工具的灵活性：小额化的更易流通。从票据业务平均金额看，票据小额化、碎片化程度加剧。2017年电票的承兑平均金额为192.08万

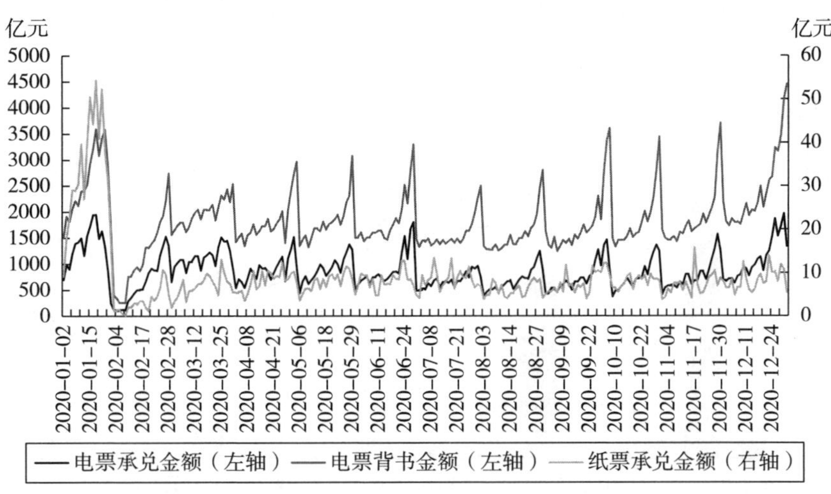

图 2-6　2020 年电票、纸票票据承兑发生额比较

元，2018 年为 115.41 万元，2019 年为 98.31 万元，2020 年为 96.26 万元。由于承兑业务平均票面金额的下降，其他电票业务的平均金额也随之下降。同期，电票背书业务的平均票面金额分别为 106.53 万元、57.36 万元、45.07 万元和 42.59 万元，电票贴现业务的平均票面金额分别为 387.96 万元、232.05 万元、184.52 万元和 184.83 万元。

从票据流动性看，小金额票据在支付环节流动性更强。在近年的电票数据中抽样选择 1 年时间段，以 2018 年 11 月以来签发的且到期日不晚于 2019 年 10 月末的未贴现电票为样本进行统计，小于等于 100 万元票据的平均背书支付次数为 6.83 次，500 万元以上票据的平均背书支付次数为 2.71 次。从参与背书票据的票面金额结构上看，小于 10 万元（含）、10 万～50 万元（含）、50 万～100 万元（含）、100 万～500 万元（含）、500 万元以上票据面额的电子商业汇票中，小于 10 万元（含）的票据参与背书张数最多、单张票据背书频次最高，500 万元以上的票据参与背书张数最少、单张票据背书频次最低，各票据面额区间的背书票据张数分别为 556.31 万张、435.95 万张、142.50 万张、123.74 万张和 35.99 万张，单张票据平均背书频次分别为 6.14 次、5.26 次、4.77 次、3.46 次和 2.68 次。

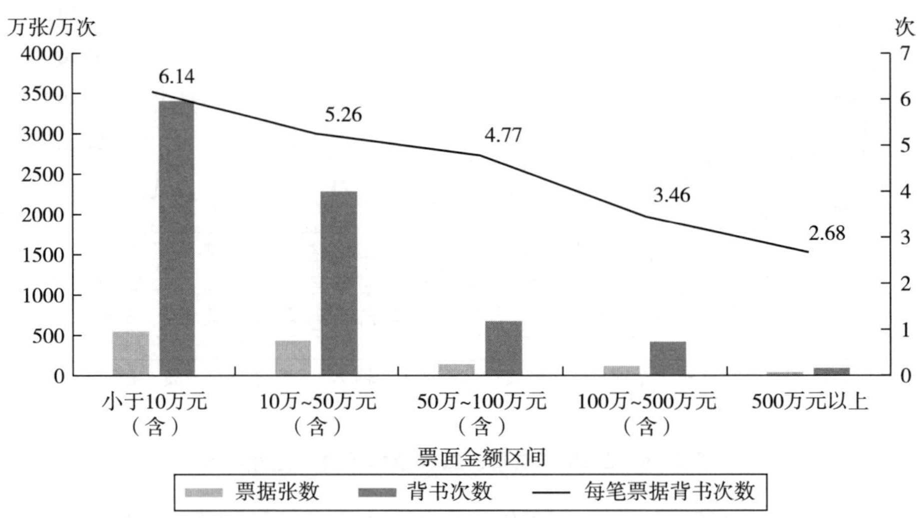

图 2-7 抽样样本参与背书票面金额结构情况

以 2019 年 10 月到期的未贴现电票为样本，数据显示，当背书支付次数在 6 次（含）以上时，近 50% 的票据金额集中在 5 万 ~ 20 万元，28.50% 的票据金额为 10 万元，反映出 10 万元左右金额的票据在企业间流通最好。

3. 支付工具的高兑付性：银票流动性远高于商票。从票据种类看，2020 年电子银行承兑汇票、电子商业承兑汇票参与背书的次数分别为 10675.46 万次、404.69 万次，金额分别为 44.51 万亿元、2.68 万亿元，无论次数还是金额，银票均占绝对优势。

从背书频次来看，银票始终较商票背书频次更高，反映票据的兑付性高低即信用等级对于票据流通性的影响较大。受承兑人信用的影响，一直以来，银票和商票在企业间的流动性有显著差异，银票每月背书频次约为商票背书频次的两倍。商票流动性的提升还需要借助企业信用环境透明度的不断提高和企业信用评级体系的建立。

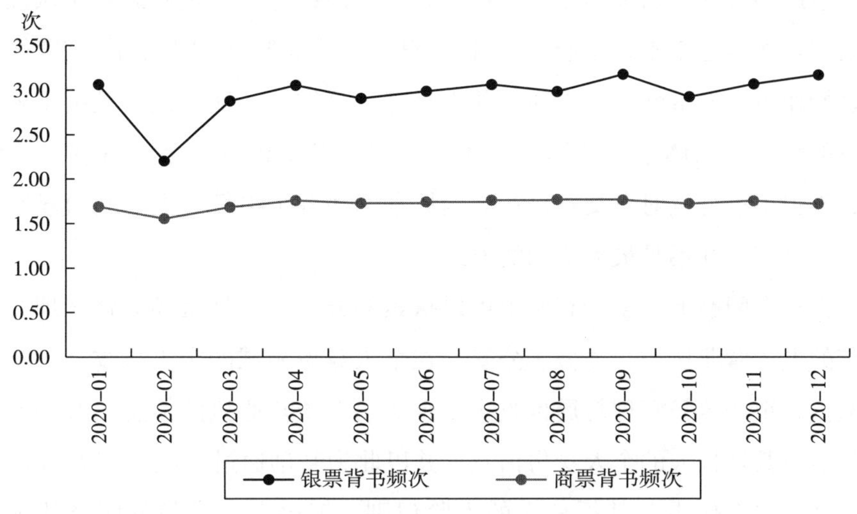

图 2-8　银票与商票背书频次趋势

（四）结论

票据是面向支付结算需求的，票据发展为适合未来场景的好的支付工具，至少应当满足以下条件。

1. 安全性——企业支付场景中的企业身份认证问题。过去主流观点认为，安全与便捷就像鱼与熊掌，二者不可兼得。要想获得良好的用户体验，必须牺牲一定的安全性；要想确保安全性，则必须放弃部分便捷。

在个人支付领域，支付介质从银行卡到互联网再到手机的变化，促进了一系列新技术的应用和新模式的创新，而创新使得移动支付朝着安全和便捷相统一的方向发展。移动设备的各种传感器能够在用户使用移动设备时随时随地收集其位置信息、手指触摸屏幕的接触面积、指压感应、敲击时间间隔等行为数据以及人脸等生物识别信息，分析验证个人身份数据。

但在企业级支付的领域，要实现企业支付的安全性与便利性的统一，面临着如何在企业间支付市场解决企业身份认证的基础问题。目前主流的企业身份认证，仍然依托银行的账户认证体系，采取认证终端与银行交互、借助银行网银认证的方式进行。其前提是银行对于企业的身份认证是无误的。然而近年来，银行在企业开户审核中程序不到位，出现道德风险、操作风险的事件时有出现，并不是完全可靠的认证方式。且由于依赖银行的账户认证体系，具体的应用场景端与各个银行的系统存在一定距离，不得不进行点对点交互，在应用场景端和各个银行节点之间形成网状的交互处理，并不是最为集约的方式。

在这个问题上，至少有两个可以探索的方向。一是市场监督管理总局推广的电子营业执照。类似于公安部在个人身份领域的个人指纹、人脸信息数据，市场监督管理总局也收集了企业的电子营业执照信息以及企业法人代表及其授权人的个人身份信息，并以此为基础通过小程序或者 App 端口，基于法人代表及其授权人的人脸识别，解决企业身份的闭环认证问题。二是区块链身份认证，通过区块链去中心化的共识认证体系，建立认证节点，解决认证问题。

2. 电子化。电子化是未来支付发展的方向之一。由于纸质凭证的大量使用，客户在办理银行相关业务时需要单独进行纸质签名；业务办理完后，又需要耗费精力和空间保存纸质的相关凭证，最终结果就是业务办理流程长、手续繁杂、效率低下，客户体验较差。银行则需要单独对纸质凭证进行收集整理、录入归档和保管处理等，影响其全流程的电子化水平，也给后续的对账、业务合规审核等带来不便。

凭证电子化是供给侧结构性改革的必然趋势。凭证电子化不仅是以电子化的方式对纸张的简单替代，更重要的是对传统服务流程和服务方式的变革。由于引入电子化方式，银行需要对客户的身份验证、风险识别有更多的配套创新，需要对外在与用户的交互中叠加更多的功能和服务，对内提升信息化建设水平，探索凭证的信息化存储解决方案，从而在根本上促进客户交易行为与交易场景融合方式的变化，提高业务整体办理效率。①

① 柴洪峰. 对支付场景化的思考和探索［J］. 中国信用卡，2017（10）：13－19.

3. 场景化是移动互联网时代支付发展的趋势。金融场景的线上化早于贸易场景的线上化，金融机构通过网银等渠道办理业务，要远早于贸易行为的线上化。B2B 线上电子商务的出现，对贸易的线上化和货款对付提出了更场景化的需求。

移动互联网时代，支付与场景结合更加紧密。场景是多样的，这就使得支付行为变得越来越“短平快”，更加碎片化。在移动互联网时代，用户的所有行为，包括支付在内的金融服务与社交互动，都将融入具体的场景里。人们不会为了使用支付而去购物，而是在某个具体的消费场景里自然而然地使用各种支付工具，支付最终都是为了满足消费者生活场景中的某个需求。移动支付等创新支付服务加速突破时空限制，与消费场景深度融合，通过构建碎片化的场景化金融生态，让金融服务触手可及。①

4. 低操作成本。支付的场景化，必然要求未来支付终端的便利性：既可将支付嵌入线上支付场景，配合贸易平台的线上化发展趋势；也可将支付嵌入线下场景，适用于企业在线下贸易场景中使用支付终端实现面对面的实时支付，解决“一手交钱一手交货”的货款对付问题。

5. 高兑付性。在支付工具的竞争中，参与者总是更倾向于选择价值稳定的支付工具。例如，在国际贸易的支付结算货币选择上，一般倾向于选择美元为结算货币，其中原因之一在于美元是“硬通货”，美元代表的美国的主权信用破产的风险极小。在票据作为支付工具的发展上，银票的流动性远大于商票，也体现了这个偏好。

因此，在商业汇票的发展道路上，必然要面临如何在票据市场建立完善商业信用环境的命题，需要对违约情况进行严格的违约披露和处罚，以提高票据的兑付效率。

6. 网络化。支付服务是网络型商品，具有网络规模化的外部性效应，接受并使用支付产品的参与者越多，越会形成正向反馈，促进支付工具的

---

① 柴洪峰．对支付场景化的思考和探索［J］．中国信用卡，2017（10）：13－19.

使用。因此，促进商业汇票特别是电子商业汇票在企业间支付市场的发展，持续扩大电子商业汇票业务的企业参与者规模是必经之路。

二、票据融资的宏观特征与发展

票据是金融市场上与实体经济联系最紧密的金融工具之一。自20世纪80年代恢复票据业务以来，票据业务规模不断扩大，已经成为民营企业、小微企业融资的重要手段。

（一）贴现融资与经济周期、资金市场以及货币政策的关系

1. 与经济周期的关系。票据融资规模易受经济周期影响，逆经济周期变动。银行信贷业务是实体经济活跃度的直接反映，一般具有顺周期特点，而票据融资由于具有结构性补充信贷规模的作用，一般具有逆经济周期的特点。

经济不景气，票据融资快速发展。例如，2002—2006年，我国经济增长处于缓慢上升阶段，GDP增速从2002年的9.1%上升到2006年的12.7%，年均增速为10.7%，年均增长0.72个百分点；同期，2002—2006年，期末全国GDP是期初的1.8倍，而期末全国票据融资余额是期初的3倍。

2008年第四季度至2009年第二季度国际金融危机爆发期间，我国经济增速急剧下降，从2008年第三季度的10.6%下降至2009年第二季度的7.3%。在适度宽松货币政策刺激下，全国票据融资规模在此期间却急速扩大了1.5倍。

经济企稳回升，票据融资规模随之回落。2009年第二季度至2011年第三季度，在"四万亿"计划刺激下国内经济企稳回升，GDP季均增速达到10.3%。同期，票据融资规模在适度宽松货币政策下仍大幅下降，2011年第三季度末票据融资余额只有2009年第二季度末的41%。

经济过热，票据融资规模明显下降。2007年至2008年第三季度，国

内 GDP 的季均增速高达 12.9%，而票据融资余额从 2007 年第一季度末的 18163 亿元下降至 2008 年第三季度末的 14457 亿元，季均下降 529.4 亿元。

2. 与资金市场的关系。票据贴现融资具有信贷和资金交易的双重属性。信贷属性是指票据贴现被纳入商业银行的信贷总量管理，票据价格受中央银行的信贷调控影响较大；资金属性是指票据作为一种金融资产，在银行间市场买卖，票据价格受银行间同业拆借价格的影响。随着近几年来金融同业业务的快速发展，票据的资金属性越来越强。①

票据融资规模易受融资成本的影响。其成本包括信贷属性下的融资成本，用票据直贴利率来度量，也包括资金属性下的回购交易成本，用银行间同业拆借加权平均利率来度量。

3. 与货币政策的关系。票据市场的利率是市场化定价利率，采用以 Shibor 为基准加点生成的定价模式。票据市场利率已经市场化，相对于其他未市场化的融资工具利率，能更为准确地反映央行货币政策意图，因此，票据融资与其他融资形式相比，对于货币政策的相对弹性更大，能更为清楚地反映货币政策。

按照稳健、从紧、宽松等不同的货币政策，票据融资对货币政策的弹性反应大体可划分为三种情况：

货币政策稳健，票据融资均衡增长。2002—2006 年，金融机构票据融资业务在各项贷款中的占比稳步增长。例如，票据贴现贷款比由期初的 2.95%，上升至期末的 7.3%，季末票据贴现贷款比平均偏离均值约 0.48%。而我国各项贷款余额同比增速从 2003 年的季均 21.9% 进入 2004 年以来的季均 14.9% 的平稳增长状态，季末贷款余额同比增速平均偏离均值约 0.33%。两指标均值偏离幅度相差很小，反映出稳健货币政策下票据融资与贷款投放协调发展。

2011 年 10 月至今，货币政策稳健，此阶段票据融资规模也保持了

① 刘少英．我国票据融资规模影响因素研究［J］．新金融，2016（12）：47－52.

相对协调的缓慢增长形势，票据贴现贷款比保持在2%～5%，波幅仅为3%。

货币政策从紧，票据融资成本上升，相对占比下降。2007年至2008年第三季度末，票据贴现贷款比从期初的7.3%下降至期末的4.6%，季均下降0.38个百分点，而我国各项贷款余额同比增速季均下降约0.14个百分点。这表明此阶段票据融资业务和信贷业务皆收紧，但前者收紧的幅度明显大于后者。

货币政策适度宽松，票据融资超常规增长，相对占比显著上升。2008年末至2011年第三季度末，受国际金融危机影响，中国人民银行保持了货币政策的适度宽松。其间，票据融资成本下降，其规模呈爆发式增长。2008年10月至2009年6月，票据融资在各项贷款中的占比从期初的4.6%显著上升到期末的9.2%。虽然在其后的2009年7月至2011年9月，由于实体经济长期信贷需求较旺，银行用长期贷款取代作为短期融资的票据贴现，导致票据融资余额占各项贷款的比重相对下降，季均仅为3.7%，但仍能够说明票据融资规模相对货币信贷政策的弹性较大。

（二）票据融资现状：2020年票据业务融资情况

1. 承兑业务情况①。银票承兑规模稳中有升，2020年全市场银票承兑金额为18.47万亿元，同比增长6.43%。商票签发占比明显提高，票据商业信用环境有所改善。2020年商票签发金额为3.62万亿元，同比增长19.77%；商票签发金额占比为16.39%，较上年提升1.55个百分点。

在金融政策进一步向小微企业倾斜的情况下，商业银行通过“核心企业签发商票、产业链上企业商票贴现”的形式扩大对小微企业的融资覆盖，推动了商票业务的快速发展。同时，票据市场电子化、透明度不断提高，也为商票活跃度提升、票面金额小额化创造了良好的条件。

---

① 上海票据交易所. 2020中国票据市场发展报告［M］. 北京：中国金融出版社，2021.

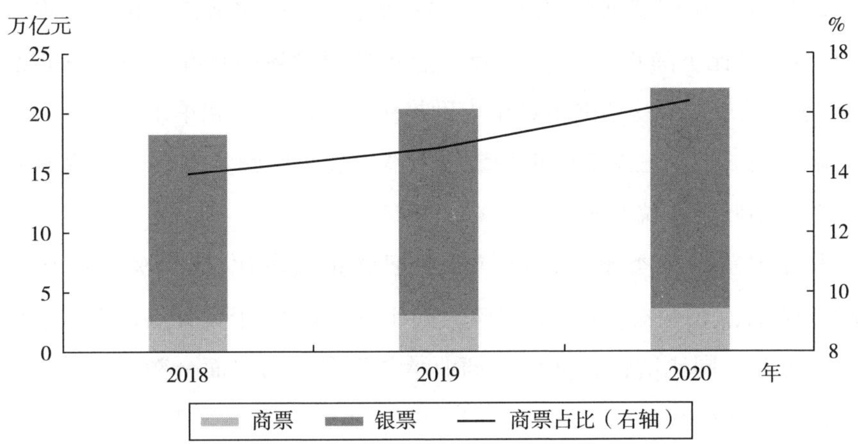

图 2-9 2018—2020 年票据签发规模及占比变化

2. 贴现业务情况。票据贴现量增长较快，自 2000 年以来，票据贴现年度累计值从 2000 年的 2499 亿元增长到 2020 年的 13.41 万亿元，20 年里增长了 52.66 倍，有力地支持了我国实体经济的发展。

表 2-9 2011—2020 年电子商业汇票贴现和转贴现（含回购）笔数及金额

年份	贴现				转贴现（含回购）			
	笔数（万笔）	笔数增长率（%）	金额（万亿元）	金额增长率（%）	笔数（万笔）	笔数增长率（%）	金额（万亿元）	金额增长率（%）
2011	5.95	—	0.17	—	7.58	—	0.22	—
2012	9.43	58.52	0.39	126.33	11.45	51.05	0.65	203.17
2013	13.43	42.39	0.64	64.91	25.09	119.14	1.95	199.27
2014	23.53	75.19	1.50	134.28	49.11	95.75	4.81	146.39
2015	49.54	110.54	3.73	148.83	155.71	217.03	22.13	360.35
2016	83.77	69.09	5.77	54.54	325.08	108.77	49.18	122.26
2017	179.23	113.96	6.95	20.50	547.48	68.41	51.40	4.51
2018	419.24	133.92	9.73	39.91	753.78	37.68	40.61	-20.99
2019	677.22	61.53	12.38	27.28	948.62	25.85	50.76	24.99
2020	724.44	6.97	13.41	8.32	1253.87	32.18	64.08	26.24

数据来源：中国人民银行历年《中国支付体系发展报告》《支付体系运行总体情况》。

2020 年，全国票据贴现总量 13.41 万亿元，同比增长 7.67%；贴承比 60.71%，同比下降 0.42 个百分点。全年贴现量最高点在 3 月，贴现总额 1.81 万亿元，主要受票据市场全力助推企业复工复产和季末效应等多重因素影响；第二、第三季度贴现量缓慢下滑，逐步回归常态。12 月贴现量再次上升，回归至高位水平。①

从贴现票据种类来看，银行承兑汇票张数占比 95.76%，同比下降 0.81 个百分点；金额占比 92.13%，同比下降 0.16 个百分点；平均票面金额 176 万元，同比增长 3.46%。商业承兑汇票平均票面金额 332 万元，同比下降 15.19%。②

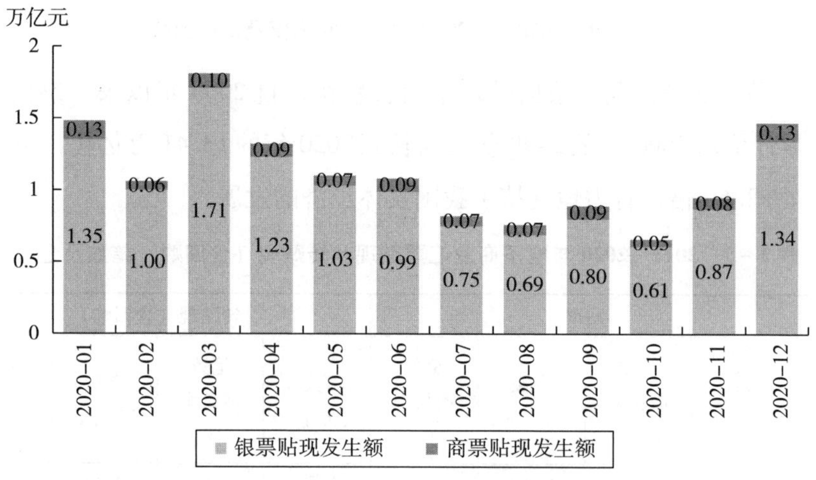

图 2-10　2020 年各月贴现发生额

贴现利率③。票据贴现利率紧跟货币政策取向，2020 年全年加权平均贴现利率 2.98%，同比下降 0.47 个百分点。贴现利率对货币信贷、宏观审慎等政策调整反应灵敏，全年走势也契合货币政策取向变化。年初以

① 上海票据交易所. 2020 中国票据市场发展报告［M］. 北京：中国金融出版社，2021.
② 同注①。
③ 同注①。

来，为应对突发疫情，中国人民银行多措并举降低企业综合融资成本，票据利率也降至2008 年国际金融危机以来的低位，下半年随着疫情得到有效管控，经济复苏态势明显，贴现利率在第三季度有所回升，反映了经济稳中向好、政策回归中性的宏观态势。全年贴现利率较 LPR（1 年期）平均低 92 个基点，充分体现了票据服务实体经济、降低企业融资成本的市场优势。

有力支持企业融资①。一是票据在支持小微企业融资上发挥了突出作用。2020 年受到新冠肺炎疫情的严重冲击，小微企业生产经营变得更加困难，票据作为企业融资手段之一，在助推小微企业复工复产、提高融资可得性及降低融资成本方面发挥了突出作用。2020 年，小微企业票据贴现金额总计近 7. 70 万亿元（占比 57. 37%），同比增长 4. 42%；平均贴现利率 3. 02%，同比下降 49 个基点，共计为小微企业减少利息支出近 380 亿元。

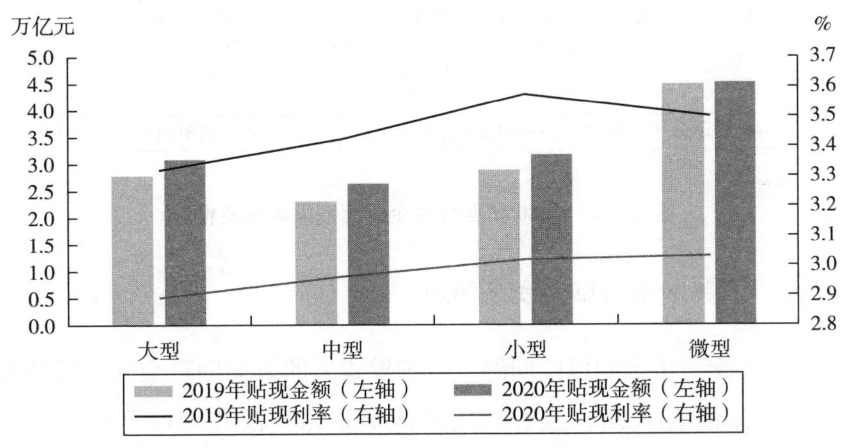

图 2 - 11　2019—2020 年各规模企业票据贴现情况

二是票据融资重点支持行业契合宏观政策导向。推动形成“双循环”新发展格局，是我国当前及未来一段时间经济发展的首要任务。2020 年，

① 上海票据交易所. 2020 中国票据市场发展报告［M］. 北京：中国金融出版社，2021.

批发零售业、制造业和科技行业企业通过票据贴现分别实现融资5.41万亿元、3.73万亿元和1.04万亿元（合计占比75.90%），位居全部行业前三，有力地支持了扩大内需战略和制造业转型升级的实施，是关于优化信贷结构，支持制造业、科技创新等经济社会发展重点领域有关要求的具体体现。

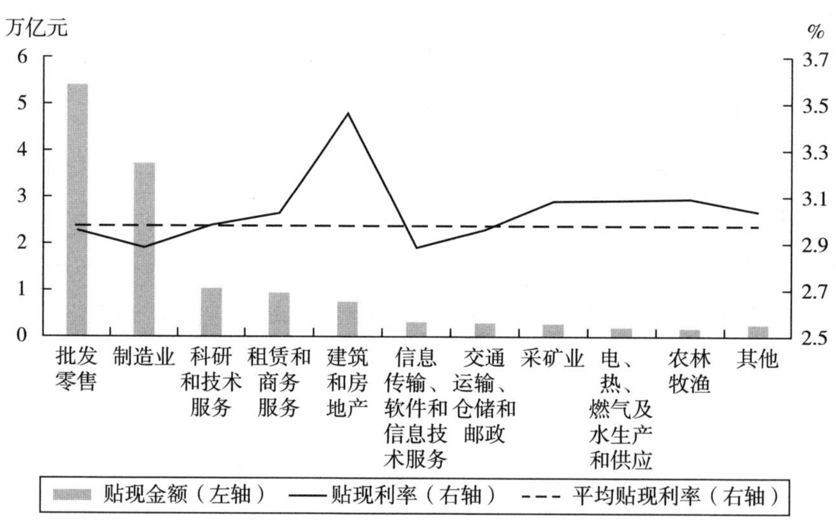

图2－12　2020年各行业企业票据贴现融资情况

（三）票据融资面临的发展问题

1. 场外交易市场的风险问题。传统模式下的票据融资交易是场外交易市场，没有固定的场所，没有规定的成员资格，没有严格可控的规则制度，没有规定的交易产品和限制，主要是交易对手通过私下协商进行一对一的交易。

这样的场外交易模式极大地降低了交易效率，加上一定时期以来市场机制的建设完善并没有主动延伸到票据融资的场外市场交易过程，促使民间融资交易市场自发发展，形成了相当的广度和深度，也形成了能够敏锐反映商票等信用风险的价格信息。但不可否认，民间市场在企业和银行之间增多了融资环节，增加了融资成本，甚至为了满足监管要求，出现了专门帮助企业伪造或虚构贸易合同和增值税发票的票据中介，无论是票据签发还是背书转让环节，都出现了大量的票据“包装”现象，制度的扭曲使相关监管要求名存实亡，并导致畸形的票据中介业务模式得以长期存在，利益受损的始终是企业和实体经济。

2. 区域市场不对称。票据的承兑、贴现市场具有典型的区域特性。在承兑市场中，长三角、珠三角、环渤海湾等地区经济较为活跃，西部地区矿产等行业较多，由于实体经济中贸易的支付结算需求较大，票据的承兑量也较大。而在贴现市场，长三角、珠三角、环渤海湾等地区经济发达，金融机构集聚，金融资产特别是贷款存量、增量相对较大，因此贴现渠道也较多。

但持票企业集中的地区，并不一定是贴现渠道集中的地区，两者之间存在一定的偏离。经过一段时间的发展，普遍形成了西部、中部等地区票据存量集中，而上海等地区贴现渠道较多的不对称市场。

3. 金融机构业务定价不透明。不同商业银行、不同地区的贴现利率存在较大差异，信息不对称情况较为普遍。不同的商业银行由于其资金面、合意贷款规模的松紧情况，以及对票据承兑行或交易对手的授信额度的差异，贴现、转贴现的策略各有不同，在定价和交易方向上体现出较大差异。即使是同一家商业银行，在不同地区的分支机构，大多根据总行指导价格和自身业务实际情况在一定浮动范围内确定贴现利率，提供的贴现、转贴现价格也会有一定差异。

贴现市场并没有统一的报价交易市场，缺乏公开透明的价格发现机制，造成了不同地区间、不同机构间的价格水平高低不一的情况。对于持票企业，在需要办理贴现时，由于信息不对称现象较为严重，价格发现的成本非常大。

4. 持票企业议价能力较弱。从一级市场（票据贴现）来看，持票企业在办理贴现时，贴现银行对企业有各方面的资质要求，例如，需在该行开立结算账户，需承兑票据在该行有授信额度。即使满足资质条件，贴现银行根据票据情况的不同也存在一定的价格歧视，例如，对于票面金额小、票据笔数多、到期日分散的票据，贴现银行出于操作成本、机会成本的考虑，利率定价较高，它们更倾向于贴现单张票面金额大、笔数少的票据。

票据的持票企业普遍以中小企业为主，在办理票据贴现时，往往由于资质原因只能选择有限的银行作为潜在的贴现银行；在价格上，多数时候由于持有票据小而散，不符合“规模效应”，议价能力极为有限，所以只能被动地接受商业银行的定价。

5. 贴现业务固有流程较为烦琐。票据贴现作为贷款的一种，受到的金融监管较为严格，其中贴现环节的贸易背景审查，一直是监管机构监管和检查的重点。按监管政策的要求，贴现银行办理贴现时，要审查贴现申请人与其前手的贸易背景，需对待贴现票据所附的发票、合同等资料进行审查。

持票企业往往融资需求旺盛，但在贴现银行贴现时因为监管政策严格导致业务手续烦琐甚至无法达到业务要求。例如，有部分医药、物流等行业的企业，贸易对手众多，发票、合同资料分散，一一整理的工作量较大；部分持票企业在贸易中存在预付款情况，而预付款无法取得发票等资料；或由于业务实际情况，企业取得的发票与票据金额不能一一对应；等等。

6. 票据融资属性的制度约束。① 票据既是一种支付结算工具，也具有融资功能。票据是无因证券，票据关系一经形成即与其赖以产生的基础关系相分离。基础关系是否存在、是否有效，对票据关系不发生影响，这是现代各国票据法的共同原则。票据无因性从根本上保障了持票人相关权利的确定性，从而有效地促进了票据的流通，这也是票据融资功能赖以发挥的前提。

---

① 孔燕．拓展票据融资功能服务民营小微企业［J］．清华金融评论，2019（4）：57－62.

根据《票据法》的规定，票据的签发、取得和转让应当具有真实的交易关系和债权债务关系。中国人民银行在随后颁布的《商业汇票承兑、贴现与再贴现管理暂行办法》《中国人民银行关于切实加强商业汇票承兑贴现和再贴现业务管理的通知》等文件中进一步将票据签发、取得和转让限定为以商品交易为基础，并严禁承兑、贴现不具有贸易背景的商业汇票。在实践中，这些规定常常成为付款人对善意持票人的抗辩理由，导致善意持票人的合法权益得不到保护，并引发不少票据权利纠纷，从而极大地削弱了票据的流通性，影响其融资功能的发挥。

2000 年，最高人民法院发布的《关于审理票据纠纷案件若干问题的规定》明确了“票据债务人以《票据法》第十条、第二十一条的规定为由，对已背书转让票据的持票人进行抗辩的，人民法院不予支持”，通过司法解释的形式维护了票据无因性原则。然而，相关金融监督管理部门在票据业务检查中仍然依据《票据法》第十条的规定坚持票据需要有基础原因关系，这使得票据在流通环节上产生了司法与金融监管政策理念的不一致，也给票据业务实践带来诸多困扰和不确定性。

不可否认的是，票交所成立以来，在票据融资特别是贴现融资市场，通过监管沟通、研发“贴现通”产品等措施，在放开贸易背景审查等制度约束、降低供需双方信息不对称方面作出了诸多努力，在贴现流程的优化上也促使市场设计产生了流程简便的诸多“秒贴”产品，并探索标准化票据等新的票据融资产品，应该说推动票据市场特别是票据融资市场走在了正确的道路上。但前述问题仍然存在，制约着票据市场的发展。

第三章　票据信息服务

随着数据在国家层面被纳入生产要素范围，其重要性日益凸显。票交所作为全国统一的票据交易平台，掌握了票据市场最全量的数据资源，因此有责任和义务为市场参与者、监管机构和社会公众提供票据业务相关的信息服务。高质量、多样化的信息服务对票据市场的健康发展至关重要。信息服务能为市场监管提供有效的手段，为中国人民银行监测货币政策的传导提供数据上的支持和研判。信息服务能够有效提升票据市场的透明度，增强市场的价格发现功能和流动性。信息服务能有效降低票据市场风险，提升市场成员的风险管理能力。信息服务有利于社会各界加强对票据市场的研究和分析，从而促进票据市场朝着更好的方向发展。

本章的主要内容分为以下三个部分。一是对国内外主要金融信息服务机构的基本情况进行了梳理，二是对票据市场定价的影响因素进行了分析，三是对票交所提供的各类信息服务及其主要作用进行了详细设计和规划。

第一节　国内外主要金融信息服务机构基本情况

金融信息服务机构主要有三类：一是以提供信息咨询服务为主的传统信息商，如彭博和汤森路透；二是交易所、交易平台和货币经纪公司（以下统称交易所类机构），以报价和交易为主，并向市场发布相关信息；三是新兴金融信息商，主要从事某个细分市场的增值信息服务，包括交易后确认、交易报告库业务等。

一、国际主要金融信息服务机构

（一）传统金融信息商

传统金融信息商在金融资讯市场通过其强大的信息和资讯网络为全球金融从业者提供金融信息和数据服务。在聚合海量数据之后，金融信息商以软件和内容作为着力点，以终端为中心将所有服务整合在一起，以实现数据价值。

金融信息商的数据来源包括从第三方机构购买的数据以及自身交易平台所产生的数据，例如彭博与全球250多家金融交易所连通，并通过与众多券商合作购买了多种来源的经济分析报告，而其旗下的FXGO电子外汇交易平台是全球主要的外汇交易平台之一，也会产生大量数据。

利用其终端产品在信息组织和渠道发布领域奠定垄断地位后，金融信息商不再满足于从交易所等数据源处购买数据后销售的业务模式，逐渐将触角伸向交易及金融数据处理领域，从为客户提供个性化的交易解决方案、风险控制和账务处理工具入手，进而以其终端产品为载体组织投资者报价、完成交易确认，使终端成为事实上的交易平台。

2007年以前，国际金融信息一直处于美国的彭博、英国的路透和加拿大的汤姆森"三足鼎立"的局面。2008年汤姆森和路透合并后，汤森路透和彭博成为国际金融信息商中的双寡头，市场集中度显现出增强的态势，在世界各个地区金融信息服务领域的份额合计占总市场份额的60%左右。

专栏一　国际主要金融信息服务商有关情况

一、汤森路透

成立于1851年的路透是世界上最早提供金融信息服务的机构，拥有信息资讯服务、报价交易服务和系统解决方案三大产品系列。其中信息资讯主要依托Eikon信息终端平台，Eikon是汤森路透的旗舰桌面平台产品，主要提供交易前决策工具、新闻、实时报价、研究分析等各类服务，覆盖了所有主要金融市场，在全球有20多万用户。通过上述三大产品系列，汤森路透打造了全方位的交易和信息服务平台，并集聚了庞大的客户群体。客户通过汤森路透的平台可以和全球客户进行联系，奠定了其在金融信息服务领域的龙头地位。2016年，汤森路透收入合计为111.66亿美元，其中金融信息和风险服务收入为60.57亿美元，而其中约77%的收入来自终端订阅费。

二、彭博

彭博也是一家集信息服务、新闻与传媒为一体的全球性金融信息服务商。其核心业务为彭博终端服务，包括信息资讯、数据、研究分析工具、报价交易服务等，约占彭博总收入的80%，是彭博作为金融信息服务商为客户提供专业化产品和服务的集中体现，彭博终端的全球销量高达30多万台。与汤森路透多个产品系列的经营特点不同，彭博将新闻、数据、分析工具和多媒体报告整合到单一的平台——彭博终端上，改变了金融交易的运行模式。借助彭博终端，彭博还将业务范围扩展到提供外汇交易报价询价、确认成交和为客户提供风险管理服务等领域。

（二）交易所类信息服务机构

交易所类机构以组织报价和确认交易为主营业务，发布报价和行情是其天然具有的业务属性。随着数据为王时代的到来，这些机构越来越重视金融信息的价值，不再满足于仅提供原始信息，而是将更多的精力投入指数、曲线、估值等深加工数据，并努力使其成为行业基准和定价基准，以建立自己在相关市场的核心地位，从而掌握金融话语权。近年来，交易所类机构的金融信息业务发展迅速，重要性不断提升，对收入和利润的贡献普遍超过10%。

专栏二　国外主要交易所类机构的金融信息服务情况

一、德意志交易所集团（Deutsche Börse AG，DBAG）

德意志交易所集团是全球领先的证券业服务提供商，为发行者、投资者、中介机构以及数据所有者提供综合全面的产品与服务。德交所集团包含九大核心业务：上市、交易、清算、结算、托管、抵押和流动性管理、市场数据、指数、技术。其中，市场数据和指数主要基于其运营的现货交易平台 Xetra、期货交易平台 Eurex 和清算平台 Clearstream 所产生的数据，为市场提供实时数据、历史数据、参考数据、交易统计分析数据等服务，并制作和发布指数等市场基准指标。

二、芝加哥商业交易所集团（CME Group）

芝加哥商业交易所是全球最大的交易所，包括芝加哥商品交易所、芝加哥期货交易所、纽约商业交易所和纽约商品交易所。除交易、清算服务之外，CME 还向用户提供实时报价、延时和日终报价、历史数据、交易报告等信息，提供数据挖掘、数据云等更高端的信息服务。

三、欧洲债券交易平台（MTS）

MTS 的前身可追溯至1988 年建立的 MTS SpA，它是由意大利财政部和意大利银行为改善意大利政府债券市场的流动性和透明度而建立的电子债券市场。1999 年以来，MTS 在欧元区内输出交易模式，相继建立了 MTS 荷兰、法国、德国等 11 个市场，并建立泛欧的基准债券市场 EuroMTS。2007 年，MTS 被伦敦证券交易所收购，但继续保留 MTS 公司的独立名称和独立经营。如今，MTS 已成为欧洲主要的固定收益证券市场，被称为“欧洲债券交易所”。MTS 业务共分为六个部分，即 MTS 现货、MTS BondVision、MTS 回购、MTS BondsPro、MTS 掉期和 MTS 数据，为机构提供交易前、交易执行和交易后处理等服务，包括信息服务。MTS 提供的信息产品包括债券基础数据、实时数据、历史数据和参考数据，被广泛用于前台交易、投资组合管理、风险管理、合规操作及研究领域等。另外，MTS具有高流动性和市场代表性，在MTS系统中生成了有市场参考价值的债券指数系列，被用作结构化产品、债券基金等产品的基准参考。

四、英国毅联汇业集团（ICAP）

ICAP是全球最大的声讯和电子货币经纪公司。其76%的业务采取“中间介绍—客户直接交易”（Name Passing）模式，即ICAP主要承担撮合两个及以上客户交易的职责，当交易的需求匹配后，ICAP会介绍买卖双方直接签订双边交易协议；19%的业务采取“背对背匿名—客户间接交易”模式，即交易的需求匹配后，ICAP担任对手方角色，分别与买卖双方签订交易协议；5%的业务采取“代理交易—移仓过户”模式，即ICAP根据客户要求以自己的名义或通过第三方经纪机构在适当的衍生品交易所下单，一旦交易被执行，交易头寸就会通过交易所结算公司提供的结算服务从ICAP名下的账户过户到客户名下的账户。

金融信息服务也是ICAP的主营业务之一。由于ICAP是世界上最大的交易商兼经纪商[①]，ICAP信息服务被公认为可以为投资者提供准确、独立、权威的市场价格，能够有效地帮助投资者对价格进行判断，因此其信息服务具有广泛的市场需求。ICAP提供的金融信息服务包括外汇、货币、债券、衍生品、信用产品、商品和能源等市场的实时数据、盘后数据、历史数据及定盘数据，主要用户包括风险管理者、市场分析机构以及全球主要的市场数据供应商。近年来，ICAP的信息和交易后业务地位不断提升，成为集团的重要收入来源之一。

① 交易商兼经纪商是指在大宗金融交易市场为客户提供场外交易产品或交易所交易产品中介服务的经纪商，涉及产品包括现金类产品、金融衍生品、证券、股权、商品以及信用产品等。

（三）新兴金融信息商

随着信息技术的发展和新兴市场的崛起，市场呈现多元化发展趋势，一些新兴金融信息商崭露头角，所占市场份额呈现快速增长态势。比较有代表性的是 Markit 集团和全美证券托管结算公司（DTCC）。以 Markit 集团为例，Markit 集团是一家以信用类资产信息业务见长的全球性金融信息服务公司，主要提供金融数据、资产估值及 OTC 衍生品交易处理服务，在信用违约互换（CDS）市场上具有彭博和汤森路透两家公司所无法比拟的影响力，其发布的 CDS 系列指数已成为衡量企业及主权国家信用及风险水平的重要参考指标，对国际金融市场具有显著的影响力。

二、我国主要金融信息服务机构

我国金融信息服务商为数众多，主要有本土信息商、本土交易平台、货币经纪公司以及国际金融信息商。相较国际市场，我国金融信息服务业总体规模还比较有限，但发展速度很快。

（一）本土信息商

近年来，国内金融信息服务业在市场发展的带动下迅速扩张，越来越多的机构进入金融信息服务领域。比较活跃的本土信息商有万得、大智慧、森浦、新华 08 等十多家。这些信息商与证券交易所、外汇交易中心、货币经纪公司基本都有合作关系，业务主要是从上述机构获得数据，简单整理后向市场发布。

（二）本土交易平台

本土交易平台最具代表性的是中国外汇交易中心、中央国债登记结算公司和上海清算所。

中国外汇交易中心是银行间市场的前台，为银行间外汇市场、货币市场、债券市场等现货及衍生产品提供发行、交易、交易后处理、信息、基准和培训服务，并承担市场交易的日常监测工作，是我国金融市场的重要基础设施；为监管机构、市场成员以及社会公众提供多层次的信息服务，涵盖银行间外汇市场、货币市场、债券市场和衍生品市场，包括行情数据、基础数据、基准数据和其他增值数据。

中央国债登记结算公司在承担债券中央登记托管结算职能的同时，也为市场提供信息服务，其提供的信息产品包括收益率曲线、中债估值、中债指数、中债 VaR 值、债券基本资料、结算行情数据、统计报表数据、发行数据和柜台数据等。

上海清算所承担了债券市场的清算职能，为金融市场直接和间接的本外币交易及衍生产品交易提供登记、托管、清算、结算、交割、保证金管理、抵押品管理以及信息服务和咨询业务等服务，先后提供超短期融资券等基础产品、资产支持证券等复杂产品的估值服务，并提供债券收益率曲线、人民币利率互换曲线、人民币铁矿石、动力煤掉期合约价格与自贸区铜溢价掉期合约价格估值等服务。

（三）货币经纪公司

货币经纪公司是通过电子技术或其他手段，专门从事促进金融机构间资金融通和外汇交易等经纪服务，并从中收取佣金的非银行金融机构。目前我国银行间市场有 5 家货币经纪公司，均为中外合资性质，业务模式与 ICAP 类似，通过收集、发布、匹配具体的金融交易信息，为金融交易行为的达成提供中介服务，其本身并不参与交易。货币经纪公司的准入管理在银保监会，但人民币业务和外汇业务分别受中国人民银行和外汇管理局的监管。

货币经纪公司发布和传递的信息主要是金融产品的报价和成交信息。目前货币经纪公司与信息商的合作模式主要有两种：一是与国际信息商合作，主要通过将信息汇集至外方公司负责全球信息经营的部门，由其以打包的信息产品形式统一对外提供；二是与国内信息商合作，主要通过信息与终端互换等安排对外提供数据。

第二节　票据市场定价影响因素

一、票据市场的价格体系

票据市场利率是指商业汇票各类票据业务利率，包括银行承兑汇票和商业承兑汇票。商业汇票利率主要包括承兑、贴现、转贴现和再贴现四个重要业务环节产生的利率，且各利率形成机制存在差异。

（一）承兑费率

承兑费率是指商业银行在为客户进行银行承兑汇票承兑时收取的手续费。承兑业务是商业银行的一项表外授信业务，银行承担了出票人的违约风险，当出票人到期无法在其账户存入足够解付的资金时，承兑银行需要承担垫付票款的风险，对银行而言这部分垫付的票款可能是或有负债，因此承兑费率其实应当包含风险补偿的对价。根据 1997 年《支付结算办法》，商业银行在开展承兑时并非根据风险补偿的差异收取费用，而是根据票面金额收取万分之五的固定比例手续费，这样的费率管理相对简单，但未对出票人的违约风险进行区分和计量。2014 年，中国银监会和国家发展改革委发布《商业银行服务价格管理办法》，承兑费率至此改为商业银行市场调节价，此举对票据承兑影响深远。商业银行可以依据出票人的资信情况进行个性化的承兑费率定价，这是票据利率市场化的重要内容之一，改变了商业银行对于承兑业务的定价策略，对于市场商业信用价值培育也起到推动作用。承兑费率在 2014 年以前一直以万分之五的固定费率进行计价，但 2014 年放开限制后各商业银行仍根据自身情况，或延续过去的收费管理，或制定本行统一的固定费率，采取差额定价的并不多见。

（二）再贴现利率

再贴现是商业银行向中国人民银行申请将持有的贴现票据或转贴现票据再次贴现的业务，再次贴现的利率即为再贴现利率。在国外发达的票据市场中，再贴现利率是影响票据市场利率、货币市场利率的重要标志，国外央行通过在票据市场开展的再贴现操作引导市场的资金流向，再贴现是重要的货币政策工具。但从2001年起，中国人民银行有意调高再贴现利率，意图降低商业银行对央行资金依赖度，再贴现作为货币政策工具手段逐步淡化，中国人民银行将货币政策工具转为在同业拆借市场和债券市场开展的公开市场操作。2010年12月26日再贴现利率调整至2.25%，之后近10年未再进行过调整。2020年7月1日，中国人民银行决定下调再贴现利率至2%。实际上，再贴现利率已几乎脱离货币市场价格水平。此外，中国人民银行用于开展票据再贴现的限额也相对有限，再贴现业务主要定向使用在支持小微企业、支持"三农"等政策性金融扶持项目上。

（三）贴现利率

票据贴现业务是商业汇票持票人将未到期票据转让给商业银行，并以支付一定数额的贴现利息而获得资金融通的业务。贴现业务属于商业银行信贷业务的范畴，商业银行根据贴现审核结果直接向票据持票人发放资金。贴现利率即为持票人所支付利息的利率，贴现利率最早采取在再贴现利率基础上加百分点方式生成①。随着利率市场化推进，贴现利率在实际操作中，逐步由各商业银行根据具体情况确定，利率水平更多受到信贷定价因素影响，利率波动更为频繁（见图3-1）。因贴现业务为商业银行与其授信企业客户开展的零售信贷类业务，利率会根据贴现申请企业的资信

---

① 《商业汇票承兑、贴现与再贴现管理暂行办法》第六条：再贴现利率由中国人民银行制定、发布与调整。贴现利率采取在再贴现利率基础上加百分点的方式生成，加点幅度由中国人民银行确定。

不同、申请票据承兑行的不同、商业银行自身资金成本和经营成本等而发生变化，此外，贴现业务发生在商业银行与企业之间，同样区别于银行类机构之间交易利率。

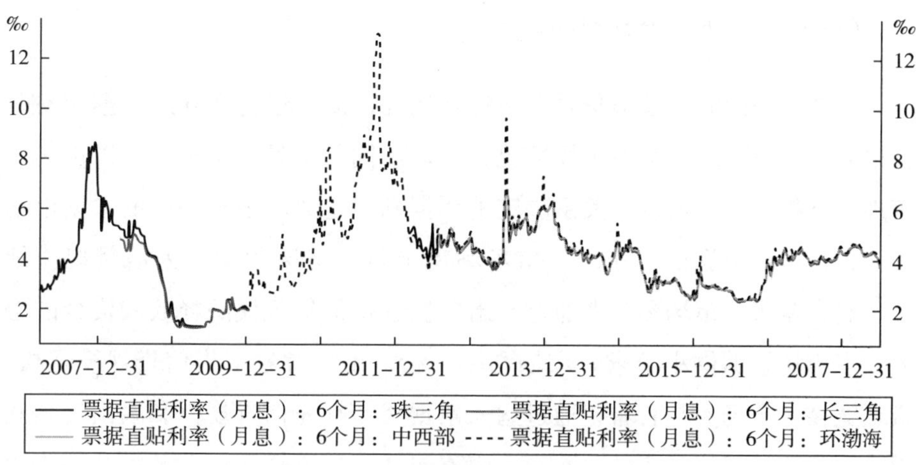

图3-1 票据贴现利率

（四）转贴现利率

票据市场交易包括票据转贴现交易和票据回购交易（质押式回购和买断式回购），均是商业银行将持有的票据转让或质押给其他商业银行获取资金融通的业务。票据交易业务属于银行间资金同业类业务特性，转贴现利率也更为市场化，由交易双方自主商定①。票据转贴现利率受到银行间市场资金成本和信贷规模双重影响更多，票据回购利率主要受资金成本影响更大，从交易量而言转贴现交易也是市场成交的主力。在中国票据市场利率体系中最重要的交易利率为转贴现利率，其交易量占比很高，以2017年为例，票据转贴现交易占整个票据市场交易量的85.45%，质押式回购

① 《商业汇票承兑、贴现与再贴现管理暂行办法》第六条：转贴现利率由交易双方自主商定。

交易量占14.55%①。

二、票据市场定价环境、条件和机制

（一）票据市场价格影响因素

票据业务同时具备信贷属性和资金属性，商业银行在开展票据交易时会根据自身情况结合当下市场情况，采取不同的交易定价策略。以市场均衡理论分析，票据的供求关系决定了票据利率走势。根据一般的票据市场规律，当市场票据供大于求，市场利率上行，市场背景多为信贷规模缺乏、资金紧张，市场参与者通过卖出票据获得信贷规模的释放和资金的融入；当市场票据供小于求，市场利率下行，市场背景多为信贷规模宽松、资金宽裕，市场参与者希望通过购入票据资产补充信贷规模和融出资金获得收益。票据市场利率的主要影响因素包括市场资金面情况及市场信贷规模情况，除此之外，市场参与者会根据其他判断依据决定市场利率，包括金融政策情况、竞争对手交易行为、市场风险事件、税收调整等政策因素。票据市场利率的主要影响因素分为以下几类：

1. 市场资金供求状况。票据市场利率是票据交易环节的票据买卖价格，市场资金价格是交易定价的重要影响因素，资金价格是货币市场供求状况的直接体现。当商业银行之间开展转贴现交易时，其实质是商业银行之间以票据为媒介开展资金融通业务。票据交易利率市场化程度较高，受到市场资金状况的影响更为明显。票据市场利率在短期受市场资金面松紧影响较大，在中长期其走势则更多地受到货币政策的周期影响，如存贷款基准利率水平、存款准备金率水平等。具体而言，市场参与者主要将货币市场Shibor利率、银行间市场债券回购利率和银行间市场同业拆借利率作为参考标准。

---

① 数据来源：由上海票据交易所网站公布的《2017年票据市场运行分析报告》整理所得。

2. 信贷因素。信贷是指银行类金融机构向实体经济提供的贷款。根据中国人民银行相关规定，票据贴现属于贷款①，纳入信贷总量②，属于狭义信贷范畴。虽然目前中国人民银行已放松了信贷规模的管制，但商业银行仍普遍将信贷规模调控作为内部管理的一个重要且便捷的控制指标。票据资产因金融监管政策而被赋予信贷属性，加之票据的高流动性，票据业务成为商业银行调剂信贷规模的有效手段。商业银行自身信贷规模限额充足时，可以通过买入票据补充自身的信贷投放；当自身信贷规模紧张时，可通过卖出票据资产降低自身信贷规模。受到宏观经济周期影响和全市场信贷规模松紧影响，当商业银行群体同时因为市场信贷规模紧张而卖出票据时，供需平衡的打破必然导致票据市场利率的上行；当商业银行群体同时因为信贷投放不足希望购入票据时，票据市场利率将下行。信贷因素是票据市场利率最重要的影响因素之一，这也是其区别于货币市场利率的特有核心影响因素。

3. 金融政策。票据市场的利率走势与金融政策的影响密不可分。影响票据市场利率走势的金融政策主要可分为宏观货币政策和金融监管政策两大类。

一是宏观货币政策，是金融监管当局采取的一系列货币、信贷政策的统称，其决定了一个时期内宏观经济中货币松紧及信贷投放松紧的大背景。票据业务因其信贷和资金属性特点，宏观货币政策调整成为影响其利率走势的主要因素之一。中国工商银行票据营业部课题组（2014）通过实证研究分析发现，票据市场利率与央行货币政策存在较强的关联性，货币政策从整体上影响了市场的流动性、信贷松紧的程度，从而带动影响票据市场利率走势。

---

① 《贷款通则》第九条："票据贴现，系指贷款人以购买借款人未到期商业票据的方式发放的贷款。"

② 《商业汇票承兑、贴现与再贴现管理暂行办法》第二十二条：贴现人应将贴现、转贴现纳入其信贷总量，并在存贷比例内考核。

二是金融监管政策，是指中国金融监管当局，例如中国人民银行、中国银行保险监督管理委员会出台的关于票据业务的监管政策。在传统票据市场的发展过程中，市场参与者展开了各种各样的票据业务模式创新，这些创新大部分都是围绕对票据市场利率走势产生重要影响的资金、信贷等因素展开。同时，这些创新模式在发展中也存在与金融监管希望的市场发展方向不一致的情况，从而使票据市场在一段时期内经历了以“业务创新—风险暴露—堵塞漏洞—新一轮创新”为特点的发展模式。每一次出台金融监管政策均客观上产生了对市场利率走势的短期影响，如 2009 年规范银信合作，2011 年规范地方法人金融机构执行新会计核算准则，2014 年规范同业业务及 2018 年资管新规等政策，都在一定时期内影响了当时票据市场的量价，产生短时期波动，也影响了整个票据市场发展走势。

4. 其他影响。票据市场利率除了受到资金因素、信贷因素和金融政策因素影响外，也受到其他因素的影响，如竞争对手交易行为、宏观经济、税收政策调整等。

票据市场在交易环节的竞争相对激烈，但部分重要市场参与者会对票据市场利率走势产生相当大的主导影响力，票据交易“大行”的交易行为会对市场产生“羊群效应”，使得市场跟随者作出相同的交易策略，从而影响到票据市场利率走势。大型银行同时也是市场资金的重要供给方，当“大行”大量开展票据正回购业务时，市场因为资金供给的变化而相应发生利率上升，同样票据交易“大行”的收票行为会压低市场交易利率，它们的交易价格给市场以价格预期，甚至出现“大行”的票据转贴现买入价格成为下一日全市场交易利率的参考标准。现实中，市场重要交易机构的短期交易行为的影响时间并不会太长。

宏观经济情况变化、相关税收和会计政策调整等对票据市场利率走势也产生一定影响，例如税收政策的调整、会计准则的调整会影响到票据业务成本核算及参与者内部管理、利润核算和交易策略的选择，最终全部体现在市场交易利率方面，从而影响整个票据市场的利率走势。

（二）票交所的成立对票据市场利率的影响分析

票交所的交易规则及对票据市场的标准化改造在票交所新模式下对票据交易定价将产生影响，分析这些影响有助于理解票据市场利率定价，同时定性分析票据市场交易的变化。

1. 市场参与者增加促进票据市场竞争更充分。传统票据市场交易的市场参与者主要为商业银行，少部分为企业集团财务公司，票据交易的目的和风险偏好同质化较为严重。票交所的运行机制为票据市场引入了更多、更丰富的市场参与者，市场参与者扩展至货币市场的主要参与主体，进一步降低了票据市场与其他货币市场的差异，也便于市场主体在不同货币市场之间展开竞争。根据经济学基础理论，理性的市场参与者的增加能有效促进票据市场的竞争，使票据市场交易利率定价更有效和均衡。

2. 信息高效披露降低了票据市场信息不对称。票交所对于票据全生命周期信息、票据市场运行信息、票据市场交易信息的披露，有助于票据市场参与者对交易标的资产、市场运行情况及市场交易变化的更全面深入了解，这改变了传统票据市场缺乏有效参考信息的状况，进一步降低了票据市场信息不对称，全面提高了票据交易效率，也提升了票据市场交易定价的科学性，使得市场运行更为有效。

3. 信用主体标准的确定促进信用风险定价更标准。票交所模式下“信用主体”概念的引入，使得票据市场交易标的信用风险判断的标准更为准确和可量化。在票交所交易规则下，承兑人、贴现人及保证增信行是票据的无条件付款责任主体，即在票据到期时根据到期付款规则将会根据扣款顺序直接扣划其资金账户的资金，这三者中信用等级最高的主体即为“信用主体”。对交易票据信用主体的确定，有助于票据市场形成不同信用等级的收益率曲线，帮助市场参与者基于信用主体的信用进行量化定价。

4. 强制结算清算降低道德风险对定价的影响。票交所模式下票据交易的票款对付和票据到期解付的资金扣划标准化，改变了传统票据市场中存在的票据交易"倒打款"模式[①]和承兑行到期故意拖延解付[②]的道德风险问题，在一定程度上削减了市场参与者对于道德风险的定价顾虑，从而减少票据市场交易定价的负面因素，使市场更高效。

（三）票据市场利率定价模式介绍

目前，票据市场利率定价研究相对有限：一方面，票交所成立之前票据市场的价格不透明，数据难以获取，使理论研究存在数据障碍；另一方面，票据市场利率的影响因素众多，如上文所指的资金因素、信贷因素、金融政策因素及众多其他因素共同影响了票据市场利率走势，从而影响市场参与者的定价。票据市场利率定价根据主要研究的不同时间阶段呈现出一定特点：

1. 多种定价模式百家争鸣（2007 年以前）。2000 年至 2007 年，票据市场快速发展，票据交易异常活跃，关于票据市场利率定价模式也是百家争鸣、百花齐放。市场参与者根据各自机构的业务特点展开了多种模式的尝试。

汤金升（2007）通过实地调查分析方式，研究归纳了当时我国传统商业银行票据业务利率定价的八种模式，分别是市场利率加点模式、价值定价模式、模糊定价模式、机会成本比较定价模式、综合回报分析定价模式、成本加成定价模式、竞争定价模式和关系定价模式。

通过总结汤金升归纳的八种模式，我们可以进一步提炼出票据市场定价的四大类导向：成本导向、竞争导向、需求导向、营销导向。

（1）成本导向。成本导向定价主要是基于对业务的不同成本构成，研

---

① 票据交易"倒打款"模式是指在传统票据市场的票据清算由交易方通过线下人工向大额支付系统发出清算指令的情况下，交易方 A 利用信息不对称和传统交易模式产生的纸质实物票据交接的时间差，将还未完成交易资金清算的票据卖出给第三方 C，通过第三方 C 给自身的清算资金再去向另一方 B 支付票据款项，形成票据资产结算和票据交易资金清算不同步且逆行的现象。这类模式常因为资金划付的不及时导致违约。

② 传统票据市场，承兑行可能因为自身原因，在票据到期时故意拖延不及时解付到期票据，对票据权利人造成资金利息损失。

究确定盈亏点位来进行定价，上述定价模式中“市场利率加点模式”和“成本加成定价模式”属于此类。

“市场利率加点模式”是市场认可度与定价市场化程度较高的模式，即选择一种市场利率作为基准利率，在综合考虑资金成本、业务风险、同业价格等因素的基础上加减“点数”确定，具有一点的利率市场化定价雏形。

“成本加成定价模式”是对成本进行测算，用于确定利率的保本价格。业务成本包括人力成本、物力成本、风险成本等。定价计算公式为贴现利率 = 资金成本 + 管理费用 + 营业税及附加 + 风险补偿 + 目标利润率。

（2）竞争导向。竞争导向定价是基于对内部竞争或外部竞争的分析研究进行定价，主要包括“机会成本比较定价模式”和“竞争定价模式”。

“机会成本比较定价模式”是指将办理票据业务的利率定价与银行内部流动性管理下内部资金定价的差额进行比较，同时与其他产品定价差额比较，进行利益最大化考虑。

“竞争定价模式”是指根据市场竞争对手的定价而相应采取更低价格的竞争性定价，主要为巩固竞争地位、维护重要客户等。这种竞价也常出现在缺乏竞争能力和定价能力的小机构，它们往往通过参考其他机构定价来确定自身的价格。

（3）需求导向。需求导向定价主要是基于经营目的或管理目的考虑，包括“综合回报分析定价模式”和“关系定价模式”。

“综合回报分析定价模式”是基于市场参与者调节资产结构的需求，或压降信贷资产需求，根据其他业务的综合回报采取的优惠于市场价格的定价模式，一般此类定价为短期需求导向所致，并不会太长久。

“关系定价模式”是以自身与客户的关系为基础，根据关系的亲疏来确定产品的定价水平，也就是差别定价模式。该模式主要是在二八定律的框架下，向重点客户价格倾斜的一种定价模式，目的主要是维护客户。

（4）营销导向。营销导向是以营销技巧为基础导向而展开的定价模式，主要包括“价值定价模式”和“模糊定价模式”。

“价值定价模式”是指为满足客户多种业务需求，利用“缺乏价格弹性”的产品和“富有价格弹性”的产品进行组合营销，打包定价。

“模糊定价模式”是指为争取客户，采用模糊定价方式吸引有交易意愿的客户，通过营销将自己由“第一报价人”变为“最终报价人”。

上述四大导向八个定价模式并非孤立使用，市场参与者根据自身的特点和不同时期、不同情况混合或分别采用，这些模式也是传统票据市场定价的基本模式。

2. 以 Shibor 为主要锚定利率的尝试（2007—2011 年）。上海银行间同业拆放利率（Shanghai Interbank Offered Rate，Shibor），从 2007 年 1 月 4 日开始正式运行，是以信用等级较高的银行组成报价团自主报出的人民币同业拆出利率计算确定的算术平均利率，是单利、无担保、批发性利率。从 Shibor 报价运行开始，票据市场和理论界展开了将 Shibor 作为票据市场定价的锚定利率的实践和研究。

在市场实践方面，2007 年 4 月中国工商银行开始在全行推出以 Shibor 为基准的票据转贴现和回购业务定价模式。工商银行是国内首家以 Shibor 为基准进行票据同业融资定价的商业银行，并且执行至今。

在理论研究方面，王绍兴和桂馥君（2007）认为票据市场转贴现定价是在市场资金面基础上，考虑信用风险、票据期限等因素计算而成，Shibor 作为直接体现利率与期限关系的报价，转贴现交易采取 Shibor 作为定价基础具有可行性与合理性。汪办兴（2009）通过对 Shibor 与票据交易利率的相关性分析，发现难以建立普通的回归模型，两者之间不具有准确对应的数理关系，认为原因是票据交易利率同时受到银行间资金业务和银行信贷业务属性的影响，提出以 Shibor 为基础进行加减点方式建立线性模型时，关键是如何科学确定 Shibor 的基准和科学的加减点值；同时提出，可以通过 ARIMA 模型开展短期预测，并以逐步引入的虚拟变量验证确定具体加减点值，但需要在不断试错中积累相关数据。易扬（2009）通过实证分析研究我国广西地区的票据贴现利率形成影响因素，得出 3 个月期限的

Shibor 与票据信用风险起决定作用的结论。王来华（2011）通过对北海市范围内商业银行的票据贴现利率与 Shibor 进行的相关性研究，发现票据贴现利率与 3 个月期和 6 个月期的 Shibor 契合度较高，且相关性稳定。

3. 以货币市场产品利率为锚定利率的探索（2013—2016 年）。随着市场的发展，银行间同业业务在 2012 年后飞速发展，票据市场交易量快速增长。在定价研究中，研究者和市场参与者均发现票据定价决定因素变得更加复杂，Shibor 作为锚定利率并未获得更多的认可，于是市场展开了与货币市场产品利率挂钩定价模式的研究和实践探索。

肖小和和王亮（2013）通过实证检验票据利率与货币子市场利率发现，票据利率一定程度上表现出货币市场基准利率的特征，可是功能表现有限；同时 Shibor 对于票据利率的解释程度有限，且其作为基准尚未获得完全认可。钟俊等（2015）认为票据价格的信贷约束已减弱，资金属性在增强，利率价格、交易和获利模式接近纯资金业务，实证分析发现货币市场利率对票据利率具有明显的影响，票据利率与 3 个月同业拆借利率相关性最强，1 个月同业拆借利率次之，票据利率的决定因素变得更为复杂。陈卫东和曾一村（2017）对票据、同业存单及短期融资券开展价格驱动因子和相关性研究，认为三者存在较多共性价格驱动因子，但也受到个性价格驱动因子影响；进一步采用皮尔逊相关系数检验，发现三者均存在显著正相关性，且 2016 年 6 月后票据转贴现利率与同业存单到期收益率相关性提高，另外两两之间相关性呈现下降态势，并对成因开展了进一步剖析。

4. 近阶段票据市场主流定价模式优化介绍。通过梳理票据市场利率定价模式研究文献和市场实践情况，可以看出目前票据市场的定价仍处在较为粗放的阶段。随着票据市场的快速发展，票据市场利率影响因素变得愈加复杂、多样，也导致了确定锚定利率的复杂性，更使得票据定价模型呈现出适用时间较短（1 ~ 2 年）的特点。同时，影响定价的共性和个性因素在不同阶段呈现出连续影响和间断影响、强烈影响和微弱影响交替变化的现象，这种现象进一步加大了定价的难度。

2016年12月，票交所成立后，票据市场交易完成了线上化转换，票据市场的定价方式也逐步出现了改进。

（1）定价模式的变化。虽然现行的定价模式仍然较为粗放，但可以看出实践中市场参与者的定价正在发生转变：一是从定性分析到定量分析模型的转变，二是从单一产品利率到相关货币市场主要利率整体相关性分析的转变，三是从个性驱动因素分析到共性与个性驱动因素相结合分析的转变。

（2）综合定价思路变化。定价模式的转变同步带动市场参与者综合定价思路的变化：

一是宏中微观分析相结合，通过宏观数据确定发展趋势，通过中观情况判断周期，通过微观交易看市场波动。

二是定量分析和定性分析相结合，如表3-1所示。

表3-1 定量分析和定性分析相结合

定价方法	指标类型	主要指标（定量）	主要事件（定性）	影响方向分析	影响力度分析
外部因素（需求导向）	国内外宏观经济	GDP、财政政策、货币供应量、社融、CPI、PPI等	重要事件发生、重要数据公布等	上平下	强中弱
	货币政策监管政策	公开市场操作、10Y国债收益率、NCD、DR、FR等	监管政策发布或调整	上平下	强中弱
内部因素（成本导向）	票据市场	一级市场供给（企业需求、直贴量）、二级市场交易量等	票据风险事件发生或政策环境变化	上平下	强中弱
	经营部门（部门）	票据到期量、到期分布、持仓机构、可用资金和规模等		上平下	强中弱
	机构整体（全行）	信贷规模调控需求、FTP、税收成本、风险资产占用等		上平下	强中弱

三是多锚定利率相结合。通过相对锚定 Shibor 的 3M 报价、同业存单的 6M 报价、票据直贴利率、国债利率等多个关联产品的利率，分析确定票据定价区间。

四是动态观测反馈和定价调整相结合。通过对历史走势进行推演和复盘，跟踪观测收益率估值曲线形态变化，每日盯盘当前票据市场买卖报价情况，结合自身持仓票据资产的期限结构和利率，对定价进行及时调整，并根据市场反应作出修正。

第三节　票据市场信息服务

票交所的成立，为票据市场提供信息服务提供了先决条件，通过统一交易平台集聚起来的数据，能够支撑票交所为市场提供各个层次的信息服务。票交所作为票据市场的基础设施，有义务从票据市场现阶段和将来发展需要出发，提前规划和设计各类信息服务，以完善票据市场定价机制和降低票据市场风险为主要目的，带动票据市场稳步向符合现代金融市场交易模式的方向发展，充分发挥好票交所的市场引领作用。

根据信息服务内容和服务对象的不同，票交所信息服务主要分为信息产品服务、数据共享服务、大数据精准营销服务和大数据打击票据市场犯罪。

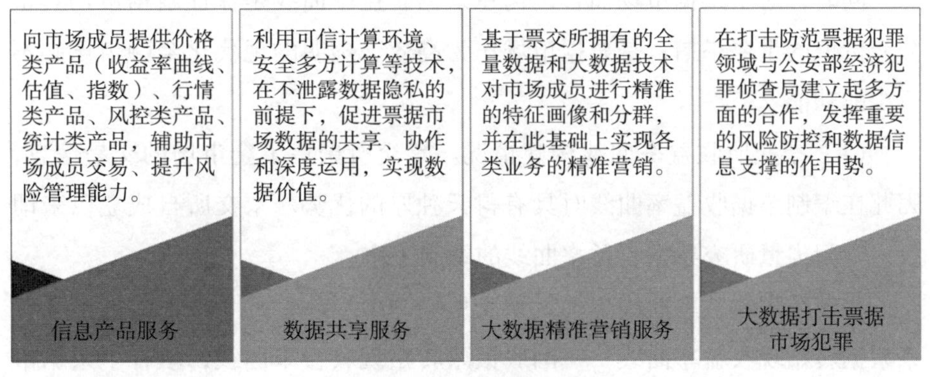

图 3-2　信息服务分类

一、信息产品服务

信息产品服务内容主要包括基准价格类产品、市场行情类产品、统计类产品、风险防控类产品、参考信息类产品，其服务的对象主要为票交所准入的会员。

（一）基准价格类产品

基准价格类产品包括票据收益率曲线、票据估值、票据价格指数、回购参考利率等。其主要用于交易定价参考，反映票据市场整体价格走势，满足市场成员对于票据资产公允价值计量等的需求。

1. 票据收益率曲线。票据收益率曲线是由同一信用等级票据在某个时点不同期限的利率所组成的一条曲线，反映了该时点上期限与利率之间的对应关系。收益率曲线是分析利率走势和进行市场定价的基本工具，也是金融产品设计、保值、风险管理以及套利等金融行为的基准。例如，国股票据在市场上自由交易时，不同期限及其对应的不同收益率，形成了票据市场的“国股银票转贴现曲线”。市场因此而有了合理定价的基础，其他信用类型票据均可以在这个曲线基础上，考虑风险溢价后确定适宜的价格。

同时，对于票据市场而言，构建票据收益率曲线是保证票据市场具备公允价值的重要举措，是票据市场作为高效、透明的现代化金融市场必不可少的功能。

（1）票交所收益率曲线构建情况。票交所聚集了全市场的交易信息，因此在编制票据收益率曲线时具有得天独厚的优势。票交所自成立以来即投入专门力量研究票据收益率曲线的编制工作。

在转贴现收益率曲线方面，票交所于 2018 年 12 月 8 日正式推出了首条票据转贴现收益率曲线——国股银票转贴现收益率曲线，填补了票据市场缺乏估值定价参考的空白。该条曲线反映了信用等级最高、流动性最好的国股银票的收益率情况，是票据市场上最重要的一条基准收益率曲线。随后，在2019年12月8日，票交所又推出了“城商承兑、国股贴现”的城商银票转贴现收益率曲线，为中小银行承兑票据的定价提供了基准。目前，在国股和城商银票转贴现收益率曲线的基础上，票交所正抓紧研究推出其他低信用等级票据的收益率曲线，从而形成覆盖票据市场各个信用等级的、完整的收益率曲线族。

在贴现利率曲线方面，票交所完成了长三角国股银票贴现利率曲线的构建，于2020年3月开始在部分机构试点运行。长三角地区是我国经济增长的重要引擎，也是我国票据市场最发达的地区，长三角国股银票贴现利率曲线的推出能够发挥长三角地区票据贴现利率在全国票据贴现市场的风向标作用，有助于消除贴现市场的信息不对称，提高贴现市场的透明度，从而优化民营和中小微企业的贴现服务，降低中小微企业的融资成本，进一步增强票据市场与实体经济的关联程度。

（2）转贴现收益率曲线的构建方法介绍。票据与债券（例如同业存单）之间有很多共同点，但同时也存在很多差异，这些差异决定了票据收益率曲线的构建不能完全照搬债券收益率曲线的经验和方法，而必须根据票据的特点来建立相应的模型。在实际构建过程中，由于票据的特有属性及其交易方式，票据转贴现收益率曲线模型的构建主要面临以下几个方面的难点：

一是票据的打包交易方式。票据交易的特点是交易频率低、单笔交易金额巨大。根据2019年末的存量票据统计，单张票据的平均票面金额为100万元左右，因此市场参与者在进行票据转贴现时往往是对票据进行打包交易，这就有可能将不同信用主体、不同剩余期限的票据在同一笔交易中打包交易，造成该笔交易不能准确地反映某一信用等级票据的价格和剩余期限之间的关系。

二是票据信用主体不唯一。为促进票据市场的流动性，票交所的追偿制度创新性地增加了对贴现人和保证人的追索和强制付款规定，因此市场机构在进行转贴现交易时需要综合考虑承兑人、贴现人、保证人的联合信用。票据信用主体的不唯一使票据资产信用等级的划分相比债券更为复杂。

三是票据同时具备资金和信贷双重属性。票据贴现和转贴现被纳入信贷规模进行监管，最直接的影响就是占用银行信贷规模，因此票据的价格不仅受到资金因素的影响，同时也受到信贷规模考核的影响，这就是票据价格在信贷规模考核关键时点（月末、季末、年末等）前后差异巨大的原因。

针对上述难点，票交所在样本数据的选取、处理以及构建模型上作了如下几个方面的调整和创新：

①样本数据的选取。在样本数据的选取方面，票交所的收益率曲线采用中国票据交易系统中的实际成交数据作为样本数据来源，符合当前以实际成交价为基础的基准利率形成趋势。

②信用等级的划分。在信用等级的划分上，同时考虑承兑人、贴现人及保证增信行的联合信用影响。

③样本数据处理。在样本数据的处理上，主要采用以下几种措施来提高样本数据的质量：

一是剔除混合信用类型的打包交易。根据票据转贴现“打包交易”的特征，计算每笔交易中特定信用等级票据的金额占比，将金额占比高于一定比例的交易挑选进样本。

二是剔除剩余期限分布过于分散的打包交易。在上一步的基础上计算每笔交易的票据中最晚到期日和最早到期日之间的天数，将天数大于一定阈值的交易样本剔除。

三是剔除内部交易。由于转贴现交易的参与主体为分支机构，存在交易双方属于同一会员的内部交易。因此，首先剔除样本数据中的内部交易数据。

四是剔除双方对倒/代持交易。在剔除内部交易的基础上，继续剔除对倒和代持等非市场行为的交易。

五是剔除异常过桥交易。经对倒/代持清洗后，对过桥交易进行进一步筛选，将过桥交易中转贴现利率点差（BP）超过阈值的交易标记为异常过桥交易，予以剔除。

六是对样本进行聚类分析。采用基于密度的 DBSCAN（Density - Based Spatial Clustering of Applications with Noise）聚类算法对样本数据进行处理，发现样本数据中的异常点，予以剔除。

七是剔除异常数据。根据关键期限点将整段期限划分为相邻的多个区间，分别对各个区间段内的样本数据采用拉依达准则、格拉布斯准则、库克准则以及狄克松准则的组合结果来判断异常样本数据，并予以剔除。

④模型选择。收益率曲线的构建模型主要有拟合法和插值法。拟合法包括多项式、指数样条、B - 样条、NS、NSS。插值法包括 Hermite 插值和线性插值等。通过对这些方法进行历史数据验证和结果比较发现，采用插值法更加适合票据市场的交易特性，特别是插值法在处理信贷规模考核使得票据价格在关键时点（月末、季末、年末等）发生突变的问题上更加具有优势，相比整段拟合方法更能准确地反映曲线的局部特征。此外，Hermite 插值模型对样本量要求不高，受异常数据影响小，在适用性、稳定性和准确性方面都更加适合当前的票据市场，能够客观准确地反映市场的真实收益率走势。

Hermite 插值方法侧重关键期限点收益率的稳定性和市场代表性，其重点和难点在于关键期限点的选取和关键期限点收益率的计算。在计算得到关键期限点收益率的基础上，采用 Hermite 插值法获得完整的收益率曲线。

Hermite 插值模型公式如下：

设 $0 = x_1 < x_2 < \cdots < x_n = 6$，已知 $(x_i, y_i)(x_{i+1}, y_{i+1})$，$i \in [1, n]$，$x_i$ 和 y_i 对应样本数据中的期限和利率（当求收益率曲线时 y_i 对应到期收益率），求任意 $x_i \leqslant x \leqslant x_n$ 对应的 $y(x)$，采用单调三次 Hermite 多项式插值模型，公式为：

$$y(x) = y_i H_1 + y_{i+1} H_2 + d_i H_3 + d_{i+1} H_4$$

其中，

$$H_1 = 3\left(\frac{x_{i+1} - x}{x_{i+1} - x_i}\right)^2 - 2\left(\frac{x_{i+1} - x}{x_{i+1} - x_i}\right)^3$$

$$H_2 = 3\left(\frac{x - x_i}{x_{i+1} - x_i}\right)^2 - 2\left(\frac{x - x_i}{x_{i+1} - x_i}\right)^3$$

$$H_3 = \frac{(x_{i+1} - x)^2}{x_{i+1} - x_i} - \frac{(x_{i+1} - x)^3}{(x_{i+1} - x_i)^2}$$

$$H_4 = \frac{(x - x_i)^3}{(x_{i+1} - x_i)^2} - \frac{(x - x_i)^2}{x_{i+1} - x_i}$$

$d_j = y'(x), j = i, i+1$ 的斜率。

在实际的数值计算中可以按照以下规则进行初始赋值：

定义 $\Delta_k = \dfrac{y_{k+1} - y_k}{x_{k+1} - x_k}$，其中 $k=1$，…，$n-1$，n；

当 $k \in [2, n-1]$ 时，$d_i = \dfrac{2}{\dfrac{1}{\Delta_{k-1}} + \dfrac{1}{\Delta_k}}$；

当 $k=1$ 时，$d_1 = \dfrac{3}{2}\Delta_1 - \dfrac{d_2}{2}$；

当 $k=n$ 时，$d_n = \dfrac{3}{2}\Delta_{n-1} - \dfrac{d_{n-1}}{2}$。

（3）贴现利率曲线构建方法介绍。票据贴现是商业银行与实体经济联系最为紧密的业务品种之一，贴现利率也是我国市场化程度最高的交易利率之一。但是长期以来贴现市场存在发展不均衡和信息不对称，使得票据市场贴现利率存在较为明显的区域性，所以在构建贴现利率曲线时除了要考虑信用等级划分、打包贴现等问题之外，还需要将地区因素作为贴现利率曲线构建的主要影响因素，提供分区域、分信用等级的利率曲线。此外，贴现票据的票面金额大小也会影响到实际的贴现价格水平。

贴现利率曲线在样本数据的选取上首先会对样本进行区域划分（例

如，长三角、珠三角等），在区域划分的基础上再继续进行信用等级的划分，与转贴现收益率曲线的信用等级划分不同，在构建贴现利率曲线时一般只需要考虑承兑人这个单一信用主体。

贴现利率曲线在样本数据处理上会对“打包贴现”的样本数据进行票面金额大小、金额占比和剩余期限的筛选，同时也会采用拉依达准则、格拉布斯准则、狄克松准则以及聚类分析等方法剔除异常样本数据。

贴现利率曲线在模型选择上与转贴现收益率曲线也基本保持一致，即在求得全部关键期限点的利率后，采用 Hermite 插值方法形成完整的利率曲线。

专栏三　长三角国股银票贴现利率曲线

长三角地区是我国经济增长的重要引擎，也是我国票据市场最发达的地区。长三角国股银票贴现利率曲线的推出一方面能为市场参与者提供公平、透明的贴现价格参考，消除贴现市场的信息不对称，提高贴现市场的透明度，从而优化民营和中小微企业的贴现服务，降低中小微企业的融资成本；另一方面有助于货币市场利率体系的完善，为中央银行观测经济金融走势、监测货币政策执行效果提供参考。

长三角国股银票贴现利率曲线由信用等级最高、流动性最好的国有和股份制银行承兑票据的贴现数据编制而成，可以作为票据贴现市场的定价基础，其他信用类型票据的贴现均可以在这个曲线基础上，考虑风险溢价后确定适宜的价格。

一、贴现利率曲线编制中的难点

一是“打包贴现”混同了不同期限、不同信用等级票据的价格信号。与转贴现市场类似，贴现市场也经常采用“打包贴现”的交易方式，这种交易方式有可能会造成贴现数据不能准确反映该信用等级票据的贴现价格与剩余期限之间的关系。

二是票面金额对价格形成影响。由于银行为大票、小票贴现付出的时间成本、人力成本相差不大，在授信额度有限的情况下，为争取利润最大化，银行更加倾向于贴现大票而忽略小票，从而导致小票贴现难度增大、贴现价格相对较高。

三是受到票据信贷属性的影响。由于票据贴现被纳入信贷规模进行监管，占用银行信贷规模，因此票据贴现的价格不仅受到资金因素的影响，同时也受到信贷规模考核的影响，从而导致票据贴现价格在信贷规模考核关键时点（月末、季末、年末等）的前后存在明显差异。

四是贴现市场的区域化特性明显。贴现业务在大部分银行被作为贷款进行管理，持票企业需要成为信贷客户才能开展票据贴现业务，客观上导致票据业务被限定在局部区域、少数客户内，加之银保监会要求审慎办理跨区域的贴现业务，票据贴现市场呈现出明显的区域化特征。

二、贴现利率曲线的编制方法

针对上述难点，票交所在样本数据的选取、处理以及模型选择方面，相较转贴现收益率曲线，都进行了调整和优化。具体编制方法如下：

样本数据选取。选取长三角地区贴现量排名前30位的机构（占长三角地区总贴现量的90%）的实际贴现交易作为样本数据，且按月对入选机构名单进行调整，保证样本的取数范围具有充分的市场代表性。

样本数据处理。长三角贴现利率曲线会对“打包贴现”的样本数据进行票面金额大小、金额占比和剩余期限的筛选，同时也会采用拉依达准则、格拉布斯准则、狄克松准则以及聚类分析等方法来剔除异常样本数据。

模型选择。贴现利率曲线构建模型与转贴现收益率曲线类似，即在求得全部关键期限点的利率后，采用Hermite插值方法形成完整的利率曲线。

2. 票据估值。2017年3月，财政部《企业会计准则第22号——金融工具确认和计量》对票据资产估值提出了要求。在该准则下，金融资产被划分为三类：第一类，以摊余成本计量的金融资产；第二类，以公允价值计量且其变动计入当期损益的金融资产；第三类，以公允价值计量且其变动计入其他综合收益的金融资产。根据票据资产的不同管理方式所对应的业务模式，票据资产有可能被归入三种分类中的任何一类。对于“持有票据至到期，收取贴现利息”的管理方式来说，对应的业务模式为“持有以收取合同现金流”，应归入第一类；对于“转贴现卖出，获取价差收益”的管理方式来说，对应的业务模式为“出售金融资产”，应归入第二类；对于“既有持有至到期以收取贴现利息，又有转贴现卖出以获取价差收益”的管理方式，则应归入第三类。

对于以公允价值计量的资产主要采用市价估值法，市价估值法主要采用收盘价和第三方估值。对存在活跃市场的投资品种（例如股票等），应采用收盘价确定其公允价值。票据资产的多样性及其交易特点决定了其不适合采用收盘价进行估值，因此票据市场主要采用第三方估值进行公允价值的计量。票交所成立之前，票据市场成员由于缺乏第三方估值，主要采用以下两种方法：一是以行内交易数据为基础拟合收益率曲线并据此估值，二是以 Shibor 为基础加减利差进行估值。但上述两种方法均存在一定缺陷：其一是行内交易数据相对较少且每家机构对票据品种、期限、交易价格往往存在一定偏好，所以以行内交易数据为基础进行估值，在公允性、准确性和稳定性等方面都存在问题；其二是 Shibor 仅代表了资金的价格变化，而票据资产同时具有资金属性和信贷属性，所以以 Shibor 为基础进行票据资产估值在准确性方面存在偏差。

票交所作为票据市场的基础设施，拥有票据市场全量数据，在为市场提供公允估值服务方面具有得天独厚的优势，同时票据收益率曲线的发布也为估值服务创造了关键的前提条件。目前，票交所正抓紧推进票据估值的相关工作，已先后完成银票估值模型的创建和历史数据验证等工作，后续将正式向市场推出票据估值的相关服务。

（1）票据估值的作用。票据估值对市场的作用主要有两个方面：一是用作票据市场的交易基准，二是用于票据资产净值的计算。

对于票据交易员而言，票据估值可作为票据交易的基准，即交易过程中的参考价。在实际操作过程中，往往会参考前一个交易日的估值，并在此基础上控制其偏离度。

对于票据持有者而言，在买入票据资产后，已经付出了固定的成本，在未实际卖出之前，无法确定其变现价格，票据估值可以帮助其在持有期间进行票据资产的净值计算。

（2）票据估值的难点。票据估值的总体思路与债券估值存在很多相似之处，但也有以下几个方面的难点需要解决：首先，存量票据的数量远远大于存量债券的数量。2020 年末，票据市场存量票据的数量高达 1404 万张，面对如此巨额数量的票据，如何准确地获取每张票据的价格信号并依此进行估值是票据估值需要解决的一个难点，这也是票据估值与债券估值之间最大的不同点。其次，票据的信用主体不唯一，而且其信用主体会随着票据流转阶段的不同而发生变化，因此，对于同一张票据，在不同的流转阶段可能需要采用不同的曲线进行估值，这同样加大了估值的复杂程度。

（3）票交所估值方法介绍。估值是通过计量方法和工具寻找公允价值的过程。估值方法主要有市价法、未来现金流贴现法等。其中市价法是最为主要的估值方法，也是票交所估值所采用的方法。

①票据估值模型原理。票据估值的总体流程是采用一定的数学模型计算得到各个信用等级的收益率曲线，然后利用曲线和当日的交易明细对单张票据进行估值。收益率曲线是在一组真实价格基础上提炼推导出来的理论价格或模型价格，反映的是某个信用等级的综合价格。由于属于同一信用等级的信用主体之间也存在一定的差异，因此收益率曲线其实反映的是一组信用主体的综合价格，而非单个信用主体的价格，仅仅利用收益率曲线进行估值无法反映属于同一信用等级内的单张票据之间的价格差异。对于单张票据来说，有部分票据当日存在真实合理的价格信息（票据市场主

要是成交信息，包括真实成交和虚假成交），因此单张票据当日的估值价格来源有两种：一种是模型价格（或理论价格），另一种是真实价格。模型价格即利用由当日市场价格信息计算得到的收益率曲线对票据进行估值；真实价格即部分流动性好的票据在某个交易日存在真实的交易，且这些价格是合理可信的，应直接作为该张票据的公允价格。但是与债券市场不同的是，票据市场存量票据的数量高达千万级别，贴现后的存量票据也有数百万张，而每天存在真实交易价格的票据只占全市场票据总量的2%左右，因此，需要将全部票据根据其要素（主要考虑承兑人所属会员、贴现行所属会员和剩余期限）进行分组，组内互为关联票据（即与该张票据信用等级接近的票据），可以共享真实价格信息。

总之，对票据估值而言，如果市场上存在真实价格信息，那么估值价格将采用真实价格，因为真实价格是实际存在的价格，相比模型价格更加可靠。如果当日不存在真实价格信息，则应该采用模型价格来进行弥补，但需要遵循稳健性原则，即如果当日市场上无明显因素影响某一类票据的整体价格时，个别票据的价格不应该发生较大的波动。

此外，票据在不同的流转阶段其信用主体可能发生变化，其中最为典型的是贴现前和贴现后票据信用主体的变化，因此对同一张票据在贴现前和贴现后需要采用不同的曲线进行估值，即对于贴现前的票据采用贴现利率曲线进行估值，贴现后的票据主要采用转贴现收益率曲线进行估值。

②票据估值流程。票据估值的流程主要分为以下三步：

第一步，根据第三方外部评级和票据市场交易数据形成票交所内部的隐含评级。

第二步，在内部隐含评级的基础上，根据承兑人、贴现人以及保证增信行的联合信用编制对应的收益率曲线。

第三步，根据收益率曲线和当日的真实价格信息计算得到单张票据的基准利率和利差，并基于基准利率和利差对单张票据进行估值。

基于基准利率和利差，票据估值的具体计算公式如下：

$$V = M\left(1 - \frac{t}{360}r\right)$$

其中，V 为票据估值，M 为票面金额，t 为剩余期限的天数，r 为转贴现利率。

$$r = r_{baseline} + spread$$

其中，$r_{baseline}$为估值当日该张票据对应的收益率曲线的基准收益率；$spread$为对应的利差，可根据该张票据当日的成交价格或历史利差来确定，或根据其关联票据（与该张票据信用等级接近的票据）的成交价格来确定。

（4）票据估值主要创新点。

①市场隐含评级。与传统评级方法不同，市场隐含评级不是一种基于企业基本面的评级，而是一种基于市场交易价格的评级方法。该方法最早由穆迪公司的资本市场研究团队开发，其主要思想是利用市场交易的价格信息来反映评级对象的信用风险。相关研究表明，与传统评级方法相比，市场隐含评级能够快速反映市场的即时信息，因此短期内的准确性高于传统评级，但同时也降低了评级的稳定性，而两者的评级结果在长期内则趋同。

参考穆迪公司债券隐含评级方法，票交所内部隐含评级的主要操作步骤如下：第一步，根据票交所发布的各类收益率曲线计算基准利差曲线，从而确定各相邻信用级别之间的利差分界曲线；第二步，计算票据信用主体的信用级别，即根据某一信用主体承兑的票据的期限和信用利差，对照各信用级别间的利差分界曲线，得到该信用主体的隐含评级。

②关联票据的确定。由于存量票据的数量巨大，因此有必要对其进行分组，即通过一定的要素限定条件找到每张票据的关联票据，以此来获得更多的真实价格信号。对于贴现后票据，每个交易日收盘后系统会自动按照两类关联票据分别进行分组，其中承兑人所属会员、贴现行所属会员、期限类型相同的票据互为Ⅰ类关联票据；承兑人所属会员、贴现行信用等级、期限类型相同的票据互为Ⅱ类关联票据。关联票据的匹配规则如表3－2所示。

表 3-2　关联票据匹配规则

票据类型	Ⅰ类关联票据	Ⅱ类关联票据
已贴现银票	承兑人所属会员、贴现行所属会员、期限类型相同	承兑人所属会员、贴现行信用等级、期限类型相同

在寻找单张票据的合理价格时，按照Ⅰ类、Ⅱ类、基准利率的顺序依次进行查找，即如果单张票据的Ⅰ类关联票据存在合理价格信息，则估值时采用Ⅰ类关联票据的价格，若当日不存在合理价格信息，则采用Ⅱ类关联票据的合理价格信息，依此类推。

对于贴现前的票据，由于不存在贴现行，因此在计算关联票据时一般只考虑承兑人所属会员和期限类型是否相同即可。

③历史数据检验合理价格水平。对于单张票据的估值，在无明显因素影响其信用风险时，应充分遵循稳健性原则。因此，历史的价差数据被用于验证估值当日利差的合理性，确保估值价格的客观性和准确性。

3. 票据价格指数。价格指数广泛应用于社会经济领域，可综合反映价格水平在时间、空间维度的变动方向和变动程度，是交易的坐标和指南。建立中国票据市场价格指数体系是完善票据市场环境、优化市场生态支撑体系的重要步骤，与构建票据收益率曲线和票据估值同等重要：一是可以综合反映票据市场价格总体的变动方向和变动幅度。二是市场参与者可以用来进行市场分析研究和市场预测，减少交易的盲目性，并从中获取更多的收益。三是有助于创建各类交易型开放式指数基金（ETF），通过各种成分指数和定制指数的构建，基金类市场参与者可以创建各种 ETF 产品，由企业和个人进行投资，从而间接将票据市场的投资主体扩展到企业和个人，丰富票据市场的投资主体，增加票据市场交易的活跃度。

目前票据市场中已有的票据价格指数主要有长三角票据贴现价格指数和工银票据价格指数，但都有其各自的局限性。长三角票据贴现价格指数是根据长三角样本金融机构最近两周买入的全部贴现票据的加权平均利率计算而来，并接受当地中国人民银行和监管机构的监督，因此其代表性和公信力比较高，缺陷是只能代表区域性的票据市场情况。工银票据价格指数是由工商银行票据营业部收集全国重点金融机构报送的转贴现和质押式回购交易价格计算得出，但由于没有监管部门的监督，报送机构的报价质量无法保证，因此其公信力和准确性都要打折扣。

票交所成立以后，其全面准确的票据市场数据为票据价格指数体系的建立奠定了基础，收益率曲线和估值的推出也将为指数的编制提供必备条件，建立一个包含票据市场综合总指数和分类价格指数的指数体系，对票据市场的发展意义深远。

金融市场上比较常见的价格指数编制方法主要包括价格加权法（比如道琼斯工业指数）和市值加权法（如中债指数、中证指数、标普 500 指数等）两种。目前金融市场上绝大多数的价格指数均采用市值加权法，票据价格指数与债券指数类似，都比较适合采用市值加权法，但与债券的不同之处在于票据不存在相应的发行利率，因此票据价格指数一般只提供全价指数。

（1）票据价格指数种类。票交所可向市场提供基于交易价格的各类票据综合指数族和成分指数族，以及按照会员的要求编制的定制指数族。

综合指数族：一般是反映票据全市场或某一类票据的整体价格走势情况，例如票据综合总指数、银票综合总指数、商票综合总指数等。

成分指数族：一般按机构类型、期限、信用评级和票据种类等划分成分空间，例如 9 ~ 12M 国股银票指数、6 ~ 12M 城商银票指数等。

定制指数族：定制指数是根据客户定制的成分规则挑选成分票据编制生成的指数，可以充分满足客户个性化的指数需求。

（2）票据价格指数编制的一般取价原则。票据价格指数取价可以按以下规则进行：以票交所提供的票据估值为参考，优先选取当日的合理成交价，若无，则直接采用票交所的估值价格。

根据市值加权法，票据全价指数的计算公式如下：

$$I_t = \frac{\sum_{i=1}^{n} P_t^i \times Q_t^i}{D_t}$$

其中，P_t^i、Q_t^i 分别为指数样本中票据 i 在 t 日所选取的价格及流通数量，D_t 为除数。对于违约票据的处理，应将违约的票据移出指数计算的样本范围。

4. 回购参考利率。票据回购与债券回购都是资金类业务，两者在交易机制上也很类似，因此两者在整体的利率走势上比较相似，但由于抵押物的信用等级和流动性以及交易参与方（债券回购的交易双方为法人机构、票据回购的交易双方为分支机构，且两者的参与者范围不一致）的不同，两者在利率水平上存在一定的差异。因此，有必要发布票据市场自身的回购参考利率，通过基准定价引导市场，进一步提高票据回购交易的活跃度。

（1）票据回购参考利率计算方法。回购参考利率的编制方法如下：先选定隔夜回购（R001）、7 天回购（R007）、14 天回购（R014）、1M 回购（R1M）四个品种每个交易日的全部成交数据，采用加权中位数法确定盘中的参考利率。

回购参考利率可提供全市场回购参考利率和存款类机构之间的回购参考利率两种。其中，全市场回购参考利率是选用全市场的质押式回购交易为样本数据计算得到的参考利率。存款类机构之间的回购参考利率是指以正回购方和逆回购方都为存款类机构的质押式回购交易为样本数据计算得到的参考利率。

（2）交易量加权中位数法。交易量加权中位数法定义：

对于一组按照利率大小排序后的交易数据 x_1、x_2、x_3、…、x_n，其交易量权重分别为 w_1、w_2、w_3、…、w_n，且 $\sum_{i=1}^{n} w_i = 1$，则加权中位数为满足下面公式的利率。

$$\sum_{x_i < x_k} w_i < \frac{1}{2}$$

$$\sum_{x_i < x_k} w_i \leqslant \frac{1}{2}$$

交易量加权中位数法一方面考虑了交易量因素的影响，另一方面受异常值的影响较小，最终得出的数据也是市场中真实的成交利率。

（二）市场行情类产品

目前，市场行情数据源主要是来自中国票据交易系统产生的报价和成交行情，具有及时、准确、完整的特点，能够为市场参与者进行实时票据交易、分析预测市场走势等提供准确的数据支持。后续票交所还将积极尝试基于互联网建立统一的报价和成交平台，打通专线网和互联网之间的通道，尽可能地便利市场交易。

1. 成交行情。成交行情是在交易时段实时为会员提供转贴现和质押式回购、买断式回购等交易的成交量和成交价格信息，便于会员依此及时调整交易策略，寻找交易对手。但是实际成交过程中通常会存在很多非市场化的交易，例如在转贴现交易中会存在对倒、代持、异常过桥等非市场化行为的交易，因此在制作成交行情时需要预先对成交明细进行清洗，在此基础上形成的成交行情对市场成员的定价更加具有指导意义。

（1）全市场成交行情。全市场成交行情是反映市场量价整体走势的综合性数据，利率采用全量数据按面额加权平均计算的方式获得，主要便于参与者了解市场整体价格走势情况。

（2）分类成交行情。分类成交行情按票据的信用类型和期限品种进行编制，是对交易决策指导意义最为显著的信息产品之一，也是票交所最具价值的信息产品之一。

（3）逐笔成交行情。逐笔成交行情是交易过程中的单次成交信息，是在已有传统行情基础上设计的具有增值内容的新行情。

2. 报价行情。成交价格的主要缺点是容易受到交易对手方和非市场化交易行为的影响而偏离真实价格，因此在进行成交行情的编制时需要预先进行异常交易和非市场化交易的数据清洗。此外，由于交易环节存在行内审批等流程，因此成交价格的时效性也会打折扣。相对而言，报价的目的性更加纯粹，剔除了交易对手方和非市场化交易行为的影响，同时，报价的时效性也更好，因此结合多方报价源形成的报价行情往往具备更好的价格发现功能，能准确指导市场成员定价。目前票据市场报价行情主要来自中国票据交易系统提供的意向报价、对话报价、匿名点击报价等信息，后续票交所应会考虑基于互联网搭建全国统一的票据报价平台，同时整合货币经纪的报价，为市场提供更加优质的报价行情。

3. 历史行情。历史行情是对过去一段时间行情数据变化趋势的描述，便于参与者了解市场行情走势，对未来变化作出预判。

（三）统计类产品

统计类产品是基础性的信息产品，包括历史统计数据和盘中统计数据。历史统计数据方便参与者了解市场总体和区域性、同类型机构业务发展情况，供参与者对相关市场进行比较分析和历史分析，为市场成员进行研究分析和调整经营策略提供数据支持；盘中统计数据能够让参与者实时掌握当天交易的结构情况，从而及时调整自身的交易决策。

1. 历史统计数据。历史统计数据服务可以采用固定报表和大数据平台两种方式提供。

固定报表：按照一定的周期（日、月、季、年）提供多个维度统计数据，包括票据介质、票据类别、机构类型、地区、城市、所属行业、企业规模大小、期限品种等。固定报表的灵活性较差，一般只提供市场成员较为关注且需求相对固化的统计数据。

大数据平台：采用 Hadoop、spark 等框架搭建大数据分析平台，在对数据进行脱敏处理（即不泄露个体明细数据）的基础上，按主题（承兑、质押、保证、贴现、转贴现、质押式回购、买断式回购等）为会员提供多维度的自定义数据分析服务。此外，大数据平台还将提供关联分析、聚类分析等常用的数据挖掘功能，方便用户对数据进行分析。

2. 盘中统计数据。盘中统计数据是指在当天交易时段按参与者机构类型、期限和买卖方向对交易量进行的准实时的统计，方便交易员及时了解全市场交易的结构情况，例如，通过图3－3的转贴现盘中统计数据，交易员可以很直观地了解股份制银行会员买入和卖出各个期限国股银票的情况，并根据上述情况及时地调整自身的交易策略。

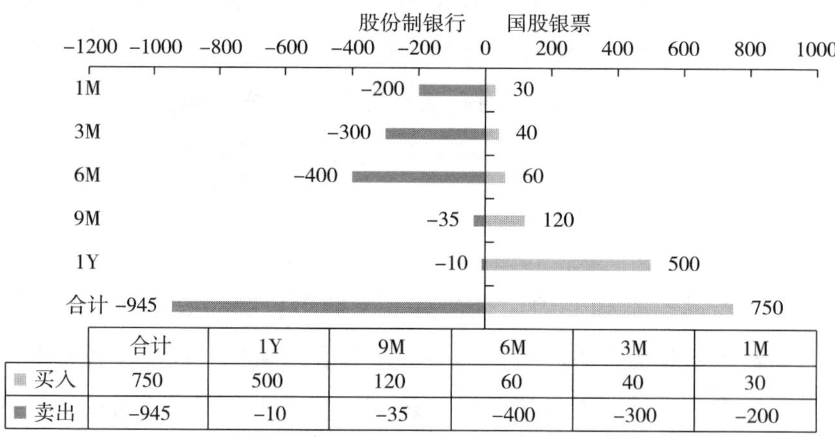

	合计	1Y	9M	6M	3M	1M
买入	750	500	120	60	40	30
卖出	−945	−10	−35	−400	−300	−200

图3－3　转贴现盘中交易量统计

（四）风险防控类产品

风险防控类产品主要为市场成员提供风险票据、支付信用以及信息披露相关的数据查询，票据市场成员可以基于这类数据及时识别、规避票据市场的各类风险，提高自身的风险管理水平。

1. 风险票据查询。提供中国票据交易系统内公示催告、挂失、止付、冻结等风险票据信息的查询和主动推送服务，便于市场成员及时获得风险票据的相关信息，规避相关风险。

2. 支付信用信息查询。根据 ECDS 业务制度安排，某一票据行为处于待签收状态下，行为接收方可以查询行为发起方和票据承兑人的支付信用信息，包括按照法人级别统计的累计承兑发生额、累计票据结清金额、未结清余额、未到期余额、拒付金额、拒付次数、逾期次数、逾期金额等支付信用信息以及该法人使用的所有账户数和每个账户首次办理票据业务的时间。

支付信用信息对于市场成员规避市场风险和规范票据市场行为都将发挥积极而重要的作用，例如承兑发生额和余额等信息的查询可以便于接收方了解承兑人是否存在过度开票的情况，兑付、拒付、逾期等信息能够便于接收方了解承兑人长期累积的信用信息，账户办理票据业务时间的长短可以便于接收方判断账户的真实性。同时，市场成员可以将支付信用信息与自身拥有的数据结合在一起，建立风险控制模型，提升自身的风险管理水平。

3. 集团票据归集服务。集团票据归集是为集团企业跨账户、跨银行归集其所有下属成员企业的票据明细信息，便于集团企业实时掌握全集团的票据信息，从而加强集团对票据的管理，提升集团企业使用票据的意愿。同时，系统向集团企业推送银行报送的贴现意向和价格，便于企业从中寻找合适的贴现银行，从而进一步降低企业的贴现融资成本。

4. 信息披露数据查询。信息披露数据查询主要包含两个方面的信息：一是承兑人已披露的承兑信息和承兑信用信息，包括承兑发生额、承兑余额、累计逾期发生额、逾期余额等；二是标准化票据相关的披露信息。

信息披露制度既是投资人保护制度的重要内容，也是防范票据市场系统性风险的基石。票交所可加强票据市场统一信息披露平台的建设，最大限度地保证票据市场信息披露制度的有效运行，确保高效地为投资者提供准确的各类相关信息。

（五）参考信息类产品

参考信息类产品是与票据密切相关的基础性信息，能使市场参与者全面了解每一张票据的具体情况，为市场参与者开展交易、分析预测、风险控制等提供便利。参考信息类产品主要包括票据基础信息、交易对手方信息、到期付款提示信息、交易系统工作日信息等。

（六）信息产品发布渠道

根据信息产品、使用者的不同特点，票交所可提供多种信息产品发布渠道，如数据接口渠道、网站渠道、终端渠道（交易终端、信息商终端、票交所信息终端）等。

1. 数据接口渠道。为保证核心交易系统的性能，一般情况下核心交易系统不直接对外提供行情、价格产品等市场数据的接口，而是建立专门的市场数据发布系统，以接口的方式为市场成员和信息商提供票交所对外发布的相关信息产品。接口主要包括消息接口和文件接口两种：消息接口主要用于发布行情信息产品、价格信息产品等实时性要求较高的市场数据，文件接口主要提供统计类信息产品以及基础参考数据等。

2. 网站渠道。票交所通过门户网站会员专区的建设，发布票据市场价格类产品（收益率曲线、估值、指数）、延时行情类产品、统计类产品等，并提供风险票据查询、票据状态查询等信息，为市场成员查阅市场行情以及高校、研究机构等研究票据市场提供便利。

3. 终端渠道。终端渠道主要包括核心交易系统终端、信息商终端以及票交所自建的信息终端。由于交易终端信息发布仅限于专线网络，同时功能以交易为主，市场数据提供相对有限，覆盖率和传输速度受到限制，因此可以考虑与国内外知名度较高的信息商（如汤森路透、彭博、万得等）合作，借助信息商丰富的渠道建设经验和庞大的终端客户群将信息产品在境内外进行更广泛的传播和发布。此外，随着移动终端市场的飞速发展，票交所可以考虑建立自己的移动信息终端，依托互联网直接为市场成员提供信息服务。

二、数据共享服务

2020年4月，中共中央、国务院发布《关于构建更加完善的要素市场化配置体制机制的意见》，明确提出“加快培育数据要素市场”，推进数据开放共享，提升数据价值。票交所作为票据市场的基础设施，将致力于票据市场数据生态的建立，推动票据市场数据的共享、协作和深度运用。但是在数据共享的过程中，不可避免地会涉及隐私泄露和数据滥用的问题。因此，在做好数据开放共享的同时，还需要加强数据资源的整合和安全保护。

（一）数据共享方案

为解决数据共享需求与隐私泄露、数据滥用之间的矛盾，国内外不少科技公司先后推出了解决方案，比如谷歌推出的联邦学习、蚂蚁金服提出的共享智能等，其中涉及的技术路线主要有两条：一条是基于硬件的可信计算环境（Trusted Execution Environment，TEE），另一条是基于密码学的安全多方计算（Secure Muti - party Computation，MPC）。

1. 可信计算环境（TEE）。基于TEE进行数据共享的核心概念是以第三方硬件为载体，数据在由硬件创建的可信执行环境中进行共享。目前比较成熟的TEE技术是Intel的SGX技术，SGX技术包含两个核心概念：飞地（Enclave）和远程认证（Remote Attestation）。飞地类似于一个保险箱，只有CPU在计算时才能通过CPU上的硬件进行解密。保险箱解决了SGX内部的数据和代码遭受外部攻击的问题，而远程认证确保了当前保险箱中运行的确实是之前用户检查过的代码。飞地和远程认证两个技术的合作，可以确保通过加密通道传入SGX中的数据一定会按照用户预期的行为被处理，而且确保信息不会泄露。

2. 安全多方计算（MPC）。MPC 问题首先由华裔计算机科学家、图灵奖获得者姚期智教授于 1982 年提出，也就是为人熟知的“百万富翁问题”：“两个争强好胜的富翁在街头相遇，如何在不暴露各自财富的前提下比较出谁更富有？”“百万富翁问题”后续经过发展，成为现代密码学中非常活跃的研究领域，即 MPC。简单来说，MPC 是一种能够使多个实体在共享数据的同时，在不暴露加密密钥的基础上保护数据机密性的密码机制，它允许多个数据所有者在互不信任的情况下进行协同计算，输出计算结果，并保证任何一方均无法得到除应得的计算结果之外的其他任何信息，从而实现用户获取数据的使用权，却不泄露原始数据内容。

经过实践发现，上述两种数据共享技术各有优缺点。例如，基于 TEE 的方案可以作中心化部署，用户的接入成本相对较低；而基于 MPC 的方案，相关的安全技术对用户来说是透明的，给用户的安全感更强。而且，在面对一个复杂问题的时候，可以将不同的技术融合到一起，发挥各自优势，往往能达到更为理想的效果。

（二）数据共享应用场景

基于上述数据共享方案，票交所可在保证数据隐私和安全的前提下为票据市场成员和其他机构提供以下几个方面的数据共享应用：

1. 数据联合分析。随着信息技术的发展，社会活动中产生和收集的数据急剧增加，然而出于对数据隐私保护和自身利益的考虑，“数据割据、数据孤岛”问题较为严重。例如，票交所虽然拥有全量的票据市场业务数据，但缺乏商业银行拥有的企业相关的贷款、承兑保证金、经营信息等，在进行实际的数据分析时往往需要多方数据的融合来确保数据分析结果的准确性。因此，票交所可以将数据分享技术引入传统的数据分析领域，与外部机构一起通过多方数据源协同分析计算，既不泄露各自数据的隐私，又能够获得各自需要的分析结果。

2. 数据联合风控。随着供应链票据、标准化票据等创新产品的推出，如何对出票企业、供应链企业的信用风险进行准确的评估，是票据市场成员共同关心的重要问题，也是创新产品发展壮大过程中急需解决的问题。

金融风控领域需要多维度的用户特征和海量数据去优化模型，利用数据共享技术将分散在银行、征信机构、基础设施和自身的数据融合在一起，丰富用户特征和数据，对市场成员进行更加精准的画像，从而得到比较全面和准确的风险评估结果。例如，票交所拥有全市场的业务数据信息（如承兑、背书、质押、保证、贴现、交易、兑付、追索、违约等多个维度的数据），商业银行拥有与企业相关的贷款、承兑保证金、授信额度、经营信息等，供应链平台拥有企业应收账款的相关信息。市场成员基于自身的风险算法模型，通过票交所提供的数据分享平台，能够在保证用户数据、算法模型均为隐私数据的前提下进行计算，实现企业各类特征的多维度洞察，得到最终的风险评估，进一步丰富和优化自身的信用模型和征信数据库。

3. 共享机器学习。人工智能现阶段主要以机器学习为主，特别是深度学习需要使用大量的数据训练模型。机器学习模型的准确性取决于数据量、数据种类和数据质量。使用数据分享技术能够将多方数据联合在一起，在保证数据安全和隐私的前提下，在多方数据基础上训练出的模型将更加准确，从而对未知情形提供更加合理的预测。票交所可利用数据共享技术开放共享自身的海量数据供市场成员训练自己的机器学习模型，促进金融科技在票据市场的发展和应用。

三、大数据精准营销服务

大数据精准营销服务的主要内容是基于票交所的海量数据，依托大数据技术精确匹配有切实需求的目标客户，促进快速成交。其服务的对象主要为票交所会员、企业等，服务方式是票交所主动推送。

大数据的出现在很大程度上改变了传统营销模式，大数据技术可以使市场成员的营销活动变得十分精准有效，而且能够大幅降低营销成本。票交所可以基于市场的全量数据，采用大数据技术对市场成员进行精准的特征画像和分群，并在此基础上实现各类业务的精准营销。下面我们以贴现业务为例，介绍票交所大数据精准营销服务的场景。

近年来，票据贴现业务大力发展，市场上各种自助“秒贴”产品层出不穷。一方面，企业通过票据贴现获得融资的意愿不断加强；另一方面，商业银行也将票据贴现业务作为主要的利润来源进一步加大了发展力度。票交所推出的“贴现通”产品在一定程度上消除了贴现市场信息不对称，打通了贴现服务“最后一公里”，提高了贴现融资效率，降低了贴现融资成本，但也还存在一定的改善空间。首先，无论是企业还是银行的贴现意向都是直接向全市场发布，目标受众不清晰，效率相对较低；其次，“贴现通”尚未建立直接针对 B 端（即贴现申请企业）的统一贴现平台，通过经纪银行，贴现业务办理和相关信息服务无法直达贴现申请企业。

对于有贴现意向的持票企业，票交所可以基于大数据技术分析银行的贴现习惯，同时采用安全多方计算技术筛选出满足授信额度的银行名单，并将企业的贴现意向精准地推送到这些符合条件的银行。同时，对于有贴现意向的银行（例如，由于不用重复计提风险资产，大多数银行都有意愿贴现本行承兑的票据），票交所可以根据其意向要素筛选出符合条件的票据，并将银行的贴现意向直接发送到这些票据的持票企业，从而实现贴现业务的精准营销。

目前票交所还没有建立直接针对贴现申请企业的统一贴现平台，因此对于企业的信息服务还存在一定的障碍。后期票交所在进行供应链票据平台、信息披露平台等系统的建设时，可充分考虑利用这些平台为企业提供有价值的信息服务，从而提高企业的融资效率，降低企业的融资成本。

四、大数据打击票据市场犯罪

大数据精准打击犯罪的主要内容是基于票交所的海量数据，依托大数据技术精准打击防范票据犯罪。其服务的对象主要包括公安机关、监管机构等，服务方式主要是多数据源的协作与分析。

票交所依靠自身的大数据优势，在打击防范票据犯罪领域与公安部经济犯罪侦查局（以下简称经侦局）建立起多方面的合作，发挥重要的风险防控和数据信息支撑的作用。

2018 年 12 月 17 日，票交所与公安部经侦局正式签署《打击防范票据犯罪合作备忘录》，双方开启全面加强票据业务领域刑事执法协作，这对于依法严厉打击票据领域各类犯罪，依法查处票据违规违法行为，强化银行票据业务监管，促进票据市场健康发展，防范化解系统性金融风险，维护国家政治、社会和经济安全具有重要意义。

2019 年，票交所全程参与公安部经侦局数据化情报导侦“非法票据中介生态战略研判”项目（以下简称非法中介研判），协助提供票据业务数据支持及票据业务理论支持。整个非法中介研判为期一年，主要内容是从战略角度剖析非法票据中介盈利模式、规模情况、行为特征及当前票据市场风险情况，从战术角度挖掘票据中介非法票据交易线索。

这次合作研判是在中国票据市场首次展开的针对“非法票据中介”生态情况的排摸。票交所成立之前的传统票据市场是一个场外的线下市场，市场不透明、数据不掌握是其特点，针对传统市场展开的各类数据学理论研究都存在着数据失真、管中窥豹的现实问题。票交所的成立及各类票据市场顶层设计的部署实施，使票据市场全量数据集中于票交所，为各类分析奠定了数据基础。

在研判过程中，票交所提取并累计交付了各类票据业务数据 6.1 亿条。经过数据清洗后，最终数据涉及票据 1917 万张，累计金额 21 万亿元，涉及出票及背书公司 75 万余家，累计贴现金额 12 万亿元，票据数据体积达 119GB。通过各类票据业务行为数据的分析，研判团队建立了多个维度（背书次数、时间规律、金额数据等）的筛选指标，提出异常票据行为特征，建立甄别模型，奠定了票据业务流维度基础。因票交所掌握的单一维度票据业务数据无法形成针对非法票据中介甄别和判断所需的数据链闭环，研判充分利用了经侦部门强大的数据积累和丰富的数据渠道，将票据业务数据结合经侦部门掌握的资金、工商、税务、电力、社保、舆情、银行监管指标等多项数据采集项比对，实现了多维度数据的碰撞，达到“1 +1 >2”的效果，票交所和经侦局各类数据优势互补实现对非法中介的精准定位。

这是首次利用票据市场全量精准数据展开的生态研判，充分发挥了票交所的数据信息中心优势；首次通过数据模型甄别非法票据中介并测算了票据市场中介规模。这也是票交所与政府执法部门共同合作的一次成功的信息产品输出案例。

第四章　票据市场风险管理

在市场经济条件下，风险是客观存在的，防风险是金融市场永恒的主题，票据市场也是如此。随着内外部环境的变化，票据市场风险在不同的阶段呈现不同的变化和特点，风险防控机制也需要随之更新。以往在传统票据市场中，票据的载体以纸票为主，纸票固有缺陷导致票据市场操作风险尤为突出。2016 年前后，票据市场风险案件不断爆发，严重阻碍了票据市场功能的发挥。票交所成立以来，采取了一系列机制创新重塑票据市场规则，全面提升票据市场规范化、市场化、专业化水平，纸票时代的风险得到有效防控。当前，随着票据市场制度建设和系统建设的不断完善，票据市场的生态环境呈现积极变化。然而，伴随着票据市场内外部环境的改变，票据市场的风险呈现出新变化和新特点。国务院总理李克强在 2021 年政府工作报告中强调，要坚决守住不发生系统性风险的底线。面对新的市场风险环境，防风险仍是票据市场的重要任务。

第一节　金融市场风险论述

一、金融市场风险的特点

日常生活中，风险无处不在。金融风险是一种特殊风险，是指金融市场的参与者在金融活动中对未来结果不确定性的暴露，即经济主体在金融活动中事件结果的不确定性。导致金融风险的原因可能是金融变量的变动所引起的资产组合未来收益的不确定或者变化；又或者是金融变量的变动所引起的资产组合未来收益偏离期望值的可能性和幅度，可用收益率的方差或标准差来测度。具体而言，金融市场的风险具有如下特征：

1. 金融风险是资金借贷和资金经营的风险。金融风险产生于金融活动，是投资者借贷资金经营资产时，由金融变量的变动引起的资产组合未来收益的不确定性。

2. 金融风险具有收益与损失双重性。一般来说，我们更关注金融风险损失，但是相对于其他风险来说，金融风险还存在风险收益的概念。也就是说，金融活动中事件结果有可能会带来一定的收益。事件结果的不确定性越大，带来的收益可能也越大，即"高风险，高收益"。

3. 金融风险有可计量和不可计量之分。多数金融风险可通过方差、VaR 等方法进行测度，以便进行风险管理。

4. 金融风险是从金融活动中产生的，与金融活动相伴而生。金融是现代经济的核心，随着经济运行的日益货币化、信用化和信息化，金融活动已渗透到现代经济生活的各个领域，而金融风险也成为更加常见、更加普遍的一种风险，对人们的生活产生着重大影响。

因此，金融市场风险具有客观性、普遍性、偶然性、可变性，同时也具有隐蔽性、扩散性和突发性等特征。

二、金融市场风险分类

按风险所涉及的范围，金融风险可分为微观金融风险和宏观金融风险。微观金融风险是指金融市场的参与者在金融市场进行金融活动时产生损失的可能性，如投资者在投资过程中产生收益损失的可能性，金融机构在进行经营活动时产生资产或收益损失的可能性。当这种风险变成现实后，金融市场参与者将遭受损失，从而出现负债或倒闭等结果。宏观金融风险是由微观金融风险转化而来的，是整个金融体系所面临的风险，属于公共风险。当这种风险变成现实后，金融危机将会出现，危及一国甚至全球金融市场的稳定。

按风险的来源分类，金融风险主要包括信用风险、市场风险、操作风险、流动性风险、政策风险、声誉风险等。信用风险是指债务人或交易对手未能履行合同所规定的义务或信用质量发生变化，影响金融产品价值，从而给债权人或金融产品持有人造成经济损失的风险。市场风险是指金融资产价格和商品价格的波动给商业银行表内头寸、表外头寸造成损失的风险，包括利率风险、汇率风险、股票风险和商品风险等，其中利率风险尤为重要。操作风险是指由不完善或有问题的内部程序、员工、信息科技系统以及外部事件造成损失的风险。流动性风险是指金融机构无法及时获得或者无法以合理成本获得充足资金，以偿付到期债务或其他支付义务、满足资产增长或其他业务发展需要的风险。政策风险是指政策发生重大变化或者有重要的举措、法规出台，引起金融市场的波动，从而给投资者带来的风险。声誉风险是指金融机构日常经营、管理及其他行为或外部事件导致利益相关方对其负面评价的风险。

三、票据市场风险的特殊性

票据市场作为金融市场的重要组成部分，风险也是客观存在的。同时，无论从风险特点还是风险分类上看，票据市场的风险都具有金融市场风险的基本特征。比如，票据市场有整体的系统性风险，也有微观个体的内部风险；再比如，从风险来源看，票据市场风险包括信用风险、市场风险、操作风险、流动性风险、政策风险、声誉风险等。

但同时，中国的票据市场与其他金融市场的发展路径有所不同，这使得票据市场风险具有其特殊性。我国票据市场一直以来呈自然发展状态，而其他市场建立之初就带有顶层设计的特点，比如股票市场、债券市场、衍生品市场等，都是在政府主导下建立的，自诞生之日起就有严格的准入、发行、交易、托管、结算等规则，同时具有相应的机构提供服务，采取无纸化、电子化的业务模式。但是票据市场长期以来处于自然发展状态，传统票据业务电子化水平较低，以纸质票据为主，大量交易是线下开展，也没有集中统一的业务规则。直到票交所成立以后，票据的电子化水平才不断提升，改变了以往线下为主的业务模式。正因为如此，我国票据市场风险在票交所成立前后呈现出截然不同的特征，这也对票据市场风险防控机制建设提出了不同的要求。

第二节　传统票据市场风险防控

我国票据市场自 20 世纪 80 年代初创建以来，随着经济金融市场化改革的深入推进，票据的功能从最初的支付、结算向融资、交易、投资拓展。21 世纪以来，票据市场发展迅速，规模扩大，参与者增多，创新活跃，成为我国金融市场体系的重要组成部分，在服务实体经济、传导货币政策方面发挥着重要作用。随着市场发展阶段的变化，票据市场规模不断扩容，参与者数量不断增加，可交易产品和工具日益丰富，但由于缺乏统一的顶层设计，传统票据市场在自然发展的状态下积聚了一些风险，严重阻碍了票据市场功能的发挥。

一、传统票据市场风险特点

（一）纸质票据存在固有缺陷，导致票据市场操作风险突出

纸票传递存在较大风险，成为传统票据市场的主要风险。传统上，票据采用纸质载体形式，《票据法》有关条款也主要针对纸票。电子商业汇票系统自 2009 年运行以来，业务发展较慢，根据中国人民银行公布的数据，2015 年电票签发金额约占整体票据签发量的 25%，且纸票电子化业务开展滞后，整体可供电子化交易的票据占比仍较低。

（二）票据市场基础设施建设相对滞后

传统市场缺乏统一的组织管理和顶层设计，这在一定程度上造成票据市场在不同地区和不同机构间割裂、透明度低，市场参与者无法充分对接需求，交易成本高，信息严重不对称等问题。

（三）相关制度建设落后于票据市场发展

法规制度关注票据的支付结算功能，票据投融资业务缺乏足够的法律依据，且在票交所成立前，票据交易缺乏统一的规范性文件。票据转贴现业务风险资产重复计量，按照《商业银行资本管理办法》，因持票人享有对前手的追索权，在票据兑付前转贴现业务的背书方都需要占用风险资产，重复占用风险资本提高了票据交易的成本，严重阻碍了票据流通。

（四）部分市场参与者内控机制不健全

部分市场参与者在经营管理上存在“三重三轻”问题，即“重票据业务拓展、轻业务合规管理，重事后风险处置、轻事前风险防范，重基层人员管理、轻高层人员约束”，片面认为票据业务是低风险业务，对票据业务风险防范力度不足。同时，各项内部制度与规范管理要求相去甚远，机构部分工作人员培训不足，操作风险、道德风险存在较大隐患。

二、传统票据市场风险得到有效防控

2016 年，针对当时票据市场集中暴露的一系列风险案件，中国人民银行根据国务院部署，以问题为导向加强对票据市场顶层设计，成立票交所，颁布《票据交易管理办法》，重塑票据市场秩序，推动票据市场从区域分割、信息不透明、以纸质票据和线下操作为主的传统市场向全国统一、安全高效、电子化的现代市场转型。2016 年 12 月 8 日，票交所正式运营。自成立以来，票交所采取了一系列创新举措，以系统建设和制度建设为依托，搭建平台、制定规则、严格准入、统一标准、创新机制、提高效率，全面提升票据市场规范化、市场化、专业化水平，解决了传统票据市场以纸票为主、线下交易、分散割裂、信息不透明等问题，有效遏制了传统市场风险的主要矛盾，推动票据市场风险防控取得显著成效。

（一）推动票据市场电子化改造，降低纸票线下流转风险

传统票据市场中，纸质票据存在的伪造变造风险、交易过程繁杂、交易链条不透明等问题，导致市场风险积聚。票交所自成立以来，从纸票电子化入手，实现票据交易、结算、到期托收均以电子信息形式处理，有效克服纸票的自身缺陷，防范风险。此外，票交所推动电子票据的使用，目前电票占比已经超过99%，实现了票据的电子化改造，有效防范了票据线下流转的风险。

（二）完善票据市场业务规则，规范票据市场行为

在《票据交易管理办法》和《票据交易主协议》的基础上，票交所通过对票据业务链条的全面系统梳理，发布了《票据交易规则》《纸质商业汇票业务操作规程》《票据登记托管清算结算业务规则》等十余项业务规则，从交易、登记托管、清算结算、账户管理等方面对票交所系统上进行的票据业务进行了全面规范。这些业务规则与《票据交易管理办法》《票据交易主协议》共同构成了票交所成立后金融机构开展票据业务的规范体系，实现了业务规则的统一，有效弥补了票据投融资业务规则的缺失，为票据业务的规范发展扫清了障碍。

（三）大力推进纸电票据融合工作，推动形成规则统一的票据市场

传统票据市场中，纸票和电票交易完全割裂，业务规则和业务模式不统一，存在严重的信息不对称，不利于市场价格发现，对票据市场风险防控机制建设也极为不利。2018 年 10 月，在市场参与者的大力配合下，票

交所完成纸电票据交易融合项目投产上线，将符合迁移标准的存量电子票据一次性从 ECDS 迁移至中国票据交易系统，纸票和电票采用相同的业务规则和交易平台，推动形成全国集中统一的票据市场。纸电票据的同场交易有利于提升票据业务的规范性，有效提升市场信息的透明度。

（四）严格规范市场准入机制，培育合格市场参与主体

从以往的风险案例来看，票据市场的风险很大程度上来自市场机构内控缺陷，如随意降低风控门槛、员工对外勾结引发道德风险等问题给市场参与者带来了严重损失。与此同时，部分不规范的中介机构深度参与了票据交易，扰乱了市场秩序。为严肃市场纪律，抑制票据市场违规行为，根据《票据交易管理办法》对交易主体的相关要求，票交所通过建立会员单位准入机制，加强对市场主体的准入管理，要求申请机构具有健全的公司治理结构和完善的内部控制，制定好票据业务内部管理制度和操作规程，配备熟悉票据市场和票据业务的专业人员，严格市场准入，构筑了第一道风险防线。此外，票交所以金融机构加入票交所系统为契机，通过业务宣讲、交易员沙龙和专业化培训工作，促进市场参与者完善内部控制，加强风险管理，规范开展票据业务。

（五）建立统一的数据信息管理系统，提升市场信息透明度

针对此前票据信息不透明、数据不集中、全市场监测困难等问题，票交所的业务规则要求纸质票据自贴现始都必须在票交所进行登记，电子票据所有业务轨迹都在票交所系统留存，从而实现了票据的全生命周期管理，有效地实现了票据市场信息全集中。信息的统一化管理为市场监测和监管提供了重要的基础，并实现多项风险防控目标：一是商业银行可以通过票交所的系统查询，帮助辨别票据的真伪，目前已经有商业银行借助票交所系统识别风险的案例。二是有助于规范市场主体的行为，避免票据人员违规利用信息漏洞进行一票多用、票据背飞等风险。三是票交所利用数

据资源，根据投资者的需求，推出了以国有银行和股份制银行为信用主体的银行承兑汇票转贴现收益率曲线、“城商承兑、国股贴现”的城商银票转贴现收益率曲线，为市场参与者提供估值参考，降低市场机构利率风险隐患。

（六）构建直通式业务处理模式，切实防范票据业务操作风险

针对此前个别市场机构内控薄弱等问题，票交所积极推进直连接口项目建设，切实防范操作风险。票交所于2017年1月启动直连接口项目，先后发布了多个版本的直连接口规范，基本覆盖了当前票交所各个子系统主要的对外服务功能和票据流转全生命周期。2018年1月29日，票据交易系统直连接口项目正式上线投产。目前，主要金融机构都以直连方式接入票据交易系统，超过90%的交易业务通过直连接口办理。同时，为了杜绝过去票据市场交易的票款不同步、被不法分子钻空子挪用等问题，票交所系统建立了统一的电子平台实现直通式处理和票款对付结算，除了可以确保清算成功外，消除了时间和空间的不对称性，杜绝了票款打飞的现象，提高了结算效率和安全性。

（七）完善市场风险监测体系，推动市场化风控机制建设

借鉴债券市场风险防控的相关经验，票交所通过创新风控机制建设，提升票据市场交易安全性、信息透明度。一是结合票据市场特点，组织探索建立涵盖票据业务异常行为和票据市场风险两大监测板块，包括金融机构间票据行为、银企间票据行为、企业间票据行为、信用风险、流动性风险和市场结构六个监测维度的41项监测指标体系；持续优化监测系统，不断提升票据市场风险的智能化监测水平。二是推动市场化风险防控机制，在中国人民银行的指导下，建立了商业承兑汇票信息披露机制，有助于推动票据市场信用体系建设，提升票据市场透明度，加强票据市场风险防范，优化票据信用环境。

（八）完善操作风险应对与处置机制，提升市场风险管理水平

针对个别企业冒名开立虚假账户并通过虚假账户办理电票承兑业务等情况，票交所多次向全市场进行风险提示，并发布处置伪假票据操作规程，规范伪假票据处置的各方责任、处置原则和操作程序，第一时间锁定风险票据、控制相关损失。2020 年 10 月，票交所推出票据账户主动管理服务功能，赋能企业进一步提升防范伪假票据风险的能力。

三、票据市场生态发生了积极变化

随着票据市场制度建设和系统建设的不断完善，票据业务电子化水平显著提升，统一的票据市场正式形成，市场风险得到有效防控，市场参与者范围不断扩大，票据服务实体经济发展成效显著，票据市场总体发展呈现积极变化。

（一）票据业务电子化水平显著提升

票交所从贴现后票据交易的全流程电子化入手，将载体、格式不统一的纸质票据转化为系统中标准化的电子化记账票据，推进电子票据集中管理和交易融合，促进电子票据签发量不断攀升。目前，电票占比从 2016 年前的 25% 提升至 99% 。全流程电子化全面提升了票据市场的安全性和透明度，为市场的规范发展奠定了基础。

（二）集中统一的票据市场正式形成

过去票据市场没有统一的交易、登记、托管平台，造成实质上的市场分割，不利于资源配置和价格发现。票交所通过建设全国统一的票据交易平台，建立统一的交易、托管、清算、结算规则，贴现后票据全部通过票交所电子簿记系统集中登记，并根据银行间市场大宗交易的特点进行票据打包交易，实现纸质票据和电子票据的同场交易，推动形成了全国统一的

票据电子化集中交易市场。

（三）票据市场风险得到有效防控

票据市场全新的电子化业务处理模式消除了信息不对称和地域限制，票据直通式处理、票款对付结算、直连接口建设等机制创新有效提高了市场透明度。票据市场数据信息在票交所集中，加强对全市场数据的监测，可以有效抑制票据业务中的不规范行为。票据市场的整体环境得到了有效改善，风险案件呈现大幅下降的趋势。

（四）票据市场参与者范围不断扩大

随着票据市场业务机制的不断完善，票据市场参与者数量和种类不断扩大。截至2020年末，中国票据交易系统共接入会员3022家，系统参与者104126家。票据市场参与者既有银行类机构，也有证券公司、基金公司等非银类金融机构，还有各类非法人投资产品。此外，公募基金对投资贴现后票据资产产生浓厚兴趣，并积极开发票据ETF产品。交易主体扩容为票据市场深度的拓展和流动性的提升奠定了基础。

（五）票据的货币市场工具功能得到强化

随着票据交易的便捷性明显提高，票据从过去主要用于银行之间信贷规模调剂转变为各类货币市场参与者进行流动性调节和投资交易的工具，票据市场在服务市场参与者流动性调节、短期投融资等需求上发挥了更加重要的作用。票交所成立以来，票据转贴现利率与Shibor、同业存单发行利率保持同步，票据质押式回购利率与银行间质押式回购利率、同业拆借利率的相关系数均超过0.85。票据的货币市场工具功能得到强化，更好地服务宏观调控和货币政策，维护金融稳定和安全。

（六）票据市场服务实体经济能力加强

电子化交易平台缩减了票据交易中间环节，大大提升了市场透明度，促进了交易效率的提升。同时，市场参与者结合新的制度规则和市场变化趋势，加大改革创新力度，挖掘票据服务民营中小微企业融资功能的优势，持续提升票据服务实体经济的效率和水平。票据市场服务实体经济尤其是服务民营中小微企业的作用得到强化，并在服务“一带一路”建设、长三角一体化发展战略等方面发挥更重要的作用。

第三节　票据市场风险新变化及风控机制建设

票交所成立以来，票据市场环境得以净化，过去长期困扰票据市场的纸票风险等得到了有效防控。然而，在市场经济条件下，风险是客观存在的，票据市场作为金融市场的重要组成部分，金融市场固有的风险永远不会消亡。伴随着票据市场生态环境的改变，市场风险呈现出新形态、新特点。

一、当前票据市场风险新特点和新变化

（一）电子化时代操作风险依然存在，对系统建设提出更高要求

票交所成立后，伴随票据电子化水平的不断提升，票据业务各个环节通过系统实现，但一旦系统存在缺陷或系统之间衔接出现问题，或者相关人员对电子化操作不熟悉，仍会导致操作风险。

一是伪假电票风险。一种情况是电子商业汇票出票人、承兑人、背书人、保证人等票据行为人记载为“××银行”而实际为企业。发生此类风险事件的原因在于部分金融机构在办理业务时，未对出票人、承兑人、收款人、被背书人和保证人的账号户名一致性进行有效校验和控制。另一种

情况是不法分子冒用其他企业身份开户并办理票据业务，市场出现的一些疑似央企背景项目公司签发电子商业承兑汇票风险案件即属于此类情况。这类事件与系统本身功能无关，主要原因在于不法分子盗用其他企业开户资料办理开户，银行在办理企业开户时对客户信息审核不严。

二是部分系统功能或制度被恶意利用引发风险。例如，ECDS 原有的设计允许通过线下方式清算，但有的承兑人在线上签收票据后，线下不及时付款，导致持票人未能及时收到款项；又如，ECDS 有关规则要求承兑人主动应答后方可进行资金清算或票据状态变更，但有的承兑人恶意不应答，导致持票人无法发起追索；再如，采用代理方式接入 ECDS 时，代理方对接入方身份审核不严，导致不法分子冒用金融机构名义接入系统后实施票据诈骗。

（二）受内外部风险因素影响，信用风险呈高发态势

首先，部分财务公司和中小银行内控不足，过量承兑引发信用风险。票交所模式下，《票据交易管理办法》和《票据交易主协议》明确了持票人放弃对前手转贴现背书人行使追索的权利，仅保留对票据出票人、承兑人、贴现人、相关保证人及贴现人前手背书人的追索权。这一票据追偿机制有利于防控票据市场承兑端和贴现端企业信用风险向贴现后银行间市场传染。不过，票据追偿机制创新使得信用风险主要集中在承兑人、贴现行及增信行，作为票据生态链起源端的承兑人信用风险对票据到期兑付至关重要。近年来，财务公司承兑票据发生多起到期未兑付事件。如宝塔石化财务公司大量开展票据承兑业务，数量远超其兑付能力。此外，部分金融机构票据承兑余额占总资产的比例偏高的现象也值得引起关注。

其次，宏观经济下行导致票据市场信用风险高企。受国内外经济增长持续放缓等影响，经济下行的压力和风险已经逐步波及金融领域。从信贷市场看，我国商业银行不良率自 2018 年下半年开始一直维持在 1.8% 以上的较高水平，2020 年前三季度不良率高于 1.9%，2020 年第四季度末不良

率为 1.84%，几乎处于 2009 年以来的高峰值[①]。从债券市场看，2020 年，有 220 只债券违约，其中 48 只私募债，45 只一般公司债，110 只发行人是民营企业。[②] 在整体宏观环境尚未明显改善的情况下，票据市场信用风险有所上升，部分企业由于经营不佳，票据兑付存在不确定性。尤其是一些地产行业企业，受资金紧张等影响，承兑的商票规模庞大，在民间中介市场中的交易利率超过 20%，甚至达到 30%。利率高企体现了市场参与人对票据信用风险的担忧。

最后，疫情对实体经济的影响可能导致票据信用风险加大。受新冠肺炎疫情影响，部分企业在 2020 年春节后生产处于停滞状态，当年经营效益受到较大影响。此外，受国外疫情影响，一些贸易企业对外贸易往来有所停滞，如果企业款项回收不及时，很可能到期无法支付票款，这将导致票据信用风险上升。与此同时，信用风险恶化将会影响承兑银行的流动性，特别是部分过度依赖承兑保证金的中小银行流动性尤其值得关注。

（三）票据市场价格波动更趋常态化，考验市场主体的风险管理能力

票交所的成立实现了票据市场的信息透明化和交易集中化，提升了市场参与者的活跃度，而活跃度的提升使得市场价格更加敏感，会增加利率风险管理的难度。首先，票据作为货币市场的工具之一，价格受到资金面影响。在新的交易机制下，票据价格波动更加随行就市，与其他货币市场工具的关联性更强。如 2018 年第二季度以来，受市场资金面影响，票据市场利率单边下行，足年国股银票转贴现交易利率从 5% 以上下降至 2% 的水平。其次，票据兼具资金和信贷属性，信贷规模松紧也会影响票据价格。2019 年 7 月末、11 月末，票据利率跌破 1%，与银行的资金成本出现倒挂，恐与信贷规模密切相关。最后，票据市场参与者的结构变化恐影响交

① 数据来源：中国银保监会网站。

② 数据来源：Wind。

易价格。一方面，目前市场参与者仍以银行为主，风险偏好和风险研判趋同，一些关键时点或重大事件出现时容易形成同质化交易的趋势，“羊群效应”导致票据市场的价格极端变化。另一方面，一些非银机构逐步参与票据交易，但部分新型参与者对票据业务的规则缺乏深入研究和实践，恐加剧价格波动。此外，银行间市场信用分层导致票据价格出现结构性变化。包商银行被接管后，银行间市场同业信用出现了明显的结构分化和信用分层，国股承兑的票据收益率明显下行，而城商行、农商行等承兑的票据利率出现明显上浮。

（四）监管力度加大导致合规风险突出，管理政策的统筹协调更显重要

从银保监部门披露的行政处罚情况看，票据业务依然是监管处罚的重点领域，反映出当前票据市场合规风险仍较为突出。同时，管理部门对于票据业务整体监管的力度不断加大，围绕打击票据空转套利、承兑信用风险、承兑保证金等方面出台了多项监管制度。如银保监会 2019 年 5 月印发《关于开展“巩固治乱象成果　促进合规建设”工作的通知》（银保监发〔2019〕23 号），严查贸易背景尽职调查不到位、以利率倒挂等形式办理贴现等问题；7 月印发《关于进一步加强企业集团财务公司票据业务监管的通知》（银保监发〔2019〕133 号），要求财务公司严格审查票据贸易背景，合理确定承兑业务规模，加强承兑保证金管理；10 月印发《关于进一步规范商业银行结构性存款业务的通知》（银保监办发〔2019〕204 号），进一步遏制结构性存款与票据的空转套利，引导资金流向实体经济。2020 年 6 月，银保监会印发《关于开展银行业保险业市场乱象整治“回头看”工作的通知》（银保监发〔2020〕27 号），对票据业务存在的资金空转和违规套利行为、票据业务贸易背景尽职调查不到位、保证金来源不符合要求以及财务公司开展票据业务不合规等问题开展重点检查。上述文件对于净化票据市场环境有一定的促进作用，但相关管理政策的割裂和失调带来的合规风险已成为票交所时代困扰市场参与主体的重要因素。

（五）部分负面事件导致的声誉风险，影响了票据市场发展创新

近年来，一些片面甚至错误理解票据功能的观点引起了社会的广泛关注，给票据市场发展造成了诸多负面影响。如两会期间都有人大代表提出建议取消承兑汇票，理由是部分大型企业存在使用票据占压中小企业货款进行牟利的情况。事实上，选择何种结算方式是市场选择的结果，大企业使用票据侵占中小企业利益是由大企业在供应链中的强势地位决定的，而票据到期付款的机制是有利于保护中小企业按期收回货款权利的。因此，企业间利益侵占与票据本身的功能作用没有关系，错误理解票据功能的观点不利于市场的长远发展。此外，一些外部观点抓住票据市场个别违规现象对票据的作用进行抨击，比如2019年初，票据贴现利率与结构性存款利率出现了短暂倒挂的现象，个别企业通过票据贴现进行套利，这并非普遍现象，且与利率市场化进程等诸多因素有关。对此，不少观点过度夸大票据套利功能，否定了票据市场服务实体经济的作用。声誉风险发生的一部分原因是部分参与者违规操作，但一些过度或夸大事实的负面评价，给市场创新带来不利影响。

（六）背书流转存在管理真空，贴现前市场潜藏风险隐患

票交所成立前，伴随着票据市场的发展，票据中介不断成长，出现了越来越多专业化、公司化经营的机构，业务量迅速增长，经营链条也越发复杂。但票据中介直到现在仍未被纳入金融监管，票据中介的高参与度和监管空白形成鲜明对比，由票据中介引起的违法违规行为屡屡发生。票交所将贴现后票据改造为标准化的货币市场工具后，贴现后票据市场更加公开透明，而贴现前票据主要在企业间流转，部分民间中介仍参与其中。但由于缺乏行业监管，多数票据中介内控防控意识较弱，如果相关人员违规占用票据资金进行高风险投资，到期无法履行兑付责任，恐会引起市场风险。此外，2019年11月最高人民法院发布《关于印发〈全国法院民商事

审判工作会议纪要〉的通知》（法〔2019〕254 号，以下简称《九民纪要》），认定民间贴现行为无效，不具有法定资质的当事人以“贴现”为业的行为涉嫌犯罪。根据上述规定，民间中介作为背书人深度参与企业间背书转让，还将面临严重的法律风险。

二、引发当前票据市场风险的问题

引发传统票据市场风险的主要矛盾经过一系列创新机制改造，已经得到改善。但金融基础设施不是万能的，传统市场已有的市场参与者内控管理不足、制度建设落后于市场发展等一些深层次的问题无法通过基础设施得以解决。在国内经济增速放缓、国际形势日趋复杂的环境下，一些因体制机制缺陷导致的风险问题正在逐步暴露，很可能成为影响整个票据市场生态平衡的主要风险因素，尤其需要引起关注。

（一）市场参与者内控没有实质性改善，易引发经营风险

微观主体依法合规参与业务是风险防控的第一道防线，否则再多的外部约束也会形同虚设。票交所成立以来，票据市场生态环境发生深刻变化，但仍有部分市场参与者的内控管理没有明显改善，还有部分市场参与者在从传统模式向电子化模式转型过程中，对新的业务模式未做好充分准备，对新的市场环境缺乏应对预案，相关问题已经有所暴露，极易引发经营风险。主要体现在：一是风险管控不到位。部分市场机构的授信管理等内部制度存在明显缺陷，未严格落实授信管理、尽职调查等要求，授信准入流于形式，事前、事中、事后的风险控制机制落实不到位，且会计记账、监管指标核算存在严重失真等问题，导致风险在金融机构内部集聚。二是系统建设不到位。票交所成立后，系统陆续上线和不断完善，金融机构面临系统升迁、升级、改造等系统建设压力，但一些金融机构在从线下交易走向线上交易的过程中，开发系统投入资源不足，导致系统建设滞后或不到位，并影响到业务的顺利开展。三是人员配备不到位。在市场业务

机制发生较大变化的背景下，部分市场机构人员更新配备存在严重不足，相关人员对票交所时代新的业务模式不熟悉，对系统操作规程不了解，导致在业务开展过程中误操作。如有金融机构操作人员未按票交所规则要求及时登记再贴现票据信息，延误业务办理等。四是部分参与者对票据市场价格缺乏预判能力。票据价格的形成机制较为复杂，需要有较强的预判和应对能力，但部分市场机构对新模式下市场风险的新变化仍然缺乏深入研究，应对更加复杂情形下的信用风险、利率风险、流动性风险的经验不足。

（二）票据市场制度建设缺乏统筹，制约市场健康发展

《票据交易管理办法》对票据转贴现市场进行了改革和规范，然而转贴现前的签发、承兑、企业间背书、贴现等多个环节仍按 20 世纪 90 年代发布的制度执行，这导致票据全生命周期的相关制度缺乏系统性和整体性安排。在实践中，票据业务仍然存在管理政策不一致等问题。如发布于 20 世纪 90 年代的票据基本制度强调票据在签发、取得和转让的各个环节均需审查真实贸易背景，票交所成立后，相关政策简化了对贴现环节的贸易背景审查的要求，但市场尚未形成一致意见。又如，对于票据承兑授信和保证金的管理政策缺乏统筹考虑，部分金融机构通过大量表外承兑吸收保证金增加存款，流动性风险堪忧。再如，存在票据转贴现业务风险资产重复计量问题，《商业银行资本管理办法》要求票据兑付前转贴现业务的背书方都需要占用风险资产，而票交所规则因持票人放弃对贴现后背书人的追索权，可不再重复计提资本。风险资本计量方式在不同的地区和机构存在差异，导致不公平竞争。

三、票据市场应构建风险防控网络

面对新的市场风险环境，防风险仍是票据市场的重要任务。李克强总

理在2021年政府工作报告中强调，要完善金融风险处置工作机制，压实各方责任，坚决守住不发生系统性风险的底线。健全的票据市场风险防范机制需要协同发挥各方合力，构筑立体风险防控网络，各司其职做好风险管控。

（一）市场参与者要加强内控，筑牢风险防控第一道防线

从风险分类角度看，市场机构应当围绕各类风险的特点，构建完善的票据市场风险防控网络。在信用风险方面，市场参与者要综合运用准入、授信、限额、监测、提示等手段，强化信用风险管控。在操作风险方面，要加强内控管理，强化企业账户开户审核，借助多种途径明确法定代表人身份；在对企业相关情况进行实地调查的基础上，审慎开通电子商票承兑等业务权限；夯实系统建设，针对票据业务的新模式加强系统开发和运营能力；强化电票业务存续期管理，做好业务审核、信息核对、风险监测等后续管理工作。在市场风险方面，要积极提升市场风险研判能力，提高精细化管理的要求。在合规风险方面，要加强内部管理，提升票据业务的合规性和合法性。在声誉风险方面，应积极加强对票据市场的正面宣传，营造票据市场积极向上的市场氛围。

从内部治理机制看，市场机构应当构建完善的风险防控体制机制。一是持续加强内控体系建设。转变风险管理理念，重新制定风控管理办法，不断完善票据业务风控体系。明确涉及的岗位和相应的职责，覆盖票据业务开展中各个操作环节、流程、步骤等。二是完善提升科技系统功能。通过改造升级系统建设，实现票据交易全流程电子化，增加系统自动校验控制功能以实现刚性管控。通过引入外部数据、模型，在业内率先搭建知识图谱平台，实时动态更新，对票据业务客户准入、贷后管理、预警信号管理等进行监控。三是优化票据业务管理流程。重构新的业务流程，减少不必要的环节和节点，大幅降低操作风险，节约交易时间和人力成本，实现了交易系统平台化、业务流程智能化。四是提高票据经营管理能力。深化

内部条线管理，实现对票据业务的集中化管理，提升票据业务流程的标准化水平。

（二）票交所要发挥好票据市场“风险防控中心”的功能作用

票交所是我国票据市场的基础设施，是票据市场的重要枢纽，在票据市场风险防控工作中可以发挥积极作用。

一是研究建立票据市场监测体系，探索发挥“人防＋技防”合力防控市场风险。传统票据市场的风险监测因缺乏微观数据而几乎处于空白状态，不可能及时对全市场票据风险进行监测，票交所的成立彻底改变了市场监测的基础问题，使风险监测成为可能。票交所通过研究制订事前、事中、事后各个环节的监测策略方案，建立专门的监测队伍，创新探索建立由市场成员组成的兼职风险监测专员制度等一系列措施构建“人防”壁垒，同时依托开发并不断完善基于票交所系统中全量数据建立的票据市场监测系统，综合运用大数据分析、票据异常行为监测模型等技术手段，实现对票据市场全生命周期的系统监测预警，逐步形成系统“技防”壁垒。票交所通过发挥票据市场风险防范新时代的“人防＋技防”合力，有效防控市场风险。

二是建设票据市场数据仓库系统，提高风险监测的效率。票据市场数据仓库系统提供了针对票据市场交易成员的多方位的承兑、贴现和交易信息，通过对市场成员相关数据的统计分析和关联分析，为市场监管层提供了有效的监管手段，促进了监管效率的提高，有利于及时发现各类风险，维护票据市场的稳定，实现经济效益和社会效益的最大化。

三是有序开展有风险防控底线的创新，增强为实体经济服务的能力。票据业务创新应立足于服务实体经济这一本源，着力解决小微和民营企业融资难、融资贵问题，坚决杜绝各种形式的“伪创新”。票交所以创新促发展，以创新促服务，有序拓展票据市场的内涵和外延，促进供给侧结构性改革。同时，创新过程将注重产品设计方案的完善，在产品结构设计、制度规则制定、合同文本起草等各个环节，票交所提前做好风险防范底线把控和法律风险评估工作。

（三）票据市场管理部门加强顶层设计，完善票据市场治理体系

当前，票据市场制度体系建设仍滞后于票据市场的快速发展，制约了票据市场功能作用的充分发挥，需要结合全国统一的票据市场建设，加强顶层设计，梳理调整市场现行制度。一是进一步明确票据市场发展定位，弥补制度缺陷，充分发挥票据的支付、融资、投资、交易等多种作用。二是强化对票据业务的管理，梳理并明确票据全生命周期的业务流程规则，尤其在业务准入、承兑限额、账户管理、会计处理等方面进行规范完善。三是推动票据市场监管协调，促成统一共识，共同防范票据市场风险，为票据市场长期持续发展创造条件。四是修订完善《票据法》等相关法律法规，推动制度建设适应当前票据市场进入电子化、商业信用逐步发展的时代背景。

四、发挥大数据分析在票据市场风险防控中的作用

随着云计算技术的日益成熟与广泛应用，海量数据存储和处理的技术难题可以得到有效解决，大数据技术也能应用于票据市场的风险防控场景中，而票交所宝贵的数据信息资源，也为大数据在风控方面的应用提供了新思路和可行性。

（一）大数据分析技术的应用意义

在大数据分析迅速影响金融市场的环境下，要想规范票据业务，防范票据风险，保障票据市场的平稳快速健康发展，必须充分利用平台资源，根据历年票据大案发生特点，结合平台数据信息优势，合理设计大数据分析模型，为防止票据风险的发生提供可行的分析思路。

在我国，传统的风险预警局限于商业银行内部，商业银行对票据业务

风险管理的研究工作从未停止，风险管理的理论一直在不断完善与实践。越来越多的专家学者以及银行从业人员主动研究探索票据风险的防范与管理，这足以说明票据业务的风险防范得到了重视。此前的研究大多着重于银行操作风险的防范以及内部控制体系的建立，而如今随着互联网的飞速发展、大数据系统的稳定使用和银行作为新型服务机构的成功转型，以前的会计风险管理方法已经不再完全适用于现在的市场发展。

作为重要的金融基础设施，票交所应充分利用好自身的优势，为票据风险预警的实现提供新思路、新举措。如可以通过深入研究票据业务案件的特点，分析目前票据业务的办理流程，找出风险管理存在的问题，对问题产生的原因进行详细的分析，提出解决办法。

（二）大数据分析技术的应用思路

随着票据市场的发展，票据交易正逐渐实现无纸化、电子化，尤其是随着电子票据的广泛推广和使用，票据市场交易明细与计算机数据开始深度关联。票据由传统的纸质形式转化为电子文本协议，交易行为也由纸质的印鉴转化为文本标注类电子印鉴，而票据的托管保存也由纸质打包封存转为数据格式的保密储存。所以未来的票据市场与数据息息相关，相关的大数据技术将发挥强大的技术优势，为票据市场的平稳发展提供有力支持。

一是电票的图像和文本智能识别功能。随着票据市场的发展，海量的电票储存在查询或兑付时需要快速地检索读取以确认相关信息，所以需要大数据技术提供快速检索、数据管理的解决方案。

二是票据市场价格分析和报价工具。随着电票的普及，价格的传导效率更高，价格波动的特征更明显，不管是场内报价系统的开发还是场外报价工具的升级，都需要不断研发、升级系统，以保障价格（数据）的准确性和连贯性。在形成交易数据沉淀后，从多维度分析票据市场价格和方向时，大数据技术能够发挥强大的威力，尤其是对票据市场贴现利率指数期货等创新产品的支持。

三是助力交易和监管的效率，在交易流程中，确认环节的效率和速度需通过构建高可用、高效率的联机交易系统来支持。在监管过程中，大数据的可视化分析能够及时从事前预判、事中分析、事后处理的不同维度减少票据风险事件的发生概率，同时将数据报送给央行，为政策调控提供准确的数据参考支持。

票交所基于平台优势构建大数据分析平台，将会对防范票据风险、构建票据交易生态结构产生重要意义。在这个拥有海量数据的票据交易市场中，大数据技术的应用必将发挥出巨大的价值。

（三）大数据分析技术的实施思路

票据业务办理时需严格按照规定，进行信贷审查、票据审查，确保交易内容、增值税发票所记载内容的一致性，从而达到降低风险的目的，但仍存在道德风险和操作风险。大数据分析可通过同步电子商业汇票系统中的交易数据，并根据校验规则与已存档的风险票据进行自动匹配，对票据金额应小于或等于合同金额和发票合计金额的业务数据进行监测，自动判断票据的签发日期或背书转让日期、贴现日期与合同签订日期及发票开票日期之间存在的逻辑合理性。同时，大数据分析系统联机政府税务部门的官方网站对发票的真实性进行查验，智能化地对票据的真实性、有效性、合法性进行扫描判断，从而有效降低票据风险事件发生的概率。

目前，票据中介市场依旧存在诸多风险点。比如还有部分不法中介通过借壳小型银行控制大量异地同业账户，以转贴现方式套取银行资金，从事配资、炒股等风险较大的投机活动。大数据分析平台可以将市面上存在的违规、风险业务场景进行抽象，录入大数据分析平台，在此基础上不断学习、推演；同时接收监管人员输入的监管指令，转换为可执行的程序代码。机器学习加上人工自然语言的校正，形成更准确、更可靠的风险模型，通过反复校正、检验，最终形成一套可编程、可进化、模型不断演进的数据挖掘系统。

（四）大数据分析技术在票据市场风险防控中的应用前景

大数据时代的到来，促使银行集中办理业务功能不断升级完善。为了抵御和防范票据业务风险，应充分利用大数据这个方便而快捷的工具，建立完善的应急机制和业务持续计划。

随着票据市场的发展，银行票据风险管理正面临着日益严峻的挑战。我们要将大数据运用到银行数据和外界金融数据之中，整体运用大数据的平台搭建，对实时交易进行监测。同时，提供可疑交易信息的全面视图，针对跨渠道、跨业务的欺诈进行有效识别和防范。

票据交易系统与大数据相结合，能准确把握票据市场的发展动向。银行根据自身资金、信贷规模的实际情况，及时调整针对企业的发展战略，合理地规避市场风险，尽可能地实现票据业务利润的最大化。监管部门通过大数据分析，制定出风险模型，经过反复验证后，推敲出稳定的模型并投产，这样系统就可能发现潜在的业务风险并发出风险警告。

然而，通过大数据提高风险管理能力也存在一些困难，如数据不充分、分享不全面。数据是大数据风控的血液，票据风险模型的成熟度取决于数据的可得性、全面性、准确性。监管部门、金融机构通过积累数据，并合理运用外部数据，可以进一步提高风控的系统性和有效性，在风控模型的构建过程中发挥主动性，加大风险监控力度。但由于政策、技术等诸多原因，目前多数外部数据存在分散保存、联通不足等问题，形成了众多的信息孤岛。因此，风险管理除了需要平台和金融机构的努力外，还需要寻求政府甚至国家层面政策上的支持。

此外，大数据风控还存在实施落地难的问题。票据市场大数据风控的实施既需要大量的有效数据，又需要精密可靠的模型，还需要经过实际业务的检验。大数据风控在前期建设中消耗成本较高，业务的持续和规模的增加才能有效降低每笔交易的边际成本，在此过程中需要金融机构和监管部门的高度重视和持续资金投入，并有效解决面临的数据、技术、实践等难题。

统计学上的相关性是大数据风控中除了数据之外的另一个核心所在。这除了要求拓宽大数据风控的有效数据来源，增强大数据风控的应用性，还需要解决好数据相关性不等于因果关系的问题。统计学上的相关性可以来自偶然，也可能来自第三方因素。而随着票据市场环境的改变，原来的相关性也可能会消失，导致原有的风控模型失效。因此，需要将注意力集中在具有逻辑关系的因素上，从而不断完善现有模型。

总之，大数据的真正价值不仅体现在数据大、信息全，还体现为在此数据上构建的众多模型。合理模型的构建，是呈现有价值信息的前提，也是票据市场全方位、立体化业务数据监控的基础。

第五章　票据市场法律及主要制度的解读及看法

第一节　票据市场法律法规体系概述

在我国，法律意义上的票据只有支票、本票和汇票这三种，而对于票据市场而言，只有商业汇票可以成为票据市场中交易的标的。票据市场相关法律和行政规章的制定，其目的是调整商业汇票的签发、承兑、转让等行为。商业汇票的生命在于转让，企业通过商业汇票的转让实现支付或完成融资，换言之，票据市场就是为商业汇票提供转让的市场。因此，所谓票据市场法律制度就是为调整商业汇票流通的相关法律和行政规章。

一、票据市场制度建设简介

制度是市场发展的基础，为市场发展提供支撑，同时制度建设又要为市场服务，要契合市场发展的方向，引导市场健康发展。票据市场的制度建设可分为两个阶段：一是纸票时代，二是电票时代。票据市场制度规范的内容又围绕票据的两大功能展开：一是票据的支付功能，二是票据的融资功能。

票据市场的发展如果从介质划分，可分为纸票时代和电票时代。

（一）纸票时代

1. 起步发展阶段：（1980—1995 年）。

1979 年以前，我国对商业信用实行计划管理，禁止和控制商业信用，自然也不存在票据市场。1981 年，为解决企业间赊销、预付行为形成的相互拖欠问题，上海首先推出银行承兑汇票试点。1984 年，中国人民银行正式发布《商业汇票承兑、贴现暂行办法》，这是票据市场的第一个规范性文件。

1986 年 4 月，中国人民银行和中国工商银行联合发布《关于实行商业汇票承兑、贴现办法清理拖欠货款的通知》，工商企业被允许到银行进行票据贴现，各银行可以在此基础上开展转贴现业务。同年，中国人民银行还颁布了《中国人民银行再贴现试行办法》，中国人民银行通过再贴现业务的开展，促进商业银行票据业务的发展。

1988 年，中国人民银行对银行结算制度进行改革，制定颁布《银行结算办法》，提出大力推行商业票据，缓解全国范围的货款拖欠情况。

1991—1995 年票据市场经历了一段规范治理的时期，中国人民银行出台了一系列文件对前段时期票据市场中发现的问题进行规范，如 1991 年 9 月，中国人民银行发布了《关于加强商业汇票管理的通知》，对商业汇票行为进行进一步规范。1994 年中国人民银行推广使用商业汇票，颁布《商业汇票办法》和《再贴现办法》，明确企业单位资金不足时可以凭承兑的银行汇票购买商品，销货单位资金不足时，可以将承兑的汇票申请贴现；商业汇票可以背书转让。贴现银行可以将商业汇票申请再贴现。

纸票起步发展阶段是票据市场建设的重要阶段，在这个阶段颁布的几项重要规章制度，在之后票据市场制度建设中得到了重新规范和修订，并成为现在票据市场制度的重要内容。

2. 快速发展与治理阶段（1995—2015 年）。

1995 年 5 月 10 日，《中华人民共和国票据法》（以下简称《票据法》）

获得全国人大常委会通过，填补了票据市场制度没有法律规范的空白，为引导票据市场健康平稳发展起到了重要作用，对于票据市场制度建设具有里程碑式的意义。

《票据法》颁布后中国人民银行于1997年相继颁布《商业汇票承兑、贴现与再贴现管理暂行办法》和《支付结算办法》，这两个办法仍然有效，但《商业汇票承兑、贴现与再贴现管理暂行办法》中许多规定已被之后中国人民银行发布的各类通知和办法修改，目前票据市场中许多业务规则与该办法规定不同，该办法有待进一步修改。

自1995年起，票据业务进入高速发展期，规模逐年递增。1995年企业累计签发票据规模为2424亿元，2015年为22.4万亿元；1995年商业银行票据贴现发生额为1412亿元，2015年为102.1万亿元。

票据业务在高速发展的同时也出现了很多风险。自2005年起，中国人民银行和银监会陆续发布一系列的通知来规范票据业务，其中比较重要的有中国人民银行发布的《关于完善票据业务制度有关问题的通知》，该通知明确贴现行应对商业汇票的真实交易关系和债权债务关系进行审核，同时取消转贴现和再贴现中提供贴现申请人与其直接前手之间的交易合同和发票的规定。银监会发布的《关于规范金融机构同业业务的通知》，禁止卖出回购方将业务项下金融资产从资产负债表转出，规定金融机构应当建立健全本机构统一的同业业务授信管理政策，将同业业务纳入全体机构统一授信体系，由总部自上而下实施授权管理。

3. 纸票业务衰退阶段（2016年至今）。

2015年纸质票据业务量达到了最高峰，金融机构对票据业务重视程度也日渐提升，同时票据业务的操作风险开始逐渐暴露。2015年农业银行39亿元票据案件、民生三亚11亿元票据案件，都暴露出纸质票据在操作中存在的风险。

2016年，中国人民银行发布《关于规范和促进电子商业汇票业务发展的通知》（银发〔2016〕224号），规定自2017年1月1日起，单张出票金额在300万元以上的商业汇票应全部通过电票办理；自2018年1月1日起，原则上单张出票金额在100万元以上的商业汇票应全部通过电票办理。2017年全市场承兑发生额为14.63万亿元，其中在票交所登记的纸质票据承兑发生额为1.61万亿元。至2019年全市场承兑发生额为20.38万亿元，其中在票交所登记的纸质票据承兑发生额为4219.84亿元。目前，在票交所内交易的99%为电子票据，纸质票据交易已不足1%。

（二）电票时代

1. 起步发展阶段（2009—2016年）。

2009年10月16日，中国人民银行发布《电子商业汇票业务管理办法》，自此票据市场多了一种依托电子商业汇票系统，以数据电文形式制作的商业汇票。电子商业汇票的产生是对票据介质的一次创新，而并非对票据种类的创新。因此，电子商业汇票产生后，《电子商业汇票业务管理办法》基本上是比照《票据法》中对商业汇票的相关规定制定的。2009年至2016年，票据市场各项业务得到了迅猛发展，票据的支付和融资功能依靠纸质票据得到全面发挥，在此阶段，电子商业汇票仍处于缓慢的发展过程中。

2. 快速发展阶段（2016年至今）。

2016年票据业务依然处于上升发展阶段，但是银发〔2016〕224号文对纸质票据的签发进行了限制，因此市场转向使用电子商业汇票替代纸质商业汇票。同年，票交所成立，中国人民银行发布《票据交易管理办法》。票交所的成立为票据市场提供了基础设施，实现了纸质票据贴现后的电子化交易流转，将场外票据交易变为场内交易。

票交所成立后大大降低了纸质票据在票据市场交易中的操作风险。但是，对于贴现行来说，纸质票据电子化的过程需要有精密的器械和专业的业务人员操作，贴现行贴现完成后还有纸票入库和付款确认的相关流程，这提升了纸票贴现行的运营成本，故各贴现行纷纷转而贴现电票，电票发展进入快速通道。

二、支付与融资

（一）票据的支付功能

票据的支付功能是指票据可以用作支付工具对外支付。票据根据支付期限的不同分为即期支付票据和远期支付票据。

1. 即期支付票据。即期支付票据对付款人来说没有账期，持票人可以随时要求付款人付款，因此即期支付票据不产生信用。我国《票据法》规定的支票、本票、汇票都可以作为即期支付工具。

票据在作为即期支付工具时，其功能体现为帮助付款人支付大额债务，付款人无须携带大量现金来完成支付，持票人取得票据后，只要向收款人的开户行提示票据就可以获得付款。这种付款方式为付款人提供了空间和时间的便利。但票据毕竟不是现金，持票人需向付款人开户行提示票据后才能获得付款，如果持票人在向付款人开户行提示付款时，付款人账户余额不足，那么票据就无法实现即期支付的功能。《票据法》第八十七条规定，出票人签发的支票金额超过其付款时在付款人处实有的存款金额时，则该支票称为空头支票。同样，商业汇票也存在空头汇票，但理论上我国没有空头本票，因为我国只有银行本票这一种本票形式。签发空头票据是《票据法》禁止的行为，《刑法》第一百九十四条规定，签发空头支票骗取财物的行为构成犯罪。为保障票据的即期支付功能，监管机构也制定了一系列的制度来规范付款人签发空头票据的行为。如《支付结算办法》第一百二十五条规定，出票人签发空头支票，银行应予以退票，并按票面金额处以 5% 但不低于 1000 元的罚款；持票人有权要求出票人赔偿支票金额 2% 的赔偿金。对屡次签发的，银行应停止其签发支票。

2. 远期支付票据。《票据法》第十九条第一款规定：“汇票是出票人签发的，委托付款人在见票时或者在指定日期无条件支付确定的金额给收款人或者持票人的票据。”持有指定到期日汇票的持票人只能在票据到期后请求付款人付款，所以指定日期无条件支付确定金额的汇票为远期票据。远期票据会创造信用，这里的信用体现为持票人对付款人的请求权。麦克鲁德（Henry Dunning Macleod）在《信用的理论》中指出，“货币实为一种信用，信用的创造就是货币的增加，两者可以统一于‘通货’的概念之下，只是在程度上有所不同”。远期票据的信用创造功能使得票据市场制度不仅要规范空头汇票，而且要规范票据的信用创造能力。无限制地放开远期票据的签发必定会导致票据信用的泛滥，但过多地限制票据的信用创造能力，也会影响票据业务的发展，使付款人放弃使用票据，而选择限制较少但风险更高的远期支付工具。

目前，我国《票据法》是通过真实票据理论来限制远期票据的信用创造功能的。《票据法》第十条规定：“票据的签发、取得和转让，应当遵循诚实信用的原则，具有真实的交易关系和债权债务关系。”监管机构对于票据的远期支付功能通过“真实贸易背景”来加以限制，在许多监管文件中都明确，金融机构为持票人提供融资必须审查持票人取得票据是否具有“真实贸易背景”，对于无“真实贸易背景”的票据，不得提供融资。从以上种种规定可以看出，我国票据市场制度支持票据当事人使用票据来支付远期的商品交易和服务贸易，但是限制票据当事人使用票据创造与商品交易和服务贸易无关的信用。

（二）票据的融资功能

票据的融资功能是指将票据信用当前价值兑现的行为。远期支付票据可以创造票据信用。票据信用是一种单一价值的信用，这种信用只是对某个人的要求权。在我国票据市场制度中对票据融资具有严格的限制，其主要体现为对融资主体的要求。国务院办公厅于1998年8月颁布的《整顿乱集资乱批设金融机构和乱办金融业务实施方案》提到，“凡未经中国人民银行批准，从事或者变相从事非法吸收公众存款、发放贷款、办理结算、票据贴现、资金拆借、信托投资、金融租赁、融资担保、外汇买卖等金融业务活动的行为，均属乱办金融业务”。《九民纪要》关于票据纠纷案件的审理也明确：“票据贴现属于国家特许经营业务，合法持票人向不具有法定贴现资质的当事人进行‘贴现’的，该行为应当认定无效，贴现款和票据应当相互返还。当事人不能返还票据的，原合法持票人可以拒绝返还贴现款。人民法院在民商事案件审理过程中，发现不具有法定资质的当事人以‘贴现’为业的，因该行为涉嫌犯罪，应当将有关材料移送公安机关。”

从国务院、中国人民银行的相关规定可以看出，对于票据贴现业务的经营主体，国家严格限制于金融机构。在最高人民法院《九民纪要》出台前，有部分人认为金融机构为票据融资是票据贴现，需要符合国务院和中国人民银行对经营主体行政许可的要求，而非金融机构为票据融资不是票据贴现，因此可以不受行政许可的限制。《九民纪要》明确了当前民间票据贴现属于违法行为，将无法受到法律的保护。

三、票据市场制度发展与展望

现有的票据市场相关制度经历了一个从纸票到电票，规范内容由支付到支付和融资并重的过程。针对目前票据市场相关制度存在的问题和缺陷，票据市场制度将会有以下变化：

一是将根据电子票据自身特点，出台一些特殊规定。《电子商业汇票业务管理办法》是在 2009 年电子商业汇票系统上线时颁布的。在当时，电子商业汇票无疑是对票据的一次业务创新，但是《电子商业汇票业务管理办法》的相关内容和电票的业务流程都是比照《票据法》制定的，而《票据法》又是为了规范纸质票据，这就造成电子票据套用了很多纸质票据的规定，也成为现在电票业务发展的阻碍。如《票据法》第三十三条规定：“将汇票金额的一部分转让的背书或者将汇票金额分别转让给二人以上的背书无效。”这是因为票据是文义证券，一张证券只能由一人持有，如果要将票据权利分别转让给二人行使，就需要将票据凭证进行复制。首先，纸质票据凭证非常难复制；其次，允许纸质票据复制会给票据真伪的审验造成困难。基于以上两点，允许票据复制不会促进票据的流通，反而会增加票据风险，阻碍票据的流通。因此，《票据法》不允许将票据权利分别转让给二人以上。但是电子票据没有纸质票据的以上问题，电子票据可以在不破坏票据签章的情况下，将票据凭证进行复制，并背书给二人以上。类似的这些《票据法》对纸质票据约束但电子票据可以放开的例子还有很多，如票据提示付款、票据拒付证明、票据公示催告等。对于这类票据业务，电子票据不应该生套纸质票据的相关规定，未来相关规章制度可以针对电子票据的特点分别规定。

二是票据融资主体的逐步扩展。贴现是票据进入票据市场的唯一途径。关于票据贴现业务上文已论述，按照现有票据市场制度的规定，只能由银行和财务公司经营。2016 年中国人民银行颁布《票据交易管理办法》第五条规定，将票据市场参与者从银行和财务公司扩展至金融机构法人、金融机构等作为资产管理人设立的各类产品。《票据交易管理办法》对票据市场参与者的规定几乎涵盖了金融市场的所有主体。票据市场参与者的扩展可以为票据市场引入更多的资金，提升票据市场资产的流通速度，间接缓解企业票据融资难融资贵等问题。

2020 年 6 月 28 日，中国人民银行发布《标准化票据管理办法》。《标准化票据管理办法》中标准化票据定义为由存托机构归集核心信用要素相似、期限相近的商业汇票组建基础资产池，以基础资产产生的现金流为偿付支持而创设的等分化受益凭证。标准化票据定义中未限制基础资产是否为贴现后票据，因此标准化票据可以以未贴现票据为基础资产直接创设。《标准化票据管理办法》发布后，持票人需要票据融资时，除向商业银行或财务公司申请贴现外，还可以通过创设标准化票据的形式获得融资。这种创新不仅是对融资方式的创新，同时也是对融资主体的扩充。

三是票据信用管理的逐步规范。目前票据市场没有针对票据信用的专门规范性文件。票据信用是票据市场建立的基础，票据市场就是交易票据信用的市场。票交所成立后，根据市场的交易习惯，创设了票据信用主体的概念。按照票据债务人信用情况进行划分，票据信用主体包括国有银行、股份制银行、城商行等。票交所根据每日市场的交易情况，发布上一日国股银票转贴现和城商银票转贴现收益率曲线。从债券市场经验看，票据市场对信用主体的划分只能算对市场交易习惯的一种确认，但是这种信用管理方式无法为票据市场创新和指引票据市场发展提供进一步的帮助。例如，城商银行承兑的票据中，由于城商银行范围过大，一条收益率曲线无法准确体现所有城商银行信用水平，票交所就无法向市场提供体现城商银行票据信用交易的收益率曲线。未来票据市场也会出现越来越多的商业承兑汇票，票交所也无法将现有的信用主体概念直接套用于商业承兑汇票。

2020 年 1 月 15 日，票交所发布《关于商业汇票信息披露平台试运行有关事项的通知》。商业汇票信息披露是票据信用体系建设的核心。票据市场只有在充分的信息披露后，才能充分发挥定价功能。随着商业汇票信息披露试点的推进，票据信用规范管理也会越来越近。

第二节　票据市场相关法律

一、《票据法》

1995 年 5 月 10 日，第八届全国人民代表大会常务委员会第十三次会议通过了《票据法》，自 1996 年 1 月 1 日开始实施。2004 年 8 月 28 日第十届全国人民代表大会常务委员会第一次会议通过了对《票据法》的修订。《票据法》是票据市场最重要的法律，是票据市场中票据交易的基础。

（一）票据的分类

《票据法》第二条第二款规定：“本法所称票据，是指汇票、本票和支票。”从《票据法》规定的票据类型看，与国际惯例一致，但是汇票和本票与其他国家相比，在《票据法》规定中受到很大的限制。

1. 汇票。《票据法》第十九条规定："汇票是出票人签发的，委托付款人在见票时或者在指定日期无条件支付确定的金额给收款人或者持票人的票据。汇票分为银行汇票和商业汇票。"但是《票据法》在其他条文中并未对银行汇票和商业汇票作出区分。《支付结算办法》第五十三条规定："银行汇票是出票银行签发的，由其在见票时按照实际结算金额无条件支付给收款人或持票人的票据。"从该条规定看，银行汇票属于即期票据，即付款人在见票时付款。此外，银行汇票属于指己票据，即出票人与付款人相同。由此可见，银行汇票与银行本票在我国并无任何差别，甚至在定义上两者都基本相同。《支付结算办法》第九十七条规定："银行本票是银行签发的，承诺自己在见票时无条件支付确定的金额给收款人或者持票人的票据。"在业务实践中，银行本票一般用于同城结算，而银行汇票则用于异地结算。虽然业务场景中，银行本票和银行汇票已存在差别，但在制度办法中，仍应将银行本票和银行汇票在概念上进行进一步的区分。

2. 本票。《票据法》第七十三条规定："本票是出票人签发的，承诺自己在见票时无条件支付确定的金额给收款人或者持票人的票据。本法所称本票，是指银行本票。"首先，本票只能是"见票时无条件支付"，因此本票属于即期支付工具，这等于是从法律上限制了本票的远期融资功能，将本票的功能限制于支付。其次，从《票据法》的规定可以看出，我国只承认银行本票，没有其他国家普遍认可的商业本票。《票据法》属于调整民事领域票据关系的部门法，在民事领域中，银行与企业之间的主体地位并无不同。允许银行签发，不允许企业签发，这就是只承认银行信用，不承认商业信用。从社会现实看，我国有很多大型企业信用并不比银行差，它们也有签发本票的需求，因此在法律层面限制商业本票的签发，其合理性值得商榷。

从《票据法》对票据的定义和分类可以看出，在《票据法》规范下，可以在金融市场中进行交易的票据只有商业汇票。而在国外其他金融市场中，票据交易以商业本票为主，主要原因是商业本票只涉及两方主体，签发便捷。其在金融市场中作为交易标的时法律关系更加简单，投资人只需要考虑出票人的信用，相比商业汇票更易于定价。我国《票据法》在制定时以规范票据支付行为为核心，从《票据法》第十条、第二十一条可以看出，对票据融资行为，《票据法》采取的是限制的态度，更是禁止了“商业本票”这类票据。但近两年，票据作为融资工具的优势日益体现，越来越多的企业选择通过票据来进行应收账款的管理和融资，由于缺少商业本票这种票据形式，对进一步发挥票据的融资功能造成了障碍。

（二）票据的转让形式

《票据法》第二十七条规定：“持票人可以将汇票权利转让给他人或者将一定的汇票权利授予他人行使。……持票人行使第一款规定的权利时，应当背书并交付票据。”从《票据法》规定看，我国票据权利的转让只能通过背书，背书行为会产生票据权利转让效力、担保效力且汇票金额无法部分转让。

1. 权利转让效力。任何有价证券都可作记名与无记名之分。记名证券由证券上记载的当事人享有权利，而无记名证券则由占有人或持有人来行使权利。我国《票据法》未规定无记名票据，记名票据的转让需要由记名权利人通过背书加交付的方式方可进行转让，因此商业汇票在兑付时，承兑人应确认票据背书是否连续，通过背书的连续性判断持票人是否享有票据权利。

2. 担保效力。在一般债权转让中，债权人转让债权后脱离债权债务关系。在票据转让中，背书人转让票据后需要对票据债务负担保责任。这种担保效力在票据作为支付工具使用时有力地保障了票据的流通，但在票据市场交易中却不利于票据资产的定价。资产定价一般受两方面的影响：一是无风险投资工具价格，二是所发行资产的相关风险价格。对于票据而言，无风险投资工具可以通过对应期限国债利率进行确认，但是票据资产的相关风险认定却十分困难。原因是票据背书具有担保效力，使票据在转让过程中，信用处于持续叠加的状态，如果需要对不同的背书人进行信用风险识别后再进行交易，会降低票据市场交易效率，同时提高投资者的成本。因此，背书的担保效力是一把“双刃剑”，在支付领域促进了票据的流通，但在融资领域却阻碍了票据的交易。

3. 汇票金额不可部分转让。《票据法》第三十三条第二款规定：“将汇票金额的一部分转让的背书或者将汇票金额分别转让给二人以上的背书无效。”汇票金额不可部分转让背后的法理是票据属于提示证券，需要持票人向承兑人提示后行使权利。一张票据在出票后无法分割成两张权利凭证，汇票金额无法部分转让或分割转让并非票据权利在理论上无法部分转让或分割转让，而是权利依附的纸质凭证在客观上无法分割。允许纸质权利凭证分割会影响纸质票据的真伪性验证和流通，给承兑人兑付票据造成困扰。时至今日，电子商业汇票已得到了广泛普及，纸质商业汇票仅占商业汇票总量的10%，在票据市场交易中占比仅为1%。电子商业汇票金额的部分转让或分割转让在技术上没有障碍，也不会造成票据真伪性验证的问题，更可以促进票据的流通，对于《票据法》第三十三条的合理性，应该进行重新认定。

（三）票据到期兑付

《票据法》第二十五条规定，汇票“付款日期可以按照下列形式之一记载：（一）见票即付；（二）定日付款；（三）出票后定期付款；（四）见票后定期付款”。但是在票据市场中，所有可交易的商业汇票都属于定日付款，即商业汇票的到期日固定。在确定票据到期日后，商业汇票到期需经提示后支付。提示是持票人的行为，支付是付款人的行为。付款人经持票人提示后，按照《票据法》第五十四条规定，“付款人必须在当日足额付款”。

商业汇票到期经持票人提示付款后，付款人即产生了付款的义务，但是付款人也有可能拒绝付款。在付款人拒绝付款的场合，按照《票据法》第六十二条规定，“持票人行使追索权时，应当提供拒绝承兑或者被拒绝付款的有关证明。持票人提示承兑或者提示付款被拒绝的，承兑人或者付款人必须出具拒绝证明，或者出具退票理由书。未出具拒绝证明或者退票理由书的，应当承担由此产生的民事责任”。从《票据法》第六十二条规定来看，出具拒绝证明是承兑人的义务，然而业务实践中大量出现承兑人不履行出具拒绝证明的义务，给持票人行使追索权造成了障碍。对于恶意不出具拒绝证明的承兑人，《票据法》除第六十二条规定其应当承担由此产生的民事责任外，第六十三条还规定：“持票人因承兑人或者付款人死亡、逃匿或者其他原因，不能取得拒绝证明的，可以依法取得其他有关证明。”《票据管理实施办法》第二十八条规定：“票据法第六十三条规定的‘其他有关证明’是指：（一）医院或者有关单位出具的承兑人、付款人死亡的证明；（二）司法机关出具的承兑人、付款人逃匿的证明；（三）公证机关出具的具有拒绝证明效力的文书。”

这里需要解释，什么情况下未获拒绝证明的持票人可以依据《票据法》第六十三条的规定依法取得其他有关证明。从《票据法》第六十三条列举的两种情况看，承兑人死亡或者逃匿属于明确可以出具其他有关证明的情形。其中，承兑人死亡属于承兑人客观无法出具拒绝证明，承兑人逃匿属于承兑人主观逃避出具拒绝证明。从业务实践看，承兑人不出具拒绝证明的情形也属于承兑人主观逃避出具拒绝证明，因此持票人可以按照《票据法》第六十三条因“其他原因”不能取得拒绝证明规定，按照《票据管理实施办法》向公证机关申请出具具有拒绝证明效力的文书。

在我国各地公证处的网站上都能查询如何办理票据拒绝证书公证[①]，但在咨询中各地公证处表示仅能为纸质票据办理拒绝证书公证，从未办理

---

① 湖南省长沙市长沙公证处，http：//www. csnotary. com/ArticleDetail – I157. html，访问日期：2019 年 4 月 30 日。

过电子票据拒绝证书公证，具体业务流程需要进行进一步研究。2018 年 9 月 25 日，在法制网公证频道“公证创新”栏目下刊登了一篇《泰达公证处承办首例电子汇票拒绝证书公证》①，这标示着公证机关通过公证为持票人办理票据拒绝证明不仅在理论上有法律依据，而且在实践上具有可操作性。

值得注意的是，设计票据拒绝证明是为了让持票人向被追索人证明其被拒付的事实。在电票时代，票据的拒付信息会及时发送给所有被追索人，因此无须持票人再向被追索人证明其被拒付的事实。电票时代，持票人在追索时是否还需要提供拒绝证明值得商榷。

二、税法

缴税是每个企业必须履行的义务，税法的相关规定对票据业务的开展和票据市场的发展影响重大。2016 年初，国家税务总局发布《关于全面推开营业税改增值税试点的通知》（财税〔2016〕36 号），我国从营业税迈入全面增值税时代。对票据业务而言，也面临一次由营业税改为增值税的变革，而且这次变革使票据市场经历了一次起伏，足以体现税负对票据市场影响的重要性。

（一）票据业务税收的历史沿革

1. 营业税时期票据业务纳税情况。营业税时期，由于营业税属于地方税，地税机关对票据业务纳税相关规定的理解不同导致商业银行票据业务实际纳税情况有所差异，甚至出现了某些大型国有商业银行不同分支机构适用不同缴税政策的情况。根据各地地税的不同规定，商业银行票据业务实际纳税情况可分为三种。

① http://www.legaldaily.com.cn/Notarization/content/2018－09/25/content_7654570.htm?node=90029，访问日期：2019 年 4 月 30 日。

第一种：商业银行在贴现当日按照贴现利息全额缴纳营业税及企业所得税，营业收入不得递延。转贴现收入按金融机构往来不征营业税。

第二种：商业银行在贴入票据到期日或票据转贴现时确认贴现收入①。但是票据转贴现时未确认的递延收入一并转出并全额缴纳营业税及企业所得税。转贴现收入按金融机构往来不征营业税。

第三种：商业银行每日抵减票据递延收益计入“利息收入”科目，并计缴营业税。将未到期票据转卖时实现的买卖价差收益确认为利息收入缴纳营业税②。

采用第一种和第二种方案征缴票据营业税的差别在于对商业银行票据贴现业务扣缴义务发生时间理解不同。第一种方案认为商业银行在取得贴入票据时已完成销售，扣缴义务发生；第二种方案则认为商业银行在票据到期日或转贴现取得票据价款请求权时才产生扣缴义务。

采用第三种方案缴纳营业税严格来说不符合税法的规定，其实质是将会计准则中关于收入确认的规则运用至纳税环节。但第三种方案下纳税人票据业务的会计核算与纳税金额对应关系好，该方案最符合票据业务逻辑。营业税时期票据市场主体普遍采用该方案纳税。

2. “营改增”试点财税〔2016〕36 号文相关规定。“营改增”试点后，票据业务税收按照财税〔2016〕36 号文执行，统一了营业税时期各地税机关对票据业务不同理解造成的差异。财税〔2016〕36 号文要求商业银行在票据贴现操作完成当日缴纳增值税，票据贴现销售额为票面金额与商业银行对票据贴现金额的差值，商业银行票据转贴现收入免征增值税。

财税〔2016〕36 号文关于票据贴现、转贴现业务的规定沿用了营业税

---

① 《沈阳市地方税务局关于印发〈沈阳市金融保险业营业税征收管理办法〉的通知》（沈地税流〔1997〕421 号）第四条第二款第九项关于贴现的计税依据规定，票据持有人为取得现款，以提供未到期票据为条件向金融机构融通资金的行为叫贴现。

② 中华人民共和国财政部驻山东省财政监察专员办事处：《贴现、转贴现利息营业税收计税基数亟待明确》，www. mof. gov. cn。

时期第一种纳税方案，但在营业税时期采用第一种纳税方案的商业银行较少，且主要办理票据贴现业务的商业银行大多采用第三种方案纳税，因此“营改增”试点对开展票据贴现业务的商业银行影响巨大。

（二）财税〔2016〕36 号文关于票据贴现业务存在的问题

财税〔2016〕36 号文平移了营业税时期票据贴现业务纳税的第一种方案，这种增值税征收方案存在以下几方面的问题：

一是该方案扣缴义务的发生与贴现利息收入的实际取得时间不符。增值税是以商品（含应税劳务）在流转过程中产生的增值额作为计税依据而征收的一种流转税。增值额是在纳税人扣除收入的前提下产生的，而商业银行在票据到期日前或票据转让前无任何利息收入，因此要求商业银行在贴现发生日按照贴入票据的“待摊销利息收入”全额缴纳增值税，与贴现利息收入实际取得时间不符。

二是不符合票据的基本属性。票据是一种有价证券①，有价证券的持有和转让会产生利息收入和转让收入。财税〔2016〕36 号文对票据业务并未按照有价证券的利息收入和转让收入进行征税，而是按照票据贴现行为和转贴现行为进行征税。从行为性质看，贴现行为和转贴现行为本质相同，因此通过贴现行为和转贴现行为征税的规定不符合票据的基本属性。

三是不符合税收公平和效率的基本原则。财税〔2016〕36 号文规定票据转贴现业务免税，贴现行为和转贴现行为本质相同，相同的行为适用不同的税制，不符合税收公平原则。

（三）财税〔2017〕58 号文及配套制度解读

2017 年 7 月 11 日，财政部、国家税务总局发布《关于建筑服务等营改增试点政策的通知》（财税〔2017〕58 号），自 2018 年 1 月 1 日起，金

① 王小能．中国票据法律制度研究［M］．北京：北京大学出版社，1999：11.

融机构开展贴现、转贴现业务，以其实际持有票据期间取得的利息收入作为贷款服务销售额计算缴纳增值税。同时该通知取消了转贴现业务免税的规定。

财税〔2017〕58号文相比财税〔2016〕36号文对票据贴现、转贴现业务缴税发生以下两方面的改变：

一是改变了票据贴现业务扣缴义务发生时间。财税〔2016〕36号文规定贴现银行扣缴义务发生时间是贴现操作完成日，而财税〔2017〕58号文规定贴现业务扣缴发生时间为贴现银行取得利息收入时。

二是改变了票据贴现、转贴现业务缴税范围。财税〔2016〕36号文规定贴现银行应按照贴现利息收入全额缴纳增值税，为避免重复征税，转贴现业务免税。财税〔2017〕58号文要求贴现银行按照实际持有票据期间取得的利息收入缴税，配套取消了转贴现业务免税的规定。

综上所述，财税〔2017〕58号文的实施将会增加票据贴现市场的票源，提高票据的流通性，同时弱化了县级农商行办理票据贴现业务按照3%的征收率（简易计税法）计算缴纳增值税对其他商业银行贴现业务的影响。

票据贴现、转贴现业务按照财税〔2017〕58号文规定缴纳增值税对于大部分商业银行来说不需要进行政策适应和过渡期安排，而且兼顾了纳税公平和效率，符合“谁持有、谁获利、谁缴税”的原则，既不会挫伤商业银行开展贴现业务的积极性，又合理分配了税负，是对票据贴现、转贴现业务的重大利好。

（四）国家税务总局2017年第30号公告解读

2017年8月14日，国家税务总局发布《关于跨境应税行为免税备案等增值税问题的公告》（国家税务总局2017年第30号公告，以下简称2017年第30号公告），其中第四条规定自2018年1月1日起，金融机构开展贴现、转贴现业务需要就贴现利息开具发票的，由贴现机构按照票据贴现利息全额向贴现人开具增值税普通发票，转贴现机构按照转贴现利息全额向贴现机构开具增值税普通发票。

该公告看似是财税〔2017〕58 号文的配套规定，但结合财税〔2017〕58 号文内容，该公告可以看作对金融机构开展贴现、转贴现业务票据持有期间取得利息收入核算方法和范围的进一步确认。从 2017 年第 30 号公告可以得出以下两方面内容：

一是贴现、转贴现业务利息收入应该开具增值税普通发票，且不得抵扣。

财税〔2016〕36 号文第二十七条规定购进贷款服务进项税额不得从销项税额中抵扣，而财税〔2017〕58 号文把贴现、转贴现利息收入作为贷款服务销售计缴增值税，因此贴现、转贴现业务利息收入开具增值税普通发票的要求并未超出市场预期，对市场影响不大。

二是贴现机构利息收入为全额贴现利息与全额转贴现利息的差额。贴现机构将贴现票据持有至到期的，贴现机构利息收入就是全额贴现利息。

从贴现利息收入的计算方式可以看出，通过票据贴现、转贴现产生的利息收入属于贷款服务销售收入。财税〔2017〕58 号文虽然改变了票据贴现业务扣缴义务发生时间，但 2017 年第 30 号公告又再次确认票据贴现、转贴现业务收入完全属于贷款服务销售收入，未按照有价证券收入确认方式来规范票据税收的缴付。

从《税法》对票据业务征税的变革可以看出，税务机关在对票据收入征税时已经考虑到了票据收入与信贷收入之间的区别。但遗憾的是，目前总体上，票据收入依然是比照信贷收入在进行管理。随着票据资产在金融市场中的交易越来越活跃，票据收入与信贷收入在组成结构上的差异也会更加凸显，未来是否可以将票据收入作为有价证券收入进行征税值得我们进一步探讨。

第三节　票据市场相关行政规章

一、《票据管理实施办法》

《票据管理实施办法》是配套《票据法》颁布的管理细则，其施行时间是1997年10月1日。《票据管理实施办法》中大部分规定都是对《票据法》的补充，其中对于本票和汇票主体的规定值得我们进行讨论。

根据《票据管理实施办法》的规定，本票和汇票只能由银行和企业签发，个人不能成为本票和汇票的签发人。本票和汇票的签发完全是一种民事活动，在民事领域自然人与法人法律地位平等，在市场经济环境下，允许企业签发本票、汇票，禁止个人签发使用与市场经济平等原则不符。世界其他各国的《票据法》都允许个人签发和使用票据。票据作为一种支付和融资工具，不仅企业需要，个人同样存有这样的需求。近两年个人消费金融越来越发达，各大电商平台纷纷推出个人信用“白条”。“白条”其实质是生产商对个人的应收账款，如果允许个人签发本票或汇票，这些应收账款就可能转化为个人票据，从而盘活生产商的应收账款，缩短账期，减少财务费用。

二、《贷款通则》

1996年8月1日，《贷款通则》开始实施，其目的是规范贷款行为，保护借贷双方的合法权益，提高贷款质量，加速信贷资金周转。《贷款通则》第九条规定:“票据贴现，系指贷款人以购买借款人未到期商业票据的方式发放的贷款。”该条规定将票据贴现确认为贷款，由此票据业务被作为信贷业务进行监管，票据资产规模也纳入商业银行的信贷规模进行统计。但是比较票据贴现与一般贷款业务，两者区别明显。

一是票据贴现对象是有价证券，一般信贷的对象是普通债权。有价证券之所以有价值是因为证券与具有价值的权利结合在了一起。两者结合之后权利人就可以基于简单的手续安全确实地转移或行使权利①。商业银行从企业贴现票据后，可以在票交所将票据转贴现给其他市场参与者。据统计，2018 年商业汇票累计贴现 9.94 万亿元，转贴现 34.63 万亿元，票据在商业银行间的平均转让次数约为 4.48 次。由此可见票据是一种流动性极强的有价证券。而一般信贷业务属于合同债务，根据《关于进一步规范银行业金融机构信贷资产转让业务的通知》（银监会〔2010〕102 号）规定，信贷资产转让应当遵守洁净转让、真实转让和风险完全转移的原则，并且信贷资产转入方应对拟转入信贷资产尽职调查并提交授信审批部门进行严格审查，因此一般信贷资产大部分情况下都不具有流通性。

二是票据贴现中贴现行未来向票据承兑人请求付款，一般信贷业务债务人为借款人。票据贴现业务中，贴现申请人与贴现行之间没有直接债权债务关系。贴现行使用承兑人授信办理贴现，完成贴现操作后取得对票据承兑人的债权。票据贴现行对票据贴现资金流向有贷后检查的义务，但贴现申请人贴现后资信情况不属于贷后检查的范围。一般信贷业务的债务人为借款企业，贷款银行需按照授信管理相关规定为企业办理授信。贷款银行发放贷款后不仅要核查贷款资金用途，还要定期对借款企业资信情况进行跟踪检查。

三是票据贴现是一种买卖关系，一般信贷业务为借贷关系。在票据贴现业务中，贴现行与贴现申请人之间存在的对价给付是一种买卖关系；在一般信贷业务中，贷款人与借款人之间是借贷关系，即债权债务关系。

从以上三点可以看出，票据贴现与一般信贷业务之间有诸多不同，票据贴现业务不应该纳入信贷业务管理，票据资产也不应该纳入信贷规模统计。

2004 年，为适应社会主义市场经济发展需要，中国人民银行、中国银

① 张凝，[日]末永敏．日本票据法原理与实务［M］．北京：中国法制出版社，2012：1.

行业监督管理委员会修订了1996年颁布实施的《贷款通则》（中国人民银行令〔1996〕第2号），并向社会公告，公开征求意见。1996年颁布施行的《贷款通则》第九条规定贷款包含“信用贷款、担保贷款和票据贴现”。向社会公告的《贷款通则》（征求意见稿）第十条规定“贷款按有无担保划分为信用贷款和担保贷款”，未将票据贴现纳入贷款。由此可见，《贷款通则》未来的修改方向很有可能是将票据贴现从贷款业务中移除。

三、《商业汇票承兑、贴现与再贴现管理暂行办法》

《商业汇票承兑、贴现与再贴现管理暂行办法》（以下简称《办法》）于1997年5月颁布实施。该《办法》属于中国人民银行通知，在之后中国人民银行发布了很多通知对《办法》规范的内容进行了修正。

（一）贴现、转贴现、再贴现定义

《办法》第二条对贴现、转贴现、再贴现进行了定义。

1. 贴现。“贴现系指商业汇票的持票人在汇票到期日前，为取得资金贴付一定利息将票据权利转让给金融机构的票据行为……”该定义有两个核心要点：

一是贴现指持票人贴付一定利息转让票据权利的行为。票据是一种零息证券，零息证券通过折价交易，证券到期以全部面值收回，利息就是面值和证券购买价格之间的差额。然而，持票人折价转让票据的差额不能认为是票据贴现的利息。票据贴现机构只有在票据到期日以票面金额收回资金的，票面金额与贴现价格之间的差额才是利息。因此，在票据贴现日，贴现机构只是按照公允价格从持票人处购买了一张票据，从会计角度看，贴现机构的资产负债表没有任何利息收益。所以，贴现业务实质是一种证券买卖，是持票人向其他机构折价转让票据的行为。

我们在上文分析票据市场税收法律时就讨论过，财税〔2016〕36号文要求商业银行在票据贴现操作完成当日缴纳增值税，票据贴现销售额为票面金额与商业银行对票据贴现金额的差值。其实从《办法》对票据贴现业务的定义看，财税〔2016〕36号文并没有问题，因为在票据贴现当日，持票人已经向贴现机构贴付了利息。贴现机构既然已获得了贴现利息，就应该产生纳税的义务。但是这种理解明显脱离了票据贴现业务的实际，票据贴现利息真正获得是在票据到期日。

二是贴现指持票人将票据权利转让给金融机构的票据行为。《支付结算办法》第九十三条规定："符合条件的商业汇票的持票人可持未到期的商业汇票连同贴现凭证向银行申请贴现。"《企业集团财务公司管理办法》（中国人民银行令〔2000〕第3号）第二十八条规定，"财务公司可以经营下列部分或者全部业务：……（六）对成员单位办理票据承兑与贴现"。因此，《办法》虽然规定了"金融机构"可以办理贴现，但结合《支付结算办法》和《企业集团财务公司管理办法》，实际在我国只有商业银行与财务公司可以办理贴现业务。对于金融机构办理贴现业务资格的讨论，又要回到贴现业务究竟是一种信贷业务还是一种资产买卖业务上来。传统观点一直将贴现业务作为一种信贷业务在管理，但从未来的发展趋势看，将贴现业务作为一种票据资产买卖业务更符合贴现业务的本质。未来如果将票据贴现业务看作一种票据资产交易，那么按照《票据交易管理办法》规定，可以从事票据交易的市场主体不仅包括商业银行、财务公司、信托公司、证券公司等法人类机构，还包括证券投资基金、资产管理计划、银行理财产品等非法人产品。

2. 转贴现。《办法》明确"转贴现系指金融机构为了取得资金，将未到期的已贴现商业汇票再以贴现方式向另一金融机构转让的票据行为"。2016年颁布的《票据交易管理办法》也对转贴现作出定义，即"转贴现是指卖出方将未到期的已贴现票据向买入方转让的交易行为"。从《票据交易管理办法》与《办法》之间对转贴现定义的差异可以看出，《票据交易管理办法》已不再将转贴现业务限制于金融机构之间，金融机构与非法人产品之间以及非法人产品与非法人产品之间也可以开展转贴现交易。

3. 再贴现。《办法》规定“再贴现系指金融机构为了取得资金，将未到期的已贴现商业汇票再以贴现方式向中国人民银行转让的票据行为”。从再贴现定义可以看出，再贴现是一种转让票据的行为。但是目前在业务实践中，所有中国人民银行再贴现窗口办理的再贴现业务均为质押式回购业务，即金融机构将票据质押给中国人民银行后融入资金，在回购到期后金融机构向中国人民银行返还资金、中国人民银行解除票据质押的业务。质押式回购与再贴现业务的定义具有本质差别，《办法》规定的再贴现业务定义显然已不再适合作为再贴现的定义。

（二）票据业务贸易背景

1. 贸易背景的由来。《办法》第三条规定：“承兑、贴现、转贴现、再贴现的商业汇票，应以真实、合法的商品交易为基础。”2001 年《关于切实加强商业汇票承兑贴现和再贴现业务管理的通知》（银发〔2001〕236 号）规定：“商业汇票是交易性票据，必须具有真实贸易背景。企业签发、承兑商业汇票和商业银行承兑、贴现商业汇票，都必须依法、合规，严禁签发、承兑、贴现不具有贸易背景的商业汇票。”

银发〔2001〕236 号文第一次使用了贸易背景的表述，是对《办法》中规定商业汇票应以真实商品交易为基础的修正，在之后中国人民银行颁布的通知中，对于票据业务也再三强调应基于真实的贸易背景开展，“商品交易”基础退出了票据业务监管的视野。

在票据业务实践中，贸易的标的可包含商品、服务、劳务、技术、信息等可通过货币交换的对象，贸易背景可泛指以商品、服务、劳务、技术、信息等为标的的交易。而商品交易概念相对狭窄，因此将商品交易基础变更为贸易背景是对票据业务基础关系审查的第一次放宽。

2. 贸易背景审查要求。《办法》第十九条和第二十八条分别规定了贴现和再贴现基础关系审查的要求。第十九条规定：“持票人申请贴现时，须提交贴现申请书，经其背书的未到期商业汇票，持票人与出票人或其前手之间的增值税发票和商品交易合同复印件。”第二十八条规定：“持票人申请再贴现时，须提交贴现申请人与出票人或其前手之间的增值税发票。”但是对于承兑与转贴现，《办法》未给出明确规定。在票据业务实践中，商业银行参照《办法》对贴现与再贴现的规定，在承兑业务中审核出票人与收款人之间的基础关系，在转贴现业务中审核贴现申请人与出票人或其前手之间的合同、发票。因此，在《办法》颁布后，直至2005年之前，商业银行办理转贴现业务时往往需要提供大量的跟单资料，大大降低了票据转贴现业务的效率。

之后，银发〔2001〕236号文规定，“……办理承兑业务时，必须审查承兑申请人与票据收款人是否具有真实的贸易关系”。此外，对于贴现贸易背景的审查明确“必须要求贴现申请人提交增值税发票、贸易合同复印件等足以证明该票据具有真实贸易背景的书面材料”。

2005年，中国人民银行发布的《关于完善票据业务制度有关问题的通知》（银发〔2005〕235号）规定，“贴现银行向其他银行转贴现或向人民银行申请再贴现时，不再提供贴现申请人与其直接前手之间的交易合同、增值税发票或普通发票”。银发〔2005〕235号文发布后极大地利好了票据转贴现业务，票据转贴现的发展也进入了快车道，从2005年至2015年票据转贴现交易量逐年递增。票据市场参与者对银发〔2005〕235号文的理解是：银发〔2005〕235号文修改了《办法》关于转贴现和再贴现需要有贸易背景的规定，商业银行办理转贴现和再贴现无须审核贴现申请人与其前手之间的贸易背景。

综上所述，《办法》虽然规定了承兑、贴现、转贴现、再贴现都需要审核贸易背景，但是银发〔2005〕235号文发布后，商业银行仅在承兑和贴现业务中审核贸易背景，审核的方式是要求承兑申请人和贴现申请人提供相关的交易合同、增值税发票或普通发票。

3. 合同、发票与贸易背景的关系。中国人民银行对商业银行审核票据业务贸易背景的要求是申请人必须提供交易合同、增值税发票或普通发票。那么这种贸易背景的审查是形式性审核，还是实质性审核呢？形式性审核是指审核人只依照有关规定审查材料的齐全性、合法性，材料的真实性由申请人自己负责；实质性审核是指审核人不仅需要对业务资料进行审查，而且要对资料的真实性进行审查。

银发〔2001〕236号文规定："各金融机构必须严格按照规定条件办理贴现业务。所办理的每笔票据贴现，必须要求贴现申请人提交增值税发票、贸易合同复印件等足以证明该票据具有真实贸易背景的书面材料，必要时，贴现银行要查验贴现申请人的增值税发票原件。"从银发〔2001〕236号文规定的表述可以看出，中国人民银行要求商业银行对贸易背景的审核应属于形式性审核，即商业银行仅审核贴现申请人提供的资料是否齐全，贸易背景是否真实由申请人自己负责。但是在贸易背景审核中，对增值税发票的审核为实质性审核，商业银行应确保贴现申请人提供的增值税发票的真实性。银发〔2001〕236号文非常贴近票据业务的实际场景，实际上商业银行在办理票据业务中，其无法也不可能完全确认业务申请人与其前手之间贸易背景的真实性。如果要求商业银行对票据业务贸易背景进行真实性审核，那么基于实质性审核的业务成本与违反实质性审核的处罚，将导致商业银行无法开展票据承兑与贴现业务。

据此，对于银发〔2005〕235号文，市场解读为是对转贴现和再贴现贸易背景审查的取消应该说是准确的。转贴现和再贴现原来要求审核贴现申请人与其前手之间的贸易背景，贸易背景的审核又是通过合同和发票予以落实，所以取消对合同、发票的审核实质就是取消转贴现机构与再贴现机构对贸易背景的审核。否则就会陷入一种悖论：监管取消了合同、发票的审核，但仍要求商业银行审核票据贸易背景，那么贸易背景的审核相当于由形式性审核上升为实质性审核。从业务实践看，该推论也得到了支持，自银发〔2005〕235号文施行以来，商业银行发生过多起因未严格审核贴现申请人贸易背景而被处罚的案例，但是这些处罚仅限于贴现银行，为此类票据办理转贴现的机构未发生过因为贸易背景问题而被处罚的案例。

综上所述，在中国人民银行的制度体系中，对于“不提供交易合同、增值税发票或普通发票”的表述可视为取消业务办理机构对票据贸易背景的审核，两者之间虽在表述上相去甚远，但在效果上应该是一样的。

4. 票据贴现业务贸易背景探讨。2016 年，中国人民银行先后发布了《关于规范和促进电子商业汇票业务发展的通知》（银发〔2016〕224 号）和《票据交易管理办法》（中国人民银行公告〔2016〕第 29 号，以下简称〔2016〕第 29 号公告）。以上两个文件规定企业申请贴现时，无须向金融机构提供合同、发票等资料。对于该规定，商业银行理解为是对贴现业务贸易背景审核的取消。但在银保监会的检查中，银保监会依然要求商业银行办理贴现业务时必须审核票据贸易背景。如根据银监罚决字〔2018〕4 号，上海浦东发展银行就因为票据承兑、贴现业务贸易背景审查不严受到了处罚。

笔者认为，中国人民银行在银发〔2016〕224 号文和〔2016〕第 29 号公告中规定企业贴现无须向金融机构提供合同、发票等资料可视为对贴现业务贸易背景审核的取消。银发〔2016〕224 号文和〔2016〕第 29 号公告是为了提高商业汇票的贴现效率，促进票据交易。如果取消合同、发票的审核，又同时要求商业银行审核贸易背景，无疑加重了商业银行在贴现业务中的负担，与银发〔2016〕224 号文和〔2016〕第 29 号公告的目的背道而驰，与银发〔2005〕235 号文形成的惯例也不符。按照银保监会对贴现业务贸易背景处罚的逻辑，我们甚至可以推论，对于此类无贸易背景贴现的票据，转贴现买入方和申请再贴现业务的商业银行同样违反了转贴现、再贴现的商业汇票应以真实贸易背景为基础的规定，应受到行政处罚。这种推论显然与票据市场已经形成的交易惯例不符，这也反推出，银发〔2016〕224 号文和〔2016〕第 29 号公告是对贴现业务贸易背景的取消。

四、《商业银行资本管理办法（试行）》

《商业银行资本管理办法（试行）》（以下简称《资本管理办法》）经中国银监会第115次主席会议通过，2012年6月7日以中国银行业监督管理委员会令2012年第1号公布。商业银行办理票据业务需要按照《资本管理办法》规定计提风险资产。

（一）票据业务风险资产计量有关要求

1. 一般计量规则。商业银行采用权重法计量风险资产的票据业务主要包括承兑、保证、质押和贴现。

（1）承兑。承兑业务是票据业务的起点，商业银行对商业汇票的承兑属于表外项目。依据《资本管理办法》，承兑业务视为等同于贷款的授信业务，商业银行应按照承兑金额的100%信用转换系数转换后计量风险资产。

（2）保证。商业银行对商业汇票债务人进行票据保证属于表外项目。按照《资本管理办法》的规定，保证业务的风险资产计量等同于贷款的授信业务，按照100%的信用转换系数进行转换。

商业银行作为票据保证人时，被保证人为银行或被保证人前手背书人和保证人中有其他商业银行的，可按照表外项目信用转换系数（100%）转换后的20%或25%计量风险资产①。

商业银行贴现买入由其他商业银行作为保证人的票据可按照保证人类型进行风险缓释后计量风险资产。

（3）质押。商业银行可以通过接受债务人票据质押的方式为对应债权进行风险缓释。《资本管理办法》第七十三条规定："合格质物质押的债权

① 《商业银行资本管理办法（试行）》第六十一条：商业银行对我国其他商业银行债权的风险权重为25%，其中原始期限三个月以内（含）债权的风险权重为20%。

（含证券融资类交易形成的债权），取得与质物相同的风险权重，或取得对质物发行人或承兑人直接债权的风险权重。”

质押物为银行承兑汇票的，商业银行按 20% 或 25% 计量风险资产；质押物为商业承兑汇票的，商业银行按 100% 计量风险资产。

（4）贴现。票据贴现业务按照票据背书人是否为金融机构分为直贴与转贴。商业银行通过直贴或转贴买入票据成为持票人，享有对票据承兑人的债权。《资本管理办法》规定，银行承兑汇票持票人按照 20% 或 25% 计量风险资产；商业承兑汇票持有人按获取方式分，通过直贴成为持票人的按照 100% 计量风险资产，通过转贴现买入成为持票人的可按照直贴银行类型进行风险缓释后计量风险资产。

商业银行通过转贴卖出票据后在票据债务履行完毕前不得释放风险资产。原因是票据卖出后，卖出方成为票据背书人，其与票据债务人一起对持票人负有担保义务，因此卖出方在卖出票据资产后应按照票据金额调增表外项目，并按照表外项目信用转换系数转换后计量风险资产。

2. 特殊情况处理。根据《票据法》第六十九条的规定，持票人为出票人的，对其前手无追索权；持票人为背书人的，对其后手无追索权。因此，票据资产通过背书转让后，风险资产计量会出现以下三种特殊情况，在具体实践中处理方式如下：

一是商业银行重复背书转让相同票据的无须重复计量风险资产，且两次背书之间的其他商业银行可以释放风险资产。

二是商业银行作为背书人买入自己承兑的票据，在商业银行之前的所有其他商业银行可以释放风险资产。

三是商业银行转贴现卖出自己承兑的票据仅按照承兑业务继续计量风险资产，转贴现行为不计量风险资产。

（二）票据业务风险资产计量存在的问题

采用权重法对商业银行资产进行风险计量时，资产的风险权重依据债务人资信进行划分，未对业务本身进行特殊规定。在票据业务实践中，适用《资本管理办法》对票据业务进行风险资产计量会产生以下几方面的问题：

1. 票据转贴现业务风险资产重复计量。据统计，2015 年商业汇票累计签发量为 22 万亿元，累计贴现和转贴现金额达 102 万亿元。假设所有签发的商业汇票都进行了贴现，那么每张商业汇票在银行的平均背书次数约为 5 次。因此，从整个银行业来看，权重法计算的票据业务风险资产约为商业银行持有票据金额的 225% 左右。① 实际重复计算情况可能更甚，因为仅有部分签发的商业汇票在银行进行了贴现和流通转让，每张商业汇票在银行的平均背书次数应远远大于 5 次。与一般信贷资产相比，票据资产风险较低，一般信贷资产占用的风险资产为贷款金额的 100%，而票据资产占用的风险资产比例却是相同规模一般信贷资产的两倍以上，这与票据资产的低风险资产属性不符。当前票据贴现业务开展中背书人风险资产重复计量已经严重限制了票据资产的流通性，并进一步抑制了商业银行为实体经济提供贴现贷款的能力。

2. 持票人风险资产计量权重偏高。采用权重法计算商业银行风险资产应符合“债务人违约风险越低，对应的风险资产权重就越低”的原则。对持票人来说，票据的所有背书人和保证人都有担保持票人债权受偿的义务。因此，票据背书人和保证人越多，票据资产的风险权重就应该越低。但权重法未对票据业务的风险权重计提作出特别规定，所有商业银行持有的票据，无论前手有多少家商业银行作出过担保，以及这些商业银行的信用状况如何，持票人最低只能按照 20% 或 25% 的权重计量风险资产。因此，商业银行采用权重法计量票据资产的风险资产会造成票据资产风险权重过高，无法客观体现商业银行持有票据类低风险资产的优势。

---

① 目前我国商业汇票以银行承兑汇票为主。商业银行签发银行承兑汇票占用 100% 的风险资产。贴现或转贴现商业承兑汇票占用 25% 风险资产。

3. 保证增信业务风险资产计量规则亟待明确。《票据交易管理办法》第二十四条规定，贴现人可以按市场化原则选择商业银行对纸质票据进行保证增信。保证增信行对纸质票据进行保管并为贴现人的偿付责任进行先行偿付。

保证增信行为可分解为对实物票据的保管行为和为贴现人先行偿付担保。先行偿付范围包含了对贴现人贴现信息登记错误产生的赔偿责任和持票人向贴现人行使追索权的票据责任。《资本管理办法》的实施在《票据交易管理办法》颁布之前，对于保证增信行为风险资产的计量需要对《资本管理办法》的相关规定进行解释后才可适用。保证增信业务风险资产计量规则成为商业银行加入票交所后关心的话题。

（三）票交所模式对票据业务风险资产计量的影响

票交所成立后为票据业务的开展提供了新的思路。为促进票据流通，控制票据风险，《票据交易主协议》（以下简称《主协议》）约定持票人放弃对部分背书人的追索权；《票据交易管理办法》规定票交所会员可在票交所系统办理保证增信业务登记。通过分析《资本管理办法》关于票据业务风险资产计量的规则，在票交所系统开展票据业务将对票据资产的风险计量产生以下两方面的影响：

1. 无被追索义务的票据转贴现卖出人应不再计量相关风险资产。票交所系统平台上线后，票据转贴现业务由场外交易变为场内交易，在票交所平台开展的票据转贴现交易适用《主协议》。《主协议》第三条“承诺与遵守”约定持票人放弃对前手背书人行使追索权，但保留对票据出票人、承兑人、承兑人的保证人、贴现人、贴现人的保证人及贴现人前手背书人的追索权。由于在票交所内发生的交易以《主协议》为基础，因此未来票交所内的持票人都放弃了对《主协议》限定范围内背书人的追索权，这些无被追索义务的背书人可以按照《资本管理办法》的精神不再计量风险资产。

《主协议》的这一规定解决了传统票据交易中票据流转环节风险资产

重复计量的问题，同时也避免了由票据背书人的信用叠加导致持票人票据资产风险权重虚高的问题。

2. 保证增信业务信用风险应参照票据保证业务计量。《票据交易管理办法》规定保证增信行应保管票据并对票据贴现人的偿付责任进行先行偿付。保证增信行是对票据贴现人责任的补充，根据“先行偿付”的描述可以推出，保证增信人的责任应与票据贴现人相同，但在偿付顺序上存在先后之分。票据贴现人的偿付责任分为两种：一是对贴现票据信息登记错误给持票人造成损失的赔偿责任，二是对承兑人拒绝付款的被追索责任。

商业银行在办理保证增信业务时应实际保管票据并核对票据信息，因此保证增信人为贴现人信息登记错误先行偿付的责任属于操作风险，按照《资本管理办法》关于操作风险相关规定计量风险资产。

商业银行完成保证增信行为后票交所系统在票据背书栏中记录保证人和被保证人相关信息，并记载“保证（增信）”字样。从票交所系统信息看，保证增信行为符合《票据法》关于票据保证行为的要式规定，保证增信人先于贴现人承担被追索责任也是票据保证责任的一种体现。因此，保证增信业务信用风险应按照《资本管理办法》中关于票据保证业务的相关规定计量。

第四节　票据业务实践中相关法律问题探讨

一、票据付款日规则探讨

《票据法》第五十四条规定：“持票人依照前条规定提示付款的，付款人必须在当日足额付款。”因此，按照《票据法》的规定，商业汇票应在提示付款当日付款。但是在业务实践中商业汇票到期托收却有“兑付期限”的规定，不同介质的票据，以及是否发生贴现，都会影响这一“兑付期限”，对企业、银行、财务公司按期兑付造成困难。

（一）票据兑付期限规定

商业汇票兑付期限规则分散于《支付结算办法》《电子商业汇票业务管理办法》《票据交易管理办法》中，具体有以下几种情况：

一是未贴现纸质商业汇票到期适用《支付结算办法》。按照《支付结算办法》第九十条规定，银行承兑汇票“承兑银行应在汇票到期日或到期日后的见票当日支付票款”。第八十九条规定，商业承兑汇票“付款人收到开户银行的付款通知，应在当日通知银行付款。付款人在接到通知日的次日起3日内未通知银行付款的，视同付款人承诺付款，银行应于付款人接到通知日的次日起第4日上午开始营业时，将票款划给持票人”。同时，《支付结算办法》第八十九条还规定，“付款人提前收到由其承兑的商业汇票，应通知银行于汇票到期日付款。付款人在接到通知日的次日起3日内未通知银行付款，付款人接到通知日的次日起第4日在汇票到期日之前的，银行应于汇票到期日将票款划给持票人”。

从《支付结算办法》的规定看，未贴现纸质商业汇票依然是以持票人提示付款当日作为承兑人付款日。但是在商业承兑汇票中，由于存在付款人开户银行与付款人之间的通知时间，如果票据未在到期日的4个工作日前寄送至付款人开户行，则有可能发生付款人在票据到期日之后付款的情况。目前，在业务实践中，这种情况普遍发生，即使持票人已匡算日期，在票据到期日前及时寄送了票据，但商业承兑汇票的付款人依然会在到期日后的第4个工作日进行付款，并且已成为一种市场认可的商业习惯。

二是未贴现电子商业汇票。未贴现电子商业汇票到期适用《电子商业汇票业务管理办法》。按照《电子商业汇票业务管理办法》的规定，银行承兑汇票到期，持票人提示付款后，承兑人应在当日至迟次日付款。商业承兑汇票到期，承兑人收到提示付款申请后应在3个工作日内付款。承兑人未及时应答的，承兑人开户行应在第4个工作日根据承兑人账户余额情况进行应答。

三是已贴现票据到期。已贴现票据到期适用《票据交易管理办法》。《票据交易管理办法》第五十六条规定："持票人在提示付款期内通过票据市场基础设施提示付款的，承兑人应当在提示付款当日进行应答或委托其开户行进行应答。"

从以上三种情况可以看出，商业汇票到期后，根据票据介质不同以及是否发生贴现，票据兑付适用不同的业务规则（见表5－1）。

表5－1　票据兑付期限梳理

票据介质	纸质		电子	
票据种类	银票	商票	银票	商票
已贴现	1. 适用《票据交易管理办法》 2. 承兑人应在提示付款当日付款			
未贴现	承兑人应在提示付款当日付款	承兑人在提示付款日起3日内付款	承兑人提示付款日至迟次日付款	承兑人提示付款日期3日内付款
	适用《支付结算办法》		适用《电子商业汇票业务管理办法》	

（二）票据兑付期限的法律性质

根据票据介质不同、是否发生贴现，票据兑付存在不同的期限。在《票据法》中，提示付款其实质是一种请求承兑人付款的意思表示。按照《民法典》第一百三十七条的规定，以非对话方式作出的意思表示，到达相对人时生效。在票据兑付环节中存在两个意思表示，一个是持票人向承兑人发出提示付款的意思表示，另一个是承兑人同意付款或拒绝付款的意思表示。票据属于提示证券，持票人行使提示付款时需要向承兑人出示票据。对于纸质银行承兑汇票，持票人可通过开户行直接向承兑人提示付款，因此《支付结算办法》规定承兑人应当在见票当日付款。对于纸质商业承兑汇票，持票人首先向承兑人的开户行寄送票据，然后由承兑人的开户行通知承兑人付款。承兑人收到付款通知后，《支付结算办法》规定应在3日内通知银行付款，这3日可以解释为承兑人是否同意付款的意思表示到达时间。

但是，对于电子商业汇票，《电子商业汇票业务管理办法》规定的兑付期限与《民法典》第一百三十七条的规定存在冲突。《民法典》规定，“以非对话方式作出的采用数据电文形式的意思表示，相对人指定特定系统接收数据电文的，该数据电文进入该特定系统时生效”。未贴现电子商业汇票持票人和承兑人使用电子商业汇票系统和各自商业银行提供的网银接收数据电文。因此，承兑人网银收到持票人发起的提示付款就应当认为承兑人已收到持票人请求付款的意思表示，承兑人应在收到提示付款当日付款。

二、《票据法》第十条与真实贸易背景审查

我国《票据法》第十条规定“票据的签发、取得和转让，应当遵循诚实信用的原则，具有真实的交易关系和债权债务关系。票据的取得，必须给付对价，即应当给付票据双方当事人认可的相对应的代价。”票据法专家普遍认为该条完全否定了票据的无因性[①]，给票据业务的开展和票据流通造成极大的桎梏。但在司法实践中，最高人民法院通过颁布司法解释将《票据法》第十条法律后果限制于票据直接当事人之间，维护了票据无因性原则。然而在金融领域，监管机构在票据业务现场检查中却依然坚持票据需要有原因关系，使票据在流通领域产生了司法与金融监管政策理念的不一致。

（一）产生背景

1995 年 5 月 10 日我国《票据法》正式颁布，1996 年 1 月 1 日起实施。在《票据法》颁布之前，中国人民银行 1988 年颁布《银行结算办法》，上海市人民政府 1989 年发布《上海市票据暂行规定》，这两个规章都提出了

① 谢怀栻．票据法概论［M］．北京：法律出版社，2017：41.

商业汇票的签发应以合法的商品交易为基础，禁止签发无商品交易的汇票。在 1994 年 12 月国务院向全国人大常委会提请审议的《票据法（草案）》中没有关于票据签发需要以商品交易为基础的规定，同时时任中国人民银行副行长周正庆向全国人大常委会所作的《关于〈中华人民共和国票据法（草案）的说明〉》指出："票据属于无因证券。根据这一特征，草案没有沿用先行《银行结算办法》关于签发商业汇票必须以合法的商品交易为基础的规定。这是因为，票据关系都是基于一定的原因关系而产生的，如贷款的支付、债权债务的清偿等，但票据关系成立后，即与其原因关系相分离。票据关系与票据原因关系是两种不同的法律关系，应由不同的法律进行调整和规范。只要票据符合法定要式，并且依法取得，持票人就享有票据权利，在行使票据权利时，不需要向债务人证明其取得票据的原因。因此，签发票据是否有商品交易或者交易是否合法，不属于《票据法》规定的内容，应由其他有关的法律加以规范。"但在最后施行的《票据法》中加入了第十条，全国人民代表大会法律委员会副主任委员项淳一解释这样做的原因是："许多部门、地方和金融机构提出，票据当事人在签发票据或取得票据时，应当具有真实的商品交易关系或债权债务关系，取得票据的人应当给付相对应的代价。目前票据使用中的一个突出问题是，有些当事人签发票据没有真实的经济关系为基础，利用票据进行欺骗活动。因此建议在草案总则中明确规定票据的签发、取得和转让，应当遵循诚实信用原则，具有真实的交易关系和债权债务关系。"

从立法背景看，《票据法》第十条的设立并非为了否认票据行为的无因性，其主要目的是防止票据被利用来进行欺骗活动。

（二）票据无因性分析

立法者通过制定法律来调整特定的社会关系以达到预期的法律效果。《票据法》第十条的规定在法学家眼中无疑是对票据无因性的否定，而票据无因性原则是为了保障票据的流通，对票据无因性的否定将导致票据合法持票人权利无法获得保护，票据流通性下降。

根据中国人民银行发布的货币政策执行报告，2001 年商业汇票企业累计签发额为 1.28 万亿元，累计贴现[①]额为 1.55 万亿元；2017 年商业汇票企业累计签发额为 17 万亿元，累计贴现额为 40.3 万亿元。从以上数据可以看出，票据业务在近 15 年中获得了巨大的发展，似乎并未受到《票据法》第十条的影响，出现票据流通性大幅下降的结果。

《票据法》第十条规定禁止签发、转让和取得无真实交易关系和债权债务关系的票据，但未明确规定违反该条的法律后果。在司法审判实践中，为正确适用《票据法》第十条，最高人民法院在《关于审理票据纠纷案件若干问题的规定》（以下简称司法解释）第十四条[②]中对当事人违反《票据法》第十条的法律后果作出了明确的规定。背书人转让票据无真实交易关系和债权债务关系的可对直接前手或直接后手进行抗辩，但不得对其他背书人进行抗辩。《票据法》第十三条规定："本法所称抗辩，是指票据债务人根据本法规定对票据债权人拒绝履行义务的行为。"因此，违反《票据法》第十条并不会导致票据无效或票据行为无效（否则就不存在票据债务人和票据债权人），而是产生基于票据的抗辩权。所以最高人民法院在对《票据法》进行司法解释后，虽然第十条的规定构成了对票据行为无因性的否定，但对原因关系的抗辩权仅限于授受票据的直接当事人间，由此可见，在司法领域，对于善意第三人来说，票据的签发、取得和转让依然适用票据无因性原则，这一规定维护了票据合法持有人权益，同时使我国票据市场未受第十条的影响仍然蓬勃发展。

① 包含银行与企业间的贴现及金融机构间的转贴现。

② 最高人民法院《关于审理票据纠纷案件若干问题的规定》第十四条："票据债务人以票据法第十条、第二十一条的规定为由，对已经背书转让票据的持票人进行抗辩的，人民法院不予支持。"

（三）监管政策

金融监管政策对票据市场的发展起到至关重要的作用，合理有效的监管政策可以规范金融机构行为、控制票据业务风险，同时促进票据市场的健康发展。

1. 票据监管政策现状。在金融机构开展票据业务中，对于票据融资行为的规范，监管机构着重关注的是企业申请承兑或取得票据时是否存在“特定的原因关系”。比如，中国人民银行《商业汇票承兑、贴现与再贴现管理暂行办法》规定承兑、贴现、转贴现、再贴现的商业汇票，应以真实、合法的商品交易为基础。《关于切实加强商业汇票承兑贴现和再贴现业务管理的通知》规定商业汇票是交易性票据，必须具有真实贸易背景。企业签发、承兑商业汇票和商业银行承兑、贴现商业汇票，都必须依法、合规，严禁签发、承兑、贴现不具有贸易背景的商业汇票。2003 年中国银监会成立后也颁布一些规章和规范性文件，如《关于票据业务风险提示的紧急通知》（银监通〔2006〕10 号）、《关于规范信贷资产转让及信贷资产类理财业务有关事项的通知》（银监发〔2009〕113 号）、《关于银行承兑汇票业务案件风险提示的通知》（银监办发〔2011〕206 号）。这些文件都明确规定金融机构为企业办理承兑及贴现时应审核企业取得票据是否具有相关合同、发票，严禁为无真实贸易背景的票据办理承兑或贴现。

针对票据市场发展的新情况，中国人民银行出台了《票据交易管理办法》和《关于规范和促进电子商业汇票业务发展的通知》，其中明确规定商业银行为贴现申请人办理贴现，贴现申请人无须提供合同、发票等资料。这些规定看似是对商业银行办理票据业务时真实贸易背景审核义务的取消，但都没有明确提出商业银行办理票据业务无须审核票据贸易背景，因此中国人民银行与银监会颁布的票据贸易背景审查的相关文件并未废止。从《票据交易管理办法》和《关于规范和促进电子商业汇票业务发展的通知》可以看出，中国人民银行在票据真实贸易背景问题上已有放开管理的迹象，但在银监部门的现场检查中票据贸易背景依然是检查的重点，2018 年吉林银监分局对中国邮政储蓄银行因未严格审核银行承兑汇票贸易背景真实性办理贴现业务作出责令改正，并处罚款 30 万元（吉市银监罚决字〔2018〕7 号）。

2.《关于切实加强商业汇票承兑、贴现与再贴现管理暂行办法》与《票据法》第十条的关系。《关于切实加强商业汇票承兑、贴现与再贴现管理暂行办法》规定："企业签发、承兑商业汇票和商业银行承兑、贴现商业汇票，都必须依法、合规，严禁签发、承兑、贴现不具有贸易背景的商业汇票。"该规定表述与《票据法》第十条票据的签发、取得和转让应有真实交易关系和债权债务关系相近，但从《票据法》第十条的立法精神以及最高人民法院司法解释来看两者相去甚远，主要体现在以下几个方面：

一是《票据法》第十条未规定票据承兑行为需要有真实交易关系和债权债务关系。票据的签发是指票据出票行为，票据出票行为不包括票据承兑行为，因此《票据法》第十条未规定票据承兑行为需要有相应的原因关系。

二是《票据法》第十条的法律后果是在无真实债权债务关系和交易关系的票据直接授受人间产生抗辩权，并不会影响间接后手持票人权利，因此不会产生阻碍票据流通的效果。在贴现业务中，贴现申请企业与其前手没有贸易背景并不会影响金融机构的票据权利，而金融机构对贸易背景的审查却起到了弱化票据流通性的效果，这与《票据法》第十条的立法精神不符。

三是真实交易关系和债权债务关系的范围远大于真实贸易背景。真实交易关系和债权债务关系包括买卖关系、借贷关系、租赁关系、加工承揽、建设工程等《合同法》规定的原因关系，但"真实、合法商品交易"或"真实贸易背景"应仅指买卖关系中的货物贸易关系。以真实贸易背景为监管标准已不适应当前票据使用的场景，应及时修改监管规范文件。

3. 监管政策在风险防控上的效果。18—19 世纪，苏格兰经济学家亚当·斯密提出了“真实票据理论”，他认为只要商业银行只为那些具有真实交易背景的自偿性短期票据提供贴现和融资服务，则纸币供应的总量将会自动地和社会生产中所需的纸币数量一致，从而使流通纸币的价值得以稳定。[①] 从真实票据理论的定义可以看出，把票据真实交易背景原则和票据的流通捆绑起来可以避免票据融资过度扩张，同时防止因信贷过度扩张导致通货膨胀，且从票据债务人的信用来看，有自偿性的票据资产风险更低，严守真实票据理论可以降低银行票据业务风险。

从金融领域对于票据业务的相关监管政策可以看出，中国人民银行与银监会（现银保监会）按照票据真实贸易背景原则制定相关政策文件时与“真实票据理论”表达了相同的经济关切，即在票据信贷与真实的商品生产和流通之间建立一套挂钩机制，从而避免票据成为信用过度扩张的工具和渠道。但是真实贸易背景原则已不适应我国票据市场的发展，主要有以下两方面理由：

一是监管机构对社会信用总量的调控工具已升级为宏观审慎评估体系（MPA）。从1988年的《银行结算办法》到1997年的《商业汇票承兑、贴现与再贴现管理暂行办法》，在当时的金融监管环境下，使用票据真实贸易背景原则确实可以起到限制信用过度扩张的作用。但是随着时代的进步和外部环境的变化，各类信用工具（如债券、股权）的创新使真实贸易背景原则已无法用于控制信用过度扩张。此外，票据融资作为商业银行信贷业务的一部分已纳入MPA评估体系，事实上，通过票据真实贸易背景原则来控制票据融资量已不能形成对商业银行信贷行为的有效约束。

二是使用真实贸易背景原则防控票据资产风险效果甚微，商业银行仍需通过其他措施控制违约风险。票据真实贸易背景原则有降低票据业务违约风险的作用，但对于商业银行来说，有真实贸易背景的票据仍属于企业

---

① Humphrey M Thomas. The Real Bills Doctrine [J]. FRB of Richmond Economic Review, 1982, 68 (5): 3－13. 转引自王一珂. 从金融法视角论“票据真实交易背景原则”的存废与变革 [D]. 北京：中国政法大学硕士学位论文，2009.

信用。在票据承兑业务和商业承兑汇票贴现中，即使企业取得的票据有真实贸易背景，商业银行依然会要求企业提供保证金或抵（质）押物来缓释风险；在银行承兑汇票贴现中，商业银行基于同业授信向企业放款，企业是否具有真实贸易背景不影响商业银行对承兑人风险的判断。

4. 监管政策对票据业务发展的影响。真实贸易背景审查对缓解商业银行票据资产风险帮助有限，但在业务实践中却大大影响了商业银行办理票据业务的效率。在金融实践中，商业银行没有能力也无法做到对票据贸易背景进行实质审查，同时一些财务制度不健全的中小企业在申请贴现时也无法向商业银行提供完整的贸易背景。因此，为票据包装表面真实的贸易背景成为许多不规范的票据中介向融资企业提供的一项“服务”。此类“服务”拉长了企业票据融资链条，增加了企业的融资成本，加剧了中小企业融资贵。

综上所述，票据真实贸易背景原则无论从合法性原则、防控风险原则还是效率原则都与当前的金融环境和票据业务发展的实践不符，反而会增加企业与商业银行办理票据业务的成本和负担，并形成政策性市场扭曲，降低票据资产的融资效率。

三、票据资产与信贷规模

（一）票据贴现业务与信贷业务关系

《贷款通则》规定：“票据贴现，系指贷款人以购买借款人未到期商业票据的方式发放的贷款。”根据《贷款通则》对票据贴现的定义可以推出两层含义：一是票据贴现中贴现申请人为借款人，贴现银行为贷款人。二是票据贴现中贴现申请人为商业票据卖方，贴现银行为商业票据买方。根据第一层含义，贴现申请人为借款人，则按照《贷款通则》第十九条规定，借款人应当按借款合同约定及时清偿贷款本息。而在第二层含义中，银行依据交易行为，买入票据成为票据权利人，票据到期时，银行可以向承兑人行使票据权利，获得票面资金。

1. 还款请求权与票据追索权的差异。按照《贷款通则》对票据贴现的定义，银行在办理票据贴现业务时获得了两项债权，一项是对贴现申请人的还款请求权，另一项是对票据承兑人的票据权利。银行的票据权利来自《票据法》，贴现申请人将票据背书转让给银行后，银行成为票据持票人。银行的还款请求权来自《贴现协议》，银行按照协议的规定请求借款人还款。但在业务实践中，大部分银行把对贴现申请人的还款请求权与票据追索权混同。

票据追索权与还款请求权主要有以下几方面的不同：一是票据追索权的行使需要持票人提供拒绝证明，而还款请求权的行使只需要贷款银行证明票据承兑人未按约定支付票款。二是票据追索权仅能在票据到期拒付后行使，而还款请求权在出现借款人违反《贴现协议》的情况时就可以行使，如借款人未按约定用途使用借款。三是票据追索权可以向承兑人、出票人和任一票据背书人或保证人行使，而还款请求权仅能向借款人行使。四是票据追索权金额除票面金额外包括汇票金额自到期日或者提示付款日起至清偿日止，按照中国人民银行规定的利率计算的利息以及取得有关拒绝证明和发出通知书的费用；而还款请求权可以根据《贴现协议》要求借款人支付逾期罚息，对于借款人未支付的逾期罚息，还可以自逾期之日起按照罚息率和实际逾期天数收取复利。五是票据的追索权和再追索权必须在 6 个月和 3 个月内行使，不行使则权利消灭；而还款请求权属于一般债权，诉讼时效为 3 年。

2. 还款请求权的行使。商业银行在完成贴现操作后可以同时获得票据权利和还款请求权，但是贷款银行在行使还款请求权时存在一定的前置条件。

在借贷关系中，贷款人一般享有贷款挪用返还请求权和还款请求权。贷款人发现借款人未按约定用途使用融资款项，有权请求借款人返还贷款本金并支付挪用贷款罚息。但在贴现业务中，由于贷款人向借款人发放的贷款同时构成票据交易的对价，因此，贷款人如要求借款人清偿本息，需向借款人返还票据。换言之，如果贷款人在贴现票据后将票据转贴现，则即使贷款人发现借款人有挪用贷款的行为，由于贷款人未持有票据，也无法行使贷款挪用返还请求权。同理，票据承兑人到期未付款，贷款人按照《贴现协议》向借款人请求还款并支付罚息的前提是贷款人持有票据，如贷款人已将票据转贴现的，无法向借款人行使还款请求权。

（二）票据资产不应属于信贷资产

票据贴现是交易关系与信贷关系的组合。票据权利的行使和还款请求权的行使存在明显的差别。但在业务实践中，票据贴现完成后，贴现票据被作为信贷资产管理，需统计信贷规模，已贴现票据的转让还会引起信贷规模的变动。这就导致票据成为各商业银行信贷规模调节的工具，在一些信贷规模考核的关键时点，造成票据市场的剧烈波动。

票据贴现中的交易关系会产生票据资产的转移，票据贴现中的信贷关系会产生信贷资产。将票据资产视为信贷资产是将这两层法律关系混同，不利于厘清票据资产、信贷资产和信贷规模三者之间的关系。

票据资产属于有价证券，银行转让票据资产需符合《票据法》的规定，通过背书的方式进行。信贷资产属于合同债务，信贷资产的转让需符合《合同法》的规定，债权人转让权利的，应当通知债务人。而信贷规模则是对信贷资产的统计，只有信贷资产发生转让，才会发生信贷规模的变动。在票据二级市场交易中，贴现银行将贴现取得的票据资产转贴现[①]给其他金融机构，但对于贴现业务取得的信贷资产未进行转让。因此，在票据转贴现业务中，虽然票据资产发生转让，但信贷资产未变动，信贷规模也不应该发生变动。

① 《票据交易管理办法》第四十一条规定，转贴现是指卖出方将未到期的已贴现票据向买入方转让的交易行为。

（三）票据贴现与信贷关系正逐渐脱离

票据贴现由交易行为和信贷行为两个行为组成，贴现银行一般通过对承兑人授信来控制票据交易行为的风险，对贴现申请人授信来控制信贷行为的风险。因此，按照《贷款通则》对票据贴现业务的定义，票据承兑人和贴现申请人需同时满足贴现银行的授信要求，贴现银行才能为贴现申请人办理贴现。目前，大部分商业银行在办理银行承兑汇票贴现时，只看承兑银行是否符合授信要求，对贴现申请人则不再进行授信。笔者认为，这种做法非常具有合理性。首先，从业务逻辑上看，只有票据承兑人到期不付款时，贴现银行才能向贴现人行使还款请求权。因此，票据贴现中对贴现申请人的授信可以认为是对承兑人授信的补充。但在银行承兑汇票贴现中，贴现申请人的信用一般远低于承兑银行，对贴现申请人授信并不能很好地起到缓释承兑银行信用风险的作用，但实质上却会影响票据贴现的效率。其次，银行承兑汇票是票据二级市场的主要交易对象，占票据市场交易的95.01%①。贴现银行将贴现票据转贴现后无法向贴现申请人行使还款请求权，即使贴现时对贴现申请人进行了授信，在票据承兑人未付款的情况下，贴现银行也可能因未持有票据而无法向贴现申请人行使还款请求权。因此，只对承兑银行授信是对票据贴现业务中信贷关系的剥离，将票据贴现仅作为交易行为处理，从而在控制风险的情况下提高商业银行办理票据贴现业务的效率。但是，在商业承兑汇票贴现业务中，仍应要求同时对承兑人和贴现申请人授信。这是因为商业承兑汇票的承兑人和贴现申请人信用相近，对贴现申请人授信可极大地降低银行贴现商业承兑汇票的风险，保证贴现银行在承兑人不付款的情况下，仍可以通过贴现申请人保全贷款。

---

①　参见上海票据交易所官网，商业汇票业务数据发生额，http：//www.shcpe.com.cn/uploadfiles/2020/05/20200519190232232.pdf。

第六章　金融科技与票据市场发展

第一节　金融科技的发展

一、金融科技的定义

金融科技（FinTech）是 Financial Technology 的缩写，可以简单理解为 Finance（金融） + Technology（科技），但又不是两者简单的叠加，而是需要两者的深度融合，通过利用各种科学和技术手段推动传统金融行业的产品服务创新，提升效率并降低成本。基于不同的出发点和理解，业界对金融科技从各个角度给出了不同的定义。

百度百科对金融科技的定义，更偏向科技领域：金融科技属于产业金融的范畴，主要是指科技产业与金融产业的融合。当今世界经济发展极大地依靠科技推动，而高科技企业通常是高风险的产业，对融资需求往往较大，科技与金融的融合更多的是科技企业寻求融资的过程。

维基百科对金融科技的定义，更偏向金融领域：它是由一些通过科技让金融服务更高效的企业构成的一个经济产业。金融科技公司往往尝试通过构建新场景、新渠道、新流程，绕过现存的传统金融体系，直接触达和服务最终用户，它们挑战那些较少依赖软件的传统机构。

比较官方和正式的，也被大部分人接受的，是 2016 年 3 月金融稳定理事会（FSB）发布的《金融科技的描述与分析框架报告》对金融科技进行的定义，即指由大数据、区块链、云计算、人工智能等新兴前沿技术带动，对金融市场以及金融服务业务供给产生重大影响的新兴业务模式、新技术应用、新产品服务等。

由此可见，无论是金融领域还是科技领域，对金融科技都有不同的理解，但都无法对金融科技下一个准确、清晰、全面的定义。随着时代的发展，将会出现更多金融科技创新形态，金融科技的定义也将会变得更加丰富。

二、金融科技的演进

金融科技的关键是金融和科技的相互融合，技术突破是金融科技发展的最大动力。结合信息技术对金融的推动，可以将金融科技的发展分为以下三个阶段。

（一）1.0 金融 IT 阶段

第一个阶段可以界定为金融 IT 阶段，或者说是金融科技 1.0 阶段。这个阶段，主要是传统的金融机构应用先进软硬件技术来替代或辅助手工流程，实现办公和业务的电子化、自动化，从而提高业务效率，降低业务成本。

这一阶段金融和科技的结合是自上而下的，数据相对封闭，通常以金融机构为主导，典型代表是数据中心、研发中心等基础设施建设及核心系统、信贷系统、票据系统、清算系统等业务系统建设。科技公司通常不直接参与金融业务环节，主要以向金融机构提供软硬件服务为主。金融 IT 阶段主要产业为软件服务、硬件服务短信、外呼、传统数据（工资单、银行流水、人民银行征信）等。

（二）2.0 互联网金融阶段

第二个阶段可以界定为互联网金融阶段，或者说是金融科技 2.0 阶段。在这个阶段，主要得益于互联网技术的飞速发展，金融也充分利用互联网资源共享、超越时空、实时交互、高效率、高精准度、个性化、人性化、展现丰富等特点，将传统的线下业务搬至线上，汇集海量的用户和信息，实现资金融通、支付、投资和信息中介服务等新型金融业务模式，打通数据流、信息流、物流，实现信息共享和业务融合。

这一阶段金融和科技的结合是自下而上推动的，强调数据开放和融合，通常由互联网金融机构引领，传统金融机构选择性跟进，其中最具代表性的包括互联网的第三方支付、P2P 网络借贷、互联网保险、互联网理财等。科技公司和金融机构的边界不再那么清晰，科技公司和金融机构的合作更为深入，科技公司向金融机构提供更多的技术、数据、信息服务，并逐渐参与到金融业务的各个环节，有些科技公司转型成为互联网金融机构，直接开展金融业务。互联网金融阶段主要产业为第三方支付、P2P 网络借贷、互联网理财、互联网征信、大数据风控、线上合同、电子签章、云计算、网络安全等。

（三）3.0 智能金融科技阶段

第三个阶段是智能金融科技阶段，或者说是金融科技 3.0 阶段。这个阶段，是人工智能和金融的全面融合，金融业通过大数据、云计算、人工智能、区块链等高新科技来改变传统金融中信息采集、风险定价、投资决策过程，使用机器来替代或辅助人类开展部分经营管理和决策，从而提升金融机构的服务效率，拓展金融服务的广度和深度，解决传统金融的痛点。

这一阶段是金融科技发展的高级形态，是对金融 IT 阶段和互联网金融阶段的升级与转型，金融科技从替代人类的体力劳动向替代人类的脑力劳动发展，将对金融业产生革命性、颠覆性的影响，代表应用有智能营销、智能身份识别、智能投顾、智能客服、智能投资、智能信用评估、智能风控、智能运营管理等。该阶段已很难分清科技公司和金融机构的界限，更多的是以混业经营的形式出现，大量无法使用新技术的传统金融企业将生存艰难。智能金融科技阶段主要产业为 5G、人工智能、区块链、大数据、云计算、物联网、VR/AR 等。

三、金融科技的价值

（一）推动普惠金融发展

国务院印发的《推进普惠金融发展规划（2016—2020 年）》将普惠金融定义为：立足机会平等要求和商业可持续原则，以可负担的成本为有金融服务需求的社会各阶层和群体提供适当、有效的金融服务。关于推进普惠金融发展的指导思想是不断提高金融服务的覆盖率、可得性和满意度。

在传统金融模式下，金融机构主要基于物理网点以人工方式提供金融服务，在服务能力有限的条件下，金融资源大幅向利润率较高领域、综合收益较高对象倾斜，小微企业、低收入或弱势群体难以触达金融媒介，更加难以获得与其经济活动作用相匹配的金融资源。例如，小微企业贡献了全国 80% 的就业、70% 左右的专利发明权、60% 以上的 GDP 和 50% 以上的税收，但小微企业贷款占所有企业的 30% 左右，小微企业的金融投入和社会产出之间存在较大差距。

金融科技为高质量推动普惠金融创造了根本条件，已经成为普惠金融最有效的发展途径。提高金融服务覆盖率方面，金融科技在客户触达和服务输出两个维度均有大幅拓展。首先，在基本不降低身份识别等风险的前提下，金融科技赋予金融机构远程提供开户和其他各类金融服务的能力，实现了大范围客户触达的目标。其次，即使在不直接触达客户的情况下，金融机构通过金融科技方式，将自身的金融产品通过其他共享渠道输出至符合条件的客户，实现了大范围服务覆盖的目标。提高金融服务的可得性方面，金融科技大幅降低了金融服务的成本，很多业务已经摆脱了物理网点和人工操作的局限性，可以通过电子化、客户自助的方式办理，边际服务成本几乎为零，使小微企业、弱势群体也能够获得大部分所需的金融服务。提高金融服务满意度方面，金融科技使金融服务成为一种随时、随处可得的服务，不仅降低了服务收费，而且省去了客户排队等候、操作烦琐等诸多问题，甚至在智能化发展的趋势下会发展出个性化定制服务，真正实现直达客户金融需求的根本目标。

（二）拓展金融服务场景

场景化金融是让金融与商业、消费、社交等场景高度关联，当客户在相关场景中发生经济活动时，可以直接使用所需的金融服务，可以说场景化就是将金融产品嵌入客户的经济生活。线下扫码支付是最典型的场景化金融案例，客户在线下购物时，只需扫码就能够完成支付操作；商户扫码后，就完成收款，并能够日终自动对账。

在传统金融模式下，金融服务是门店式的，即使对部分核心客户可以提供上门服务，但金融服务与场景是基本脱离的，因此客户需要向金融机构提交金融指令单据、经济活动背景材料以申请金融服务。金融业务与场景脱离不仅不能回溯场景真实情况，对金融机构防范业务风险没能起到多大的作用，更是延后了客户获得金融服务的时效，有些场景的需求在金融服务低效的情况下就消失或延后了，最终降低了整个经济和金融的产出和效率。例如票据承兑、贴现业务，当客户在开展经济活动并存在相关票据业务需求时无法立即满足，则客户可能会取消或延后相应的经济活动，或者改为赊销等企业信用结算方式。

金融科技为高效推动场景化金融创造了有利条件，已经成为拓展金融服务场景的主要手段。由于传统互联网和移动互联网的快速发展，经济活动的交易环节正不断从线下向线上迁移，数字化经济活动必然成为未来的趋势。金融科技的核心目标就是跟随甚至引领经济活动线上化的进程，打造数字化金融，将传统的门店式金融服务升级换代为线上金融，使得越来越多的金融活动与经济活动密切关联、同步进行。金融科技将大大拓展金融服务的边界，在客户从事经济活动中有金融服务需求时，就直接推送匹配的金融产品，不仅能够为客户创造更有价值的服务，而且能够为金融机构创造新的盈利点和获客渠道。

（三）提升金融服务能力

为了服务好新时代国家发展战略，推动我国经济更高质量地发展，必须提升金融服务能力，核心在于深化金融供给侧结构性改革。金融供给侧结构性改革，是解决融资结构不均衡、金融资源配置不合理、中小企业融资难融资贵问题的“金钥匙”，能够向客户提供更加安全、高效的金融服务，切实解决客户金融“刚需”和“痛点”。

在传统金融模式下，金融机构所提供的产品大同小异，行业已呈现过度同质化趋势，金融服务已经越来越难以满足客户的金融“刚需”，于是产生了客户有需求但金融机构满足不了、金融机构有供给但客户不需要的困境，最终传统金融服务就落入了拉存款、放贷款、维护客户关系的低效循环中。即使客户需求和金融供给可以匹配，也会存在大量“痛点”，需要客户和金融机构员工花费大量精力处理安全、效率的问题。例如，通过审核纸质资料、实地走访等较为滞后的尽调手段，虽然花费大量成本，但是金融机构仍无法充分获取客户的有效信息从而对客户情况作出准确判断。

金融科技为与时俱进提升金融服务能力创造了基础环境，已经成为金融供给侧结构性改革的重要方向。首先，金融科技赋予金融机构准确获取市场需求的能力，通过对个人、企业多方面信息的采集、计算，辅以大数据技术的分析，精准判断市场趋势。其次，金融科技赋予金融机构快速产出金融产品的能力，通过更低成本、更高效率、更加安全的科技手段，快速打造符合市场需求、解决市场“痛点”，并随市场变化迭代升级和动态跟随的金融产品。充分利用好金融科技，能快速实现金融服务能力跨越式发展的目标，满足客户“随时、随地、随心”的金融需求。

（四）筑牢风险管控屏障

党的十九大报告提出，要坚决打好防范化解重大风险、精准脱贫、污染防治的攻坚战。防范化解重大风险要强化底线思维，坚持结构性去杠杆，防范金融市场异常波动，稳妥处理地方政府债务风险，防控输入性风险。在当前国际国内复杂多变的形势下，金融系统需要认真落实国务院的决策部署，强化底线思维，坚持正确思路，抓住重点领域，扭住关键环节，确保打好防范化解金融风险攻坚战取得务实成效。防范化解金融风险，对经济社会稳定发展大局而言，具有关键的意义。

在传统金融模式下，我国金融风险管控体系一直伴随着金融业的改革和发展逐步演变，但还未真正形成现代意义上的金融监管体系，依然沿袭“危机型监管理念”。例如，2008 年国际金融危机之后，针对金融危机教训，监管部门开始加强宏观审慎管理，并于 2016 年升级了宏观审慎评估体系；2017 年我国大量 P2P 平台“爆雷”之后，金融监管机构开始加强相关监管，先后出台各项监管条例，引导 P2P 平台的发展方向。“危机型监管理念”是我国现有金融监管及风险防控体系的主要特点之一，即风险防控规则及具体实施办法的制定以前期危机所爆发的问题为基础进行规划。但“事后弥补”式的金融风险防控导致金融风险管控缺乏前瞻性，与金融创新之间存在步伐不一致、风险预估不充分和风险识别不准确等问题，进一步增加了金融系统中的不稳定因素。

金融科技的运用更加快速有效地解决了金融环境中存在的一些问题且目前仍处于不断探索和逐步成熟的过程中。运用不断成熟的技术防控手段，加强技术驱动型监管（即监管科技），进行持续动态监管，将有利于加固金融风险防控屏障。例如，大数据被广泛应用于客户行为分析、反欺诈、反洗钱等多个领域，在价值挖掘、风险管理上发挥积极作用。数字技术可提升普惠金融服务的可控性，借助数字技术，能够有效开展风险监测、预警以及反欺诈等工作，一定程度上提升金融机构和互联网平台风险防控能力，进而构筑全面的风险管理体系。这使得金融监管在风险管控行为上更加智能和主动，将风险识别及管控关口前移，将传统的“事后控制”“事中控制”模式逐步转变为“事前识别 + 精准控制”的智能风险防控机制。

四、金融科技的展望

随着大数据、人工智能、云计算、区块链和物联网等新兴技术在金融行业的深入应用，科技对于金融的作用日益显现，在技术创新取得巨大进步的同时，应用场景不断丰富，创新性的金融解决方案层出不穷，行业融资规模迅速增长，优秀金融科技公司与日俱增，金融科技迎来飞速发展的时期。根据预测，未来几年金融科技年增长率将达到24.8%，无论对于投资者、参与者还是用户，金融科技在未来金融业中都将占据更重要的位置。金融科技未来的主要发展方向如下：

一是技术的进一步革新和融合。一方面，随着科学技术的飞速发展，更多的新兴技术将不断涌现并发展成熟，逐步应用于金融领域；另一方面，大数据、人工智能、云计算和区块链等技术本身就不是彼此孤立的，这些技术大多是多学科、多技术的融合，同时彼此又是相互关联、相辅相成、相互促进的，未来的技术创新将越来越多地集中在技术交叉和融合区域。

二是金融与科技深度融合。技术进步和行业应用需求扩张将进一步推进科技和金融的深度融合。科技在推动金融行业转型发展的同时，金融业务流程、场景的发展变革也在不断反向驱动新技术的创新发展。

三是行业格局从竞争到共赢。金融科技发展初期，一些新兴金融科技企业依托技术、理念上的优势，从线上支付、网络融资等领域切入，迅速积累用户、抢占市场，对传统金融机构形成冲击。传统金融机构逐渐觉醒，加速转型，在移动金融、线上借贷等重点领域发力，也必将取得明显进展。传统金融机构和金融科技企业在技术研发、场景共建、风险管理等方面的合作越来越多，逐渐走向合作共赢。

四是监管科技成为新的爆发点。金融科技具有跨行业、跨领域、跨地域等特征，随着金融科技的飞速发展，金融服务模式创新也层出不穷。事后的、基于特定行业领域的传统监管模式已不能满足金融科技新业态下的监管需求，发展事前事中的跨行业、跨领域、跨地域的监管科技手段将成为未来金融科技的重要方向。

第二节 金融科技的技术基础

一、大数据

（一）大数据的概念

自诞生以来，人类社会就产生了各种数据信息。随着通信、物联网、人工智能、云计算等新一代信息技术的快速发展，以及与经济社会各个领域的深度融合，人类社会迎来了一个数据爆炸的时代，产生了海量、复杂、多元的数据，以前所未有的速度增长和积累。全球的数据量已达到ZB级别，根据国际数据公司（IDC）的监测数据，2013年全球数据量约为4.3ZB（相当于47.24亿个1TB容量的移动硬盘），并以平均每年50%左右的速度增长，2014年、2015年、2016年、2017年和2018年全球数据量分别达到6.6ZB、8.6ZB、16.1ZB、21.6ZB和33.0ZB，预计到2025年将达到163ZB，其中中国数据量约占全球数据总量的23%。那么现在社会中引发研究人士广泛关注的大数据和此前的信息数据有何区别呢？

关于大数据目前尚未有统一的定义。全球著名的信息技术研究和分析机构高德纳咨询公司（Gartner）给出了这样的定义：大数据是需要新处理模式才能具有更强的决策力、洞察发现力和流程优化能力来适应海量、高增长率和多样化的信息资产。麦肯锡全球研究所给出的定义是：一种规模大到在获取、存储、管理、分析方面大大超出了传统数据库软件工具能力范围的数据集合，具有海量的数据规模、快速的数据流转、多样的数据类型和价值密度低四大特征。一般意义上，大数据是指无法在一定时间内用常规软件工具对其内容进行抓取、管理和处理的数据集合，是需要新处理模式才能具有更强的决策力、洞察发现力和流程优化能力的海量、高增长率和多样化的信息资产。荷兰阿姆斯特丹大学的 Yuri Demchenko 等提出了大数据体系架构的 5V 特征，即 Volume（数据量大）、Variety（多样性）、Velocity（速度快）、Value（价值密度低）和 Veracity（真实性），具体如图 6－1 所示。

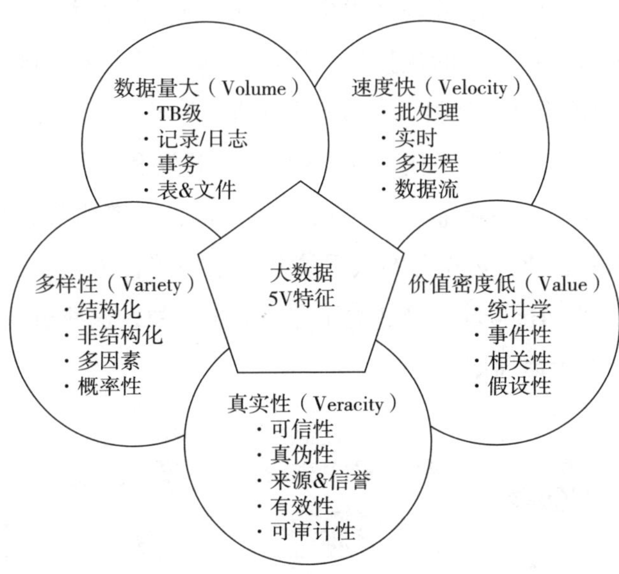

图 6－1　大数据的 5V 特征

（资料来源：大数据标准化白皮书 V2.0）

大数据技术则是通过收集各种类型的海量数据，按照一定的规则和标准，对数据进行处理、存储和分析，从中获得有价值的信息。大数据的核心目的不是获取和掌控庞大的数据信息，而是对这些含有意义的数据进行专业化处理，获得其中隐藏的信息，从而将数据广泛应用到人们的日常生活和企业的生产工作中去。

（二）大数据的技术体系

早期金融机构通常使用数据仓库对内部业务数据进行分析决策，以一些传统的关系型数据库为载体，加上 Kettle、Informatica、DataStage 等 ETL

工具以及 Biee、SmartBI 等报表工具来支撑自己的数据仓库建设。

随着数据源的多样化和数据量的暴涨，单机的计算已经满足不了现有资源的要求，越来越多的企业采用 MPP 框架（TeraData、Greenplum）、Hadoop、Spark、NoSQL、NewSQL 等大数据处理技术来构建数据仓库。

在一系列复杂的数据处理技术中，以 Hadoop 生态体系为首的大数据分析平台表现出了相当大的优异性。Hadoop 最早诞生于 2006 年，很快便成为 Apache 的顶级开源项目，至今已经发展 15 年。用户可以在不了解分布式底层细节的情况下，轻松地在 Hadoop 上开发和运行处理海量数据的应用程序。低成本、高可靠、高扩展、高有效、高容错等特性让 Hadoop 成为很多国内外企业大数据分布式系统基础架构的首选。如图 6－2 所示，对于大数据处理，Hadoop 已经建立了完整的生态圈，这些组件基本覆盖了大数据处理的全生命周期。

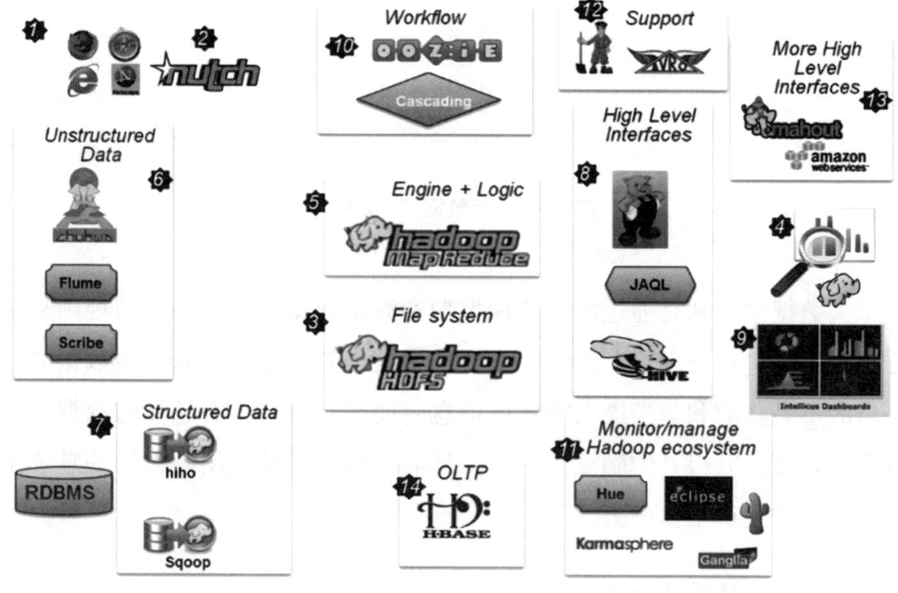

图 6－2 Hadoop 生态圈

（三）大数据在金融行业的应用

时至今日，大数据已渗透到我们日常生活的每个角落，应用于各个行业，包括金融、汽车、餐饮、电信、能源和娱乐等在内的各行各业已出现了形形色色的大数据应用，极大地推动了社会生产和生活。

在金融领域，随着大数据技术的广泛普及和发展成熟，金融大数据应用已经成为行业热点趋势，在交易欺诈识别、精准营销、黑产防范、消费信贷、信贷风险评估、供应链金融、股市行情预测、股价预测、智能投顾、骗保识别、风险定价等涉及银行、证券、保险等多领域的具体业务中得到广泛应用。对大数据的应用分析能力，正成为金融机构未来发展的核心竞争要素。

在银行业，许多银行已经开始尝试将大数据技术应用于业务运营，主要应用方向为客户画像、精准营销、运营优化、风险管理与风险控制等；在保险业，大数据技术在网络营销、移动营销和个性化的电话销售中的作用日益显现，主要应用方向为客户细分及精细化营销、欺诈行为分析和精细化运营；在证券业，多数券商已意识到大数据的重要性，但相关研究与应用较银行和保险业晚，目前主要方向为股价预测、高频交易、大数据基金等。

二、云计算

（一）云计算的概念

20 世纪 60 年代，美国科学家约翰·麦卡锡提出将计算能力作为一种公共设施提供给公众，使人们能够像使用水、电一样使用计算资源。随着计算机应用的不断深入，对计算机处理能力的要求与日俱增，计算机单机性能面临巨大的挑战，而网络技术的发展使约翰·麦卡锡的设想变为现实，云计算应运而生。云计算（Cloud Computing）是一种分布式计算，是通过网络将庞大的计算处理程序分解成无数个小程序，然后由多部服务器组成的系统协同处理这些小程序，将最终的结果返回给用户。

云计算具有五个关键特征：按需自助服务、广泛的网络访问、资源池化、快速弹性的扩展和可计量的服务。

（二）云计算的技术体系

根据目前云计算所提供的服务模式，其体系结构可以分为三层：基础层、平台层和应用层，分别对应三种服务模式 IaaS、PaaS 和 SaaS（见图 6－3）。

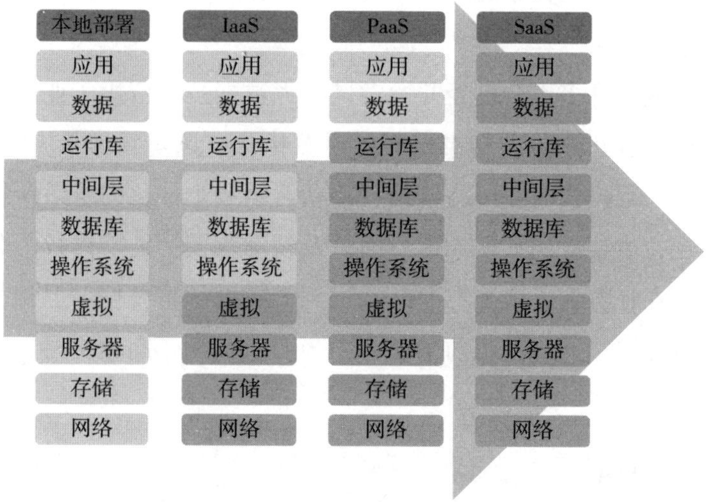

图 6－3　云计算按服务模式分类

（1）基础设施即服务（Infrastructure as a Service，IaaS），向用户提供所有计算基础设施的服务，如存储、服务器、网络等基础资源服务。

（2）平台即服务（Platform as a Service，PaaS），向用户提供软件研发的平台，支持从创建到运行应用所需的软硬件资源和工具。

（3）软件即服务（Software as a Service，SaaS），向用户提供软件的在线服务，是一种通过互联网提供软件的模式。

从部署类型或者说从“云”的归属来看，云计算又可分为面向公众使用的公共云，面向机构内部提供服务的私有云（或称为专属云），面向行业整合的行业云，以及由两个或两个以上不同类型的云相结合的混合云。

（1）公共云。公共云的应用程序、资源、存储等服务由云服务供应商提供，所有消费者来自社会公众。

（2）私有云。私有云的资源只给一个特定的单位组织使用，但对云端的所有权、管理主体没有严格的限定。

（3）行业云。行业云的资源专门给两个或两个以上特定单位组织使用，而这些单位对云端资源具有相同的诉求。

（4）混合云。混合云由两个或两个以上不同类型的云（公共云、私有云、行业云）组成，它们相互独立，同时用标准的技术将它们连接在一起。

（三）云计算在金融行业的应用

近几年，国家层面对云计算在金融行业的应用高度重视，随着国家“互联网+”政策的落地，金融行业“互联网+”逐渐提速，银监会和中国人民银行相继颁布了相关的指导意见和工作目标。国务院颁布的《关于积极推进“互联网+”行动的指导意见》明确指出，“互联网+普惠金融”是推进方向，鼓励金融机构利用云计算移动互联网大数据等技术手段加快金融产品和服务创新。银监会颁布的《中国银行业信息科技“十三五”发展规划监管指导意见》首次对银行业云计算明确了监管意见，提出积极开展云计算架构规划，主动和稳步实施架构迁移。中国人民银行颁布的《中国金融业信息技术“十三五”发展规划》要求落实推动新技术应用，促进金融创新发展，稳步推进系统架构和云计算技术应用研究。

相关调查显示，大部分金融机构已经或计划应用云计算技术，以减少应用部署时间、提升资源利用效率和实现不停机上线等。金融行业信息系统历史包袱较重，上云成本较高，一般会有比较漫长的过程，大部分金融机构采取先外围系统后核心系统的迁移策略。另外，金融机构往往会优先将云计算技术应用于新建的互联网金融系统，如消费金融相关业务系统等，再逐步推广到其他存量业务系统。

从落地方式上，国内金融机构主要采用私有云和行业云两种部署模式。实力较强的大型机构偏向于私有云部署，可以将一些核心业务系统、重要敏感数据部署到私有云上。实力较弱的中小型银行、城商行通常采取行业云的方式，以降低实施难度和实施成本。

三、人工智能

（一）人工智能概念

人工智能（Artificial Intelligence，AI）是研究、开发用于模拟、延伸和扩展人的智能的理论、方法、技术及应用系统的一门新的技术科学。人工智能定义有很多，目前比较被人接受的，也是相对较为全面均衡的，是维基百科使用的综合定义，认为人工智能就是根据对环境的感知，作出合理的行动，并获得最大收益的计算机程序。该定义既强调人工智能可以根据对环境的感知作出主动反应，又强调人工智能所作出的必须是为了达到某种目标且合乎情理的反应，但不再强调人工智能对人类思维或行为方式的模仿，可以是像人那样思考，也可能超过人的智能。

（二）人工智能技术

目前，人们对人工智能的研究，已很少纠结于何为人工智能，更多地将研究重点投向人工智能的技术和应用。当前，人工智能领域应用较为广泛的技术主要有机器学习、知识图谱、自然语言处理、人机交互、计算机视觉、生物特征识别等。

1. 机器学习。机器学习是一门多领域交叉学科，涉及概率论、统计学、系统辨识、神经网络、计算机科学等诸多领域。机器学习通过研究计算机模拟或实现人类的学习行为，获取新的知识或技能。它从观测到的数据样本出发寻找规律、建立模型，利用这些规律、模型对未来数据进行预测。根据学习方法，可以将机器学习分为传统机器学习和深度学习，区别在于传统机器学习需要人先来作特征提取，而深度学习可以自动提取特征。根据选取的训练样本数据有无对应的目标值，传统机器学习又可以分为监督学习和无监督学习。

2. 知识图谱。知识图谱本质上是一种揭示实体之间关系的语义网络，是由节点和边组成的图数据结构。每个节点表示一个“实体”，“实体”指现实世界中的事物，如人、地名、公司等。每条边表示实体与实体之间的“关系”，比如人“居住在”上海、A 和 B 是“朋友”。“实体”和“关系”还可以拥有各自的属性，比如人可以有“姓名”和“年龄”。不同实体之间通过关系相互联结，构成网状的知识结构。通俗地讲，知识图谱就是把各种相关的信息连接在一起形成一个关系网络，提供了从“关系”的角度去分析问题的能力。目前，知识图谱在反欺诈、不一致性验证、组团欺诈、搜索引擎、可视化展示和精准营销等领域有较多的应用。

3. 自然语言处理。自然语言处理泛指计算机对自然语言的音、形、义进行处理，并转化为计算机可“理解”的数据的过程，以实现人与计算机之间用自然语言进行有效通信。自然语言处理在机器翻译、打击垃圾邮件、信息提取、文本情感分析、智能客服、个性化推荐、语音助手等方面有着广泛的应用。

4. 人机交互。人机交互主要实现人和计算机之间的信息交换，包括人到计算机和计算机到人两部分信息交换。传统人机交互主要依靠交互设备进行，如键盘、鼠标等输入设备及显示器、音箱等输出设备。随着技术进步，人机交互技术除了传统的基本交互和图形交互外，还包括语音交互、体感交互及脑机交互等技术。

5. 计算机视觉。计算机视觉又称机器视觉，重点研究如何使计算机拥有像人类一样的视觉系统，主要的方式是通过采集图像和视频数据，并对其进行处理分析，从中获取有用的信息。计算机视觉的研究方向主要分为图像分类、目标检测、图像分割、目标跟踪、图像增强、风格迁移、图像重构、图像检索等。目前，该技术在自动驾驶、机器人、工业视觉检测、医疗影像诊断、人脸识别、文字识别等领域已有了较为深入的应用。

6. 生物特征识别。生物特征识别技术是指计算机通过人体固有的生理特征（如指纹、虹膜）或行为特征（如声音、笔迹）进行个体身份鉴别。生物特征识别通常分为注册和识别两个阶段，注册阶段通过各类传感器对人体的生理或行为特征进行采集，如利用指纹传感器采集指纹、利用照相机采集人脸等，通过各种数据算法提取其中的特征信息并进行存储。识别过程采用与采集过程类似的方式对个体特征进行采集和提取，然后将得到的特征与之前存储的特征进行比对，完成对个体的识别。目前，人们已经发展了指纹识别、掌纹识别、人脸识别、声纹识别、虹膜识别、静脉识别、签名识别等多种生物识别技术，将其普遍应用于金融、工业、教育、交通等领域。

（三）人工智能在金融行业的应用

近年来，基础层的云计算、大数据等技术的成熟以及深度学习等算法的突破，加速了人工智能的进步，从而推动了计算机视觉、机器学习、自然语言处理、生物特征识别等技术的迅猛发展。

金融业作为一个高度依赖信息技术的行业，也在广泛开展人工智能的相关应用探索，人工智能已经开始逐渐渗透至金融行业的各个环节，极大地提升了金融业的运营效率，优化了现有的流程与模式。目前，通过人工智能技术的支持能力和市场实际运用情况分析，在金融领域应用比较成熟的业务场景主要包括智能身份认证与信息识别、智能量化交易、智能投顾、智能客服、征信反欺诈等。

智能身份认证主要通过人脸识别、虹膜识别、指纹识别等生物识别技术实现客户身份识别认证，广泛应用于银行柜台联网核查、ATM 自助开卡、远程开户、支付结算等银行业务。智能信息识别主要依赖 OCR 识别等技术手段，对票据、证件、银行卡、非固定格式报表上的信息进行识别处理。

智能量化交易主要通过对财务、交易和市场等数据进行建模分析，制定交易策略。智能量化交易能够利用机器学习技术自动优化模型、调整投资策略，在证券投资领域发展较为迅速。

智能投顾运用人工智能技术对各类投资、经济数据进行不断学习，并结合投资者的年龄、风险偏好和个人情况，提供智能化的财富管理及投资建议，已逐步代替昂贵的财务顾问人工服务。

智能客服是人工智能在金融领域中最为广泛的应用之一，主要以语音识别、自然语言处理、知识图谱等人工智能技术为基础，通过电话、App、微信等渠道为客户提供业务咨询服务。

人工智能在征信反欺诈领域的应用，主要通过知识图谱、深度学习等技术对大量结构化和非结构化数据进行多维关联，例如根据企业子母公司、产业链上下游企业等关键信息，深度挖掘其中存在的不一致性，从而发现可能存在的欺诈行为。

四、区块链

（一）区块链的概念

区块链起源于比特币。2008 年 11 月 1 日，一位自称中本聪（Satoshi Nakamoto）的人发表了《比特币：一种点对点的电子现金系统》一文，阐述了基于 P2P 网络技术、加密技术、时间戳技术、区块链技术等的电子现金系统的构架理念，由此标志着比特币正式进入了人们的视野。

区块链是支撑比特币的基础技术，是指通过去中心化和强信任方式集体维护一个可靠数据库的技术方案。该技术方案主要让参与系统中的任意多个节点，通过一串使用密码学方法相关联产生的数据块，每个数据块中包含了系统全部信息交流数据，并且生成数据指纹用于验证其信息的有效性和链接下一个数据块。区块链技术从根本上改变了中心化的信用创造方式，运用一套基于共识的数学算法，在机器之间建立“信任”网络，从而通过技术背书而非中心化信用机构来进行信用创造。在技术识别能力足够的情况下，它能让交易双方在无须借助第三方信用中介的条件下开展经济活动，从而实现全球低成本的价值转移。区块链技术具有去中心化、强信任、集体维护、可靠数据库、开放性、匿名性六大特点。

（二）区块链的技术体系

区块链的核心技术主要包括分布式账本、非对称加密、共识机制和智能合约。

分布式账本指的是交易记账由多个不同节点共同完成，同时每一个节点都记录了一份完整的账目，这些节点共同参与监督交易的合法性并为其作证。与传统的分布式存储技术相比，区块链的分布式存储有以下两个特点：一是每个节点都存储了完整的数据，而传统分布式存储技术一般是将数据按一定规则拆分存储；二是区块链中每个存储节点都是独立的、地位等同的，而传统分布式存储技术通常会有一个或几个控制节点。

存储在区块链上的交易信息是公开的，区块链通过对账户身份信息进行非对称加密，确保只有在获得授权的情况下才能访问数据，从而保证了数据的安全和个人的隐私。

共识机制即各记账节点之间如何达成共识、认定一个记录有效性的机制，通常遵循“少数服从多数”和“人人平等”的原则，通过一定的算法规则，使系统中各记账节点快速就交易记录达成一致。

智能合约是一种以信息化方式承载、验证和执行的特殊协议，其最大的特点是利用程序算法替代人仲裁和执行合同。简单来说，智能合约是一种用计算机语言取代法律语言记录条款的合约。

（三）区块链在金融行业的应用

现阶段，区块链应用的探索和实践主要围绕金融领域展开，在数字货币、支付清算、数字票据、资产证券化、保险管理、金融交易、物联网金融等领域已有实践应用。

数字货币。比特币是目前区块链技术最广泛、最成功的运用，此后又出现了大量其他种类的去中心化数字货币。数字货币的出现颠覆了人类对货币的认知，同时也改变了人类使用货币的方式，将来有可能取代物理货币。以比特币为代表的数字货币在欧美国家获得相当程度的市场接受，厄瓜多尔、突尼斯等国已率先推出国家版数字货币，许多国家也正在探讨发行数字货币的可行性，而中国已在多个城市试点使用数字货币。

数字票据。区块链去中心化、共识机制、不可篡改等特点，有助于减少传统中心化票据系统中的操作风险、市场风险和道德风险。目前，国际区块链联盟 R3CEV 联合以太坊、微软共同研发了基于区块链技术的商业票据交易系统，高盛、摩根大通等国际金融机构加入了试用。国内，票交所通过搭建数字票据交易平台实验性生产系统，对区块链技术应用于票据业务场景进行实践。

权益证明和交易所证券交易。区块链中交易信息的不可篡改性和不可抵赖性可应用于对权益的所有者进行确权，已在房产所有权、车辆所有权、股权交易等场景有广泛应用。纳斯达克证券交易所已正式上线了 Linq 区块链私募证券交易平台，纽交所、澳洲交易所也在积极推进区块链技术的探索与实践。

供应链金融。区块链去中心化、共识机制、不可篡改的特点，有助于帮助供应链提高端到端数据的透明度，降低融资成本，缩短融资的周期，打通供应链采购、生产、物流、销售环节。目前，沃尔玛、腾讯、京东等一大批企业已将区块链技术应用于自身供应链平台。

五、物联网

（一）物联网的概念

物联网（Internet of Things，IoT）是通过互联网、传统电信网等信息承载体，让所有能行使独立功能的普通物体实现互联互通的网络。物联网把物品与互联网连接起来，进行信息交换，以实现对物品的智能化识别、监控和管理。从某种意义上来说，互联网实现了将人与人联系在一起，而物联网实现了将人与物、物与物联系在一起，是互联网的扩展。作为新一代信息技术的高度集成和综合运用，物联网也被业内认为是继计算机和互联网之后的第三次信息技术革命。

（二）物联网的技术体系

目前比较公认的物联网基本架构包含三层：感知层、网络层和应用层。

感知层处在物联网的最底层，是物联网的皮肤和五官，主要功能是采集物理量、标识、音频和视频数据等各类信息，主要技术包括无线射频识别、EPC 标签、传感器、GPS 等。

网络层是物联网的神经中枢和大脑，在物联网中起到信息传输的作用，主要功能是对感知层和应用层之间的数据进行传递，是连接感知层和应用层的桥梁，主要技术包括 ZigBee 技术、无线局域网及 WiFi 技术、M2M、蓝牙等。

应用层是物联网的“社会分工”，主要功能是实现对数据的管理和处理，并将这些数据与行业专业技术深度融合，实现行业智能化，主要技术包括云计算、数据管理与处理、软件平台及各行业专业技术等。

（三）物联网在金融行业的应用

随着物联网技术在全球范围的广泛应用，“物联网 + 金融”这一新业态应运而生。简单来说，物联网金融就是将传感器、数据采集等物联网技术应用到金融领域，增强信息的真实性，从而建立更为客观的信用体系。

在金融领域，金融贷款、抵押、租赁是常规经营项目，这些业务对资产实时、有效管控有着极大的需求。物联网技术提供的实时感知能力恰好可以满足此项需求，从而有效控制风险、避免损失。

在动产融资领域，银行利用物联网技术监控抵押物的实时状况，及时了解供应链上下游企业的经营状况；在保险领域，车险公司利用车联网技术了解驾驶员驾驶习惯，实现风险评估及精准定价；在供应链金融业务中，银行利用物联网技术获取物流信息和企业的货物销售状况，从而监控交易情况、了解企业财务和经营状况；在租赁业务中，租赁公司利用车联网技术实施车辆状态监控，实现动态管理。

第三节　票据市场创新的基本思路

一、票据市场创新的重要意义

党的十九大报告指出，创新是引领发展的第一动力，是建设现代化经济体系的战略支撑。对票据市场而言，票交所的成立，标志着全国统一的票据市场基础设施的建成，票据市场从过去以纸票为主、区域分割、信息不透明的传统模式向集中统一、安全高效、电子化和现代金融市场模式转型。票交所在有效防范票据市场风险的同时，也为票据市场发展和创新提供了全新的平台。

创新是推动票据市场可持续发展的原动力，票据市场未来在票据全生命周期各业务环节及相关产品方面的创新和探索，将深刻影响票据市场乃至整个货币市场的发展，从而也将对支持和服务实体经济产生重要意义。

（一）票据市场创新的必要性

一是创新是提升票据市场服务实体经济能力的需要。票据市场是我国发展最早的金融子市场之一，与实体经济联系紧密，在支持和服务实体经济方面发挥着不可替代的重要作用。随着经济转型和供给侧结构性改革的深入，实体经济对金融市场为其提供更加有力的支撑提出了新的要求。票据市场服务的企业超过200万家，已有的产品和服务尚不能完全满足企业日益增长的融资需求。如何研究推出融资效率更高、融资成本更低、融资方式更为多元化的创新产品成为票据市场的重要课题。只有大力推动票据市场创新，持续推出新的产品和服务，才能有效提升票据市场服务实体经济的能力。

二是创新是防控票据市场风险的需要。随着票交所的成立，纸票时代的票据市场风险得到了有效遏制，票据市场发展进入了新时代。但是，必须清醒地认识到，票据市场仍存在一定的风险隐患，也逐渐呈现出新的风险形态。票据业务风险从原来纸票时代的操作风险向信用风险和利率风险等新的风险形态转变，从二级市场交易向票据生命周期前端转移，甚至从单一市场向整个金融市场领域扩散。面对新的市场环境和风险形态，票据市场必须加大创新力度，不断完善系统功能，优化业务流程，加强数据监测，彻底切断风险源和传播途径，有效防范各类业务风险。

三是创新是深化票据市场改革发展的需要。票据市场的可持续发展需要坚定地走改革之路，逐步解决发展中遇到的各种问题。只有持续加强创新研究和投入，才能持续深化票据市场改革，不断加强票据市场基础设施建设，完善制度规则体系，充分发挥票据的支付结算和融资功能，丰富票据市场参与主体类型，促进票据市场规范健康发展。

（二）票据市场创新的基本原则

在票交所时代，票据市场创新应当遵循以下原则：

一是坚持服务实体经济。票据市场创新应以实体经济需求为导向，着眼于拓宽实体经济融资渠道，促进融资便利化，降低实体经济融资成本，解决中小企业融资难、融资贵的问题。

二是坚持防控金融风险的原则。面对票据市场风险防控的新形势，未来的创新应着力提供票据市场信用风险和利率风险管理和对冲工具，有效防控信用风险和利率风险；加强系统的校验和识别功能，及时防控票据生命周期前端各业务环节的风险隐患。同时，创新也需要具有一定的前瞻性，充分考虑未来票据市场风险的新趋势。

三是坚持深化金融改革的原则。票据市场创新应充分借鉴银行间债券市场等其他金融市场改革开放的先进经验，致力于提升票据市场的广度、深度和有效性，持续推动票据市场的改革和转型。

二、票据市场应用金融科技创新的可行性

与其他金融子市场类似，金融科技在票据市场的发展演进也遵循一定的规律，大致可以分为三个阶段：

第一阶段为票据电子化阶段。在21世纪初以纸票作为主要介质的市场环境下，部分商业银行陆续通过信息化手段建立了自己的票据管理系统，将原本手工办理的纸票业务通过技术手段转换为电子化票据并开展相应业务操作。与此同时，监管部门也与时俱进，中国人民银行下属的清算总中心于2009年建成了电子商业汇票系统（ECDS），并在ECDS首次实现了票据全生命周期的电子化流转。

第二阶段为票据业务线上化阶段。随着经济活动由ToC向ToB过渡，社会各行业正逐步实现“互联网+”。同时，电票已逐步取代纸票成为票据市场的主要介质。在上述背景下，票交所、商业银行、供应链平台和核

心企业以及科技企业等票据市场各参与方共同推进票据业务的线上化进程。在这一阶段，将围绕票据市场基础设施构建起新型票据生态，通过现代信息技术手段实现票据市场各参与方的有效连接，打通各业务环节，实现信息共享、业务融合与标准统一，并进一步推动流程和产品创新，其中有代表性的事件包括中国票据交易系统（以下简称交易系统）上线运行、ECDS 移交切换以及交易系统和 ECDS 的数据融合和交易融合。

第三阶段为票据业务智能化阶段。在电票占据票据市场绝对主导地位、各业务环节线上化和票据市场各参与方有效连通的基础上，拥有金融科技能力的企业和机构将脱颖而出，并积极赋能票据市场，为其产品提供创新支撑，或为票据市场其他参与方提供技术服务，云计算、大数据、人工智能、区块链等金融科技将大量应用于票据业务领域。在这一阶段，基于区块链技术的数字票据、基于人工智能技术的智能风控和监管、基于大数据技术的信用评级等产品和服务将有可能成为主要的金融科技应用代表。

当前，随着交易系统的上线运行及 ECDS 移交切换和交易融合，金融机构侧的票据业务已基本实现线上化，部分具备金融科技能力的供应链平台、互联网电商平台以及科技公司正逐步推动企业端票据业务的线上化进程。同时，票据市场参与者也正逐步加大对大数据、人工智能、区块链等新兴技术应用于票据业务的研究探索力度，大数据票据交易监控、OCR 票据影像识别、数字票据等产品已具雏形。随着技术和业务的发展，这些金融科技创新产品未来将会得到更广泛的应用。总体来看，票据业务领域的金融科技发展进程处于第二阶段向第三阶段的过渡期，在此阶段，票据市场应用金融科技创新可谓“恰逢其时”，前景广阔，大有可为。

三、金融科技引领票据市场创新的路径

数据、场景、智能是金融科技在金融领域应用的三个落脚点，票据业务领域也不例外，金融科技后续在票据市场的创新应用可能会沿着以下三

条路径：

一是流程数据化。票据市场与数据深度关联，尤其在电票广泛使用之后，电票的交易本质已转化成了数据的交易。随着核心技术的突破和涉及行业的不断拓展，数据将深度应用于票据业务的交易决策、定价、经营分析、风险管理、市场监管等各个领域，并呈现出资源集聚、创新驱动、应用融合的趋势。所以，未来的票据市场发展与数据息息相关，金融科技相关的数据处理技术将发挥强大优势，为票据市场的高质量发展提供强有力的支撑。

二是应用场景化。票据作为一类集交易、融资、支付、结算、信用等诸多属性于一身的金融资产，市场规模大、参与方众多，是跨领域组合创新的极佳应用场景。票据业务领域应用的场景化创新将围绕票据全生命周期的各业务环节，并结合典型行业展开，如在供应链平台、B2B 电商平台上票据支付和融资环节的相互融合。另外，伴随着“开放银行 API”“用户标签化”“中台架构”“监管沙盒”等业务和技术融合模式的普及运用，票据的各项功能在相关场景中将以更为体验丰富和透明合规的方式呈现。

三是服务智能化。金融科技发展的一个目标就是让金融产品、经营模式、业务流程的实现更加智能化。票据市场作为金融市场的重要组成部分，无论是发挥支付和融资功能，还是风险防控等环节，都需要人工智能、知识图谱、机器学习等技术的进一步赋能，使具体场景中的相关业务处理环节更自动化、智能化，从而减少人为干预，达到提高效率、降低成本的目标。

第四节　票据市场金融科技创新实践案例

一、金融科技在票据市场基础设施中的应用

票据市场基础设施作为票据市场运行体系的核心枢纽，承担着票据市

场服务实体经济、防范金融风险、深化金融改革的重要任务，而金融科技则是推动释放票据市场活力和促进提升风险防范水平的重要工具。基础设施若以金融科技赋能票据业务，完善核心功能，研发创新产品，将有助于营造公平、透明、高效的票据市场运行环境，促进广大市场参与者积极参与票据市场业务，推动票据市场的高质量发展。

交易系统作为票交所的核心业务系统，通过运用信息化、网络化等技术，与中国人民银行、商业银行及其他有关部门的信息系统进行了有效对接，一方面实现了票据业务的全面线上化、平台化，通过优化业务流程、创新交易机制、扩大参与者范围等手段重构了票据业务模式，达到了提升市场效率、增强市场活力、加强风险防范、降低交易成本的目的；另一方面实现了票据市场交易信息、风险信息、研究信息及数据信息资源的整合，形成了全国票据资源的“大数据”库，为中国人民银行货币政策决策、商业银行票据经营及业务创新提供了有力支持。

上线至今，票交所持续推进交易系统的优化完善，不断将金融科技研究成果应用于交易系统建设。一是针对直连业务对信息服务高性能、高可用的要求，将分布式技术应用于交易系统，引入分布式信息平台为市场参与者系统提供信息服务，并对服务前置子系统实施了分布式部署；二是按照开放 API 的设计思路，设计了一套覆盖会员管理、登记托管、交易、清算结算全业务流程的接口规范；三是根据微服务架构的理念，对核心交易报价询价模块开展服务治理，将交易流程解耦为多个独立可复用的服务，确保系统具有良好的可扩展性，满足业务快速创新的需求；四是开展国产密码技术的应用与改造工作，制订了国产密码应用改造方案及计划，将国产密码技术应用于直连会员身份认证等场景，从而提高了交易系统的安全性和可控性。

除核心业务系统的创新应用外，在票据业务其他领域，金融科技也发挥了很好的技术支撑作用，如在票据信息统计方面，票交所开展了基于大数据技术的数据仓库建设，使用当前主流的分布式数据库，将分散在交易系统和 ECDS 中的票据信息进行了整合，实现了独立于交易系统和 ECDS 的实时查询功能；通过建立数据统计分析模型和多种报表统计方式，辅以丰富的数据图表，向用户提供统一的业务视图和统计口径，进一步提升了票交所为中国人民银行等监管部门提供更加准确、高效、全面的票据市场信息的能力。金融科技在票据市场风险监测方面的相关应用将在后文详细介绍。

二、金融科技在数字票据领域的应用

随着交易系统的上线运行和纸电交易融合的完成，电票已经在票据业务中占据绝对主导地位，与纸票相比，电票具有电子化、线上化的特点，在业务办理效率和安全性方面具有明显优势。但是，电票仍存在中心化总分重复记账、流通局限性、安全监管等一系列问题。

区块链作为一种新技术，具有分布式账本、去中心化、集体维护、信息不可篡改等优点，可以有效弥补电票的上述不足：借助区块链实现点对点交易，可以实现票据价值的去中心化传递；基于区块链信息的不可篡改特性，可以有效防范“一票多卖”、打款背书不同步等票据业务风险；基于区块链数据前后相连构成的时间戳，打造数据管理体系可信任的追溯途径，可以有效降低监管的审计成本。同时，区块链技术框架采用去中心化或多中心化架构，可以节省系统开发、接入及后期维护的成本，并且大大减少了系统中心化带来的运营风险和操作风险。

票交所在区块链技术的探索上起步较早，2017 年，在中国人民银行领导下，票交所与数字货币研究所共同牵头，组织中钞信用卡公司杭州区块链研究院以及四家银行共同建设了数字票据交易平台实验性生产系统，该系统于 2018 年 1 月成功上线试运行。实验性生产系统在业务上基本覆盖了票据全生命流程，包括票据的签发、承兑、背书转让、贴现、转贴现和托收等环节。在 2019 年 9 月发布的 2018 年银行科技发展奖中，数字票据交易平台项目荣获二等奖。

与纸票和电票相比，数字票据充分应用了区块链前沿技术中关于密码学、分布式网络、智能合约等方面的成果，在以下方面具有特定优势：

一是通过密码学算法和共识算法提供去中心化的信任和安全机制，确保参与者身份不可伪造、参与者行为不可抵赖、交易数据不可被篡改。

二是便于进行信息共享，链上各节点保存完全一致的数据副本，使各参与者能同步获得信息。

三是便于进行参与者扩展。区块链上现有参与者可将新参与者申请加入的请求和身份信息发送至区块链网络，由区块链网络进行共识后完成接入。

四是通过分布式网络架构中的多个节点共同维系系统运行，在有限节点损坏的情况下系统仍能正常工作，从而确保实验性生产系统持续稳定运行。

五是通过智能合约制定交易规则，可以随时新增或更新智能合约而无须中断系统服务，可便利业务人员调整业务规则和创新业务产品。

数字票据是区块链技术首次在票据业务真实生产环境的实践，证明了区块链技术应用于票据业务场景的可行性。系统建设积累了区块链应用经验，为深入探索区块链技术在票据市场的应用打下了坚实的基础。

三、金融科技在票据市场风险防控中的应用

随着票据市场的快速发展，票据业务量逐年增长，票据应用场景越来越多样化，监管部门和市场参与者越来越需要对票据市场业务数据进行收集、处理和利用，为市场管理、业务经营以及风险防控提供全方位的参考。但是，票交所成立前，基础设施建设相对滞后，票据业务线上化程度低，市场不透明，业务风险凸显。加之早期缺乏有效的技术手段对票据市场产生的海量异构数据（包括已经离线的存量数据）进行加载、存储和快速分析，主要依靠业务人员人工进行票据风险的识别和监测，数据分析和监测指标计算烦琐且效率较低，无法满足监管部门和票据市场参与者对票

据市场数据使用的需求，不利于票据市场的风险监测与防范，不能适应票据市场快速发展的需要。

票交所成立后，基本实现了票据信息的集中和数据标准的统一，为利用统一票据市场数据资源以及将大数据分析技术应用于票据风险监测提供了有效平台和可能性。为实现票据市场风险的早识别、早预警、早发现、早处置，进一步提高对票据市场变化的敏感性和洞察力，增强票据市场风险识别和风险管理能力，防范区域性票据市场风险，以金融科技快速发展为契机，票交所于2018年初启动了基于大数据的智能化票据交易风险监测预警平台（以下简称监测平台）建设，并于当年10月正式投产上线。监测平台基于票据市场基础数据和交易数据，通过分布式大数据处理平台，构建了包含交易监测信息库、异常交易案例库、票据违约基础信息库和票据行为基础信息库等多维度、多层次的监测分析信息库。基于该平台，票交所已在交易品种与结构、贴现及交易利率变化情况、交易违约、价格偏离度、财务公司到期未兑付余额等方面开展了相关监测工作，极大地增强了票据市场一线监测及风险控制的有效性，提高了票据市场风险监测和识别效率，为票据市场交易监测、风险管控、经营分析等提供了强有力的数据支撑，进一步提升了防范票据市场风险的能力。

监测平台是票交所利用大数据技术在票据监测领域的一次成功尝试，填补了票据市场监测空白，优化了长期以来依靠人工排查为主的监测手段，在建立有效的风险监测与预警指标体系的基础上，加强技术防范，做到对票据市场风险及时高效地监测与处置，对票据市场规范健康发展有着深远的意义。同时，监测平台首次将海量票据全流程信息纳入管理，通过数据挖掘等金融科技进行大数据分析，提炼、训练监测模型，使票据监测朝着“全面化、自动化、智能化”方向发展，也为未来票据领域的大数据应用奠定了坚实的基础。

四、金融科技在票据市场产品创新中的应用

（一）“贴现通”

票据贴现作为民营企业和小微企业可获得性很强的融资方式，具有准入门槛低、手续简便、融资成本低等优势。2019 年 2 月 14 日，中共中央办公厅、国务院办公厅印发《关于加强金融服务民营企业的若干意见》，要求加大对民营企业票据融资支持力度，简化贴现业务流程，提高贴现融资效率。与此同时，原有的线下柜台办理贴现的业务模式已难以适应线上化、电子化业务办理的趋势，越来越多的银行推出了线上贴现功能甚至“秒贴”功能，实现了贴现业务的线上化、电子化办理。

基于上述背景，票交所于 2019 年 5 月推出了创新产品“贴现通”，为企业和贴现机构提供一个线上化、电子化的贴现询价平台，实现贴现业务流程的全面升级，在满足中小企业的票据融资需求和进一步提升票据贴现服务实体经济的能力方面，“贴现通”修筑起了票据贴现市场的“快车道”。

“贴现通”业务是指票据经纪机构受贴现申请人委托，在交易系统进行贴现信息登记、询价发布、交易撮合后，由贴现申请人与贴现行通过 ECDS 办理完成票据贴现的服务机制安排。“贴现通”业务实现了贴现业务的信息撮合和线上开展，通过搭建全国性贴现服务平台拓宽申请人和贴现机构办理贴现业务的选择面，覆盖全国范围内具备贴现业务资质的金融机构，破解贴现市场信息不对称问题；探索各种贴现申请材料及凭证的电子化、信息化，打造标准化、线上化的贴现业务流程，确保贴现信息真实可靠，降低贴现业务比价成本，实现贴现业务降本增效；交易系统同时提供客户端和直连接口两种接入方式，参与方式灵活便利，操作方式简便快捷，实现了询价交易和资金汇划的一站式贯通，进一步提升了贴现效率。

“贴现通”业务有利于盘活企业沉淀票据资产，有效破解金融资源分

布不均造成的融资难题；规范票据经纪业务行为，净化贴现市场运行环境；深化金融供给侧结构性改革，可准确定位指定行业、规模、性质的持票企业，实现金融资源的精准滴灌。

（二）"票付通"

票据是一种兼具支付结算和融资功能的金融资产，延期支付是其核心功能之一，在产业链蓬勃发展、供应链金融方兴未艾的今天，票据可以通过线上化充分发挥其延期支付的功能，在供应链金融中起到核心作用，成为供应链上主要的贸易支付工具。但是，由于票据市场发展初期市场透明度低、各参与者所在区域分散、中介业务不够规范等诸多原因，传统票据的延期支付主要通过线下支付的方式实现，线下支付发展至今，尚未形成一套统一的支付标准和支付流程，使票据在线上化支付过程中出现的"陌生人"交易等问题未得到有效解决。

为盘活供应链中大量未贴现票据、缓解中小企业融资难问题、更好服务实体经济发展，票交所主动响应党中央、国务院部署支持民营企业发展、纾困民营经济的行动方案，积极落实商务部、中国人民银行等八部门印发的《关于开展供应链创新与应用试点的通知》的具体措施，利用票据流通性强、信用可顺畅传递的特性于 2019 年 1 月正式投产上线"票付通"产品，并投产上线了承载"票付通"产品核心功能的线上票据支付系统。通过"票付通"产品，买卖双方通过互联网平台（B2B 电商、供应链平台）在线上达成交易后，买方通过嵌入 B2B 电商平台的票据支付控件选择使用"票付通"产品，线上一站式完成票据签发、背书和提交申请，同时锁定相关票据；当互联网平台确认交易完成后，票据自动解锁，卖方可以直接线上签收票据。

"票付通"是票交所面向互联网供应链平台、B2B 电商平台上的中小企业提供的线上票据支付产品，通过提供统一的线上票据支付服务，实现票据签发和企业背书环节的全线上、一站式流程处理，给予客户更好的票据支付体验，填补了当前供应链、B2B 平台线上账期支付的空白，使票据支付场景不断向“互联网 + 票据”的线上平台扩展。

“票付通”产品实现了互联网技术与票据的融合，助力 B2B 平台实现三流合一。它的推出得益于金融科技的不断发展以及大数据、云计算等技术的不断进步，促进了中小企业融资难问题的解决。

（三）标准化票据

长期以来，票据是解决企业短期融资需求的重要金融工具，而票据贴现是票据融资的最主要形式，但并未完全满足企业的实际融资需求，民营企业和中小企业持有的“三小一短”（小企业持有、小银行承兑、小金额、短余期）的票据融资难题依然突出。2019 年以来，中小银行因风险暴露被接管或重组事件引发市场持续关注，同业刚性兑付预期被打破，部分中小银行的票据业务受到较大冲击，不仅自身通过票据市场获得流动性的渠道严重受阻，也影响了持有其票据的企业及其他中小金融机构的流动性。

2019 年 8 月，为缓解中小金融机构流动性压力，充分发挥票据融资功能，更好服务中小企业融资和供应链金融发展，经中国人民银行同意，票交所作为存托机构，开展了标准化票据创新业务试点，共创设 4 期标准化票据，累计创设金额约 13. 8 亿元。前 3 期标准化票据均以锦州银行承兑的已贴现银票为基础资产，对缓解中小金融机构融资压力、降低票据市场流动性风险发挥了积极作用。第 4 期标准化票据基础资产为企业持有的未贴现银票，对拓展企业票据直接融资渠道进行探索。前 4 期标准化票据从创设公告发布到成功创设均在 4 个工作日内完成。在总结前期试点工作的基础上，中国人民银行于 2020 年 6 月 28 日发布《标准化票据管理办法》，该办法自 2020 年 7 月 28 日起实施。同时，票交所也于 7 月 28 日正式发布《标准化票据基础资产托管结算规则》《标准化票据信息披露规则》等相关配套规则，为商业银行及证券公司作为存托机构开展标准化票据业务提供制度支持。

标准化票据是指存托机构归集核心信用要素相似、期限相近的商业汇票组建基础资产池，以基础资产池产生的现金流为偿付支持而创设的等分化受益凭证。其具有以下特点：

一是产品结构简洁，创设过程高效化。一方面，标准化票据是一种创新的票据融资机制，在创设标准化票据时，仅要求原始持票人、存托机构、投资者三个角色必不可少，其余角色均可选择是否设置，极大地简化了参与主体及法律关系，从而降低创设标准化票据的中介机构成本；另一方面，标准化票据为事后备案制，缩短了原始持票人获取融资的时间，提高标准化票据创设效率。

二是基础资产种类齐全，实现供应链票据与标准化票据相对接。已成功创设的标准化票据基础资产涵盖了已贴现与未贴现票据、银票与商票、传统票据与供应链票据等各类票据资产。其中，供应链票据和标准化票据为票据市场发展过程中的两大创新产品，前端供应链票据方便企业在实际贸易中产生应收应付关系时通过票据进行支付，优化企业应收账款结构，传导核心企业信用，引导商业信用票据化，改变企业过度依赖银行信用的状况；后端标准化票据完善企业融资结构，在票据贴现之外扩展企业票据融资渠道，丰富票据融资资金来源，两者相辅相成，形成了互为促进的良性机制。

三是双市场互联互通，提升产品流动性。标准化票据交易流通适用《全国银行间债券市场债券交易管理办法》有关规定，在银行间债券市场和票据市场交易流通。通过技术手段实现票交所系统与同业拆借中心系统互联互通，既能免去投资者反复开户的时间成本，协助其理顺内部投资交易流程，也能实现双市场参与者同场交易，形成统一的标准化票据交易市场，有助于价格发现，提升标准化票据市场整体效率。此外，标准化票据适用现券买卖、回购、远期等交易品种，能更充分满足不同投资者的投资需求，最大限度地提升标准化票据的流动性，更好地发挥标准化票据支持中小企业融资的作用。

标准化票据产生于票据业务线上化的技术背景之下，通过现代化信息技术将各产品参与者有效连接起来，打通各环节业务流程，实现信息共享、业务融合以及标准统一。未来，随着票据业务由线上化向智能化逐步发展，标准化票据可通过结合数字化手段进行真实贸易背景判定等，不断提升业务规范性、安全性和效率。

（四）供应链票据平台

近年来，应收账款规模快速增长，应收账款占比高已经成为当前民营和中小微企业发展的一大困难，影响企业资金周转和投入产出。为了盘活沉淀的应收账款，许多供应链核心企业都已经或者正在建设供应链金融平台，并且不少供应链金融平台以核心企业应付账款为基础，自创了应收账款电子债权凭证等类票据产品。与票据相比，该类产品缺乏专门法律保护、权责不清晰、流动性差，容易加大企业筹措资金压力，提高融资成本，加重供应链上下游企业的负担，不利于实体企业融资和商业信用的规范化发展，且存在较大的风险隐患。

在此背景下，2020 年 4 月，经中国人民银行同意，票交所建设开发的供应链票据平台成功试运行。供应链票据平台依托 ECDS，与供应链金融平台对接，为企业提供电票的签发、承兑、背书、贴现、到期处理和信息服务等功能。首批参加试运行的供应链金融平台包括中企云链、TCL 简单汇、欧冶金服、中国互联网金融协会。除上述 4 家平台外，其他符合条件的企业自建类、银行自建类、第三方机构建设的供应链金融平台也可向票交所申请接入供应链票据平台。

供应链票据平台是推动应收账款票据化的重要措施之一，有利于企业间应收账款的规范化和标准化，优化企业应收账款结构，提高中小企业应收账款的周转率和融资可得性。通过深度嵌入供应链场景，供应链票据基于真实贸易背景，创新实现等分化签发、流转，促进应收账款票据化。产品主要有以下特点：

一是通过技术手段实现产业链信息互享互动。一方面，供应链票据平台集合了供应链平台、核心企业、银行三方，有机整合了真实贸易背景下的商流、物流、信息流和资金流，形成了贸易链、产业链与资金链的融合，便于核心企业掌握票据流向，从源头实现应收账款票据化；另一方面，通过与供应链票据平台对接，票交所信息披露平台将对业务环节可能出现的逾期兑付行为予以披露，实现信息互享互动，有助于优化行业信用环境。

二是提供更丰富、更便捷、更灵活的票据业务模式。除传统银行网银渠道外，企业可直接通过供应链平台线上办理业务，如在线发起供应链票据签发、贴现申请等，进一步丰富企业票据业务办理渠道，且更为高效便捷。此外，供应链票据创新实现等分化签发，企业可根据自身情况对任意金额票据进行背书转让，增强了票据支付的便利性和灵活性，提升了企业推进应收账款票据化的意愿，同时有利于实现核心企业信用传递至产业链上的中小企业和民营企业，提升后者融资能力。

三是有效识别防控业务环节风险。供应链票据业务开展过程中参与主体较多，面临的风险种类复杂，随着科技不断进步，目前已涌现出众多手段识别并监测供应链票据业务中可能出现的风险。如利用AI技术手段进行企业身份认证；运用OCR识别技术审核贸易背景；通过区块链技术整合上下游贸易数据、验证企业真实性等；结合大数据技术整合企业属性、历史交易行为、履约情况、重大负面消息等信息建立风控模型和预警机制，用于整体评估企业信用并作出及时调整。技术手段的运用有助于降低银行票据真实性审核风险，使供应链票据更容易甚至以更低的融资成本获得授信，进一步支持供应链金融规范发展，发挥票据服务实体经济的作用。

（五）票据收益率曲线

经过三十多年的探索与实践，票据市场已成为我国金融市场的重要组成部分，与实体经济发展紧密结合在一起。近年来，票据市场交易量稳步增长，交易活跃度明显提升，2020年交易量达64.09万亿元。《票据交易管理办法》的出台，也进一步扩大了票据市场参与者的范围，非银类机构和非法人产品都可以参与票据市场交易。在定价机制方面，由于票据资产兼具多重属性，影响因素相对复杂，票据交易价格波动也呈现出一定的独立性和特殊性，如在月末等特殊时点，票据交易价格往往会出现明显波动。长期以来，票据市场难以找到一个准确度高、适用性强，能够充分反映票据市场价格变动特性，且被票据市场参与者普遍接受的定价基准，缺少估值定价的参考。

基于以上背景，票交所依托全国统一票据市场基础设施的独特优势，推进市场运行机制建设，自主推动收益率曲线研发，于 2018 年和 2019 年分别发布了国股银票转贴现收益率曲线和城商银票转贴现收益率曲线，填补了票据市场收益率曲线的空白。

票据收益率曲线是商业汇票转贴现交易中，描述其转贴现即期（到期）收益率和到期期限之间关系的一条曲线，是票据市场交易定价、票据资产估值、风险管理、形成资产组合策略的重要参考。在编制方法上，既充分借鉴了债券市场和货币市场成熟编制经验，又针对票据市场交易的特性，对编制方法进行了改进。如加入价格变动显著的特殊时点作为动态关键期限点，使曲线的形状能够真实反映市场成交价格变化情况；通过聚类分析提高对样本异常值的剔除效率；在关键期限点收益率的计算上，采用迭代重复加权最小二乘法（IRLS），有效减少异常值的影响，提高线性回归的准确性。

可以看出，票据收益率曲线的编制离不开大数据技术的运用，票据收益率曲线是金融科技在票据市场的又一次创新性运用。

（六）票据市场参与者的创新应用

在内部系统建设方面，票据市场参与者结合自身实际业务需求，持续优化业务流程，推出了多样化的功能，如部分商业银行上线的自动化出票系统，运用人工智能、机器学习等技术，通过出票模型化设计，在人工操作必要的步骤后，可根据参数自动进行出票登记、自动提示承兑及签收、自动提示收票等操作，从而有效简化了企业在网银端的操作步骤，节约了人工成本。

在票据贴现业务方面，除了票交所推出的“贴现通”产品外，票据市场参与者也不断推陈出新，通过互联网以及移动平台推出了方便快捷的贴现产品，如工商银行的“工银 e 贴”、浦发银行的“e 贴现”、中信银行的“信秒贴”、江苏银行的“小微 e 贴”、网商银行的“网商贴”、富民银行的“极速贴”等。这类产品很好地解决了传统贴现企业客户临柜办理流程长、手续多、效率低等问题，极大地提升了业务办理效率，缓解了小微企业票据融资难、融资慢的难题。其中，部分产品利用 OCR 识别、机器学习等技术实现了贴现自动审批模型和业务审批、发票验证等环节的自动处理，有效降低了商业银行内部前中后台的人力成本和管理成本，提升了业务处理效率，达到了金融科技推动金融发展提质增效的目的。

在票据市场风险控制方面，票据市场参与者也在积极探索和引入大数据、人工智能等技术，建设智能风控体系。通过智能风控体系，市场参与者可以精确规划业务规模和时点限额，合理控制久期，平衡各类业务需求，更好地管理流动性，控制市场风险。如浙商银行的“涌金票据池”，通过大数据技术，实现了一站式集成票据功能，帮助客户鉴别假票、克隆票、瑕疵票，查询票据有无异常状态，有效加强了票据风险防控；招商银行通过大数据、人工智能等手段，在线实时监测整个票据链条交易过程中的风险，防范电子化票据造假，并采取跟踪市场变化、动态更新风险模型、回测票据、现场检查等手段防控新风险。

第五节　金融科技推动下的票据市场新生态

总体来看，金融科技在票据业务领域的应用正处于快速发展阶段，对构建票据市场新生态将起到强有力的支撑作用。对于票据市场参与者和作为票据市场基础设施的票交所而言，应当认识到金融科技在票据业务领域应用方面还面临一些新挑战：

一是在技术的自主可控上，在当今日益复杂的国际形势下，防止信息领域核心技术出现“卡脖子”而开展的“信创”工作已上升为一项重大国家战略，是“新基建”的一项重要内容。当信创产业成为当前构建以国内大循环为主体、国内国际双循环相互促进的新发展格局下经济发展的新动能，金融基础设施如何保证在业务持续稳定运行的基础上，实现承载业务的软硬件系统的国产化替代，将成为一项重要挑战。

二是在新技术发展和融合上，随着5G、物联网、人工智能、增强现实（AR）、边缘计算、量子通信、数字身份、隐私计算等新技术的逐渐兴起，传统的系统研发架构和模式或将迎来更快速迭代甚至颠覆式的发展，并且各种技术之间在不同应用场景下不断出现融合趋势，对未来IT人才和组织机制也提出了更高的要求。

三是在票据市场应用上，随着标准化票据和供应链票据的推出，票据市场参与主体和服务方式不断拓展和升级，票据业务参与主体从金融机构拓展到各类企业，服务方式从线下进一步向线上转移。在职能发挥上，金融基础设施也由单一的金融职能向贸易等经济职能延伸。随着票据市场的不断发展壮大，市场参与者的业务需求必然不断增多，在日益复杂的需求下，如何运用技术手段发挥好原有金融职能，做到既可防范业务风险，又能持续激发市场活力，提供更多更好更灵活的个性化的产品和服务，也成为金融科技后续在票据市场应用上的一项重大课题。

面对上述挑战，需要票据市场参与各方共同努力，加强研究与科学决策，守正创新，进一步发挥金融科技赋能票据市场发展的重要作用，打造票据市场新生态。具体而言，可以考虑从以下三个方面推动票据市场新生态的构建。

一是坚持金融科技驱动，构建新型票据市场基础设施。近年来，随着电票使用规模的扩大和业务交易量峰值的持续攀升，传统的技术手段和技术架构可能会难以满足发展需求，票交所和票据市场参与者可以结合自身业务发展特点和系统运行实际情况，合理利用金融科技手段建设和优化票据相关业务系统，如利用分布式技术，建立可动态扩展、面向服务的现代化 IT 底层平台，以支撑上层票据业务的平稳运行；采用虚拟化、云计算技术使底层物理设备资源池化、弹性化、可插拔化，从而有效提高 IT 资源配置效率；通过大数据、机器学习等技术设计和构建票据应用系统运行监控模型、系统状态预警模型，构建系统智能化安全保障体系。

二是强化监管科技实践，增强票据市场风险防范能力。风险防控是金融工作的重心，也是票交所成立的初心。信息技术是监测、跟踪、分析、预防和控制风险的关键手段，作为整个票据市场的风险防控中心，票交所可以利用科技手段加紧推进商业承兑汇票信息披露、商业承兑汇票信用评级、监测预警指标体系、企业账户管理等系统的建设。此外，在监测平台的基础上，票交所可以继续探索综合运用人工智能、知识图谱等手段，将碎片化的海量票据数据、企业信息数据以及公开的司法数据有机地组织起来，对票据市场参与主体之间的关联关系及其票据行为进行深度挖掘和分析，构建多维度、智能化的票据风险防控体系，及时跟踪票据市场运行变化，增强风险预警和研判能力。作为票据市场参与者的金融机构更接近各类风险源头，在堵截各类风险上具有更灵活有效的手段（比如对各类企业真实身份认定的风险识别）。因此，市场参与者可以按照自身风险防控需要，利用大数据、人工智能等技术，细化各自风险监测体系中与票据业务相关的指标，与票交所共同筑牢票据市场风险防控防线。

三是深挖金融科技潜能，提升票据市场创新能力与服务水平。如何利用金融科技手段创新和丰富传统金融行业所提供的金融产品和服务，也是票交所推动票据市场创新发展的一个重要突破口。在推动业务产品创新方面，票交所目前正探索开展基于区块链的数字票据生产性应用的建设工作，以实现金融科技助力业务创新，提升票交所推动票据市场共建共享服务实体经济能力的目标；在提升服务能力、进一步优化会员体验方面，可以搭建面向市场的一站式接入服务平台，综合运用语音识别、自然语言处理、机器学习、人机协助等技术建设智能客服系统，提高为票据市场成员机构服务的水平；在提高票据市场信息化水平和夯实票交所信息服务能力方面，可以通过搭建信息服务系统，建设数据仓库客户端，优化企业信息库，以支持为中国人民银行和市场参与者提供更加准确、高效的数据信息服务。

以上每一项工作，都离不开票据市场参与者的大力支持，只有广大市场成员积极参与和不断创新，才能进一步释放金融科技助力票据市场服务实体经济、防范金融风险、深化金融改革的潜能。

附录　票据市场大事记

2016 年 12 月 5 日，中国人民银行出台《票据交易管理办法》，规范票据市场行为。

2016 年 12 月 8 日，上海票据交易所开业运营，中国票据市场的发展开始进入统一规范、透明高效的电子交易时代。

2017 年 3 月 27 日，中国人民银行发布《关于实施电子商业汇票系统移交切换工作的通知》，决定将电子商业汇票系统（ECDS）移交上海票据交易所运营。

2017 年 3 月 27 日，上海票据交易所发布《上海票据交易所票据登记托管清算结算业务规则》，对票据托管账户和上海票据交易所资金账户的使用管理提出要求，明确了票据登记托管和清算结算业务处理规则，建立起上海票据交易所票据托管清算服务制度框架。

2017 年 3 月 27 日，上海票据交易所发布《上海票据交易所纸质商业汇票业务操作规程》，规范了纸质商业汇票业务操作，促进了纸质商业汇票流通。

2017 年 3 月 27 日，上海票据交易所发布《上海票据交易所票据交易规则》，明确了票据交易规则，规范了票据交易行为，强化了交易风险防范，进一步促进了交易效率的提升和交易各方合法权益的维护。

2017 年 5 月，纸电票据数据融合在中国票据交易系统投产上线，实现了中国票据交易系统的电票业务数据统计分析功能。

2017 年 6 月 26 日，上海票据交易所申报的“中国票据交易系统”项目荣获2016年度上海金融创新成果奖特等奖。

2017年6月30日，中国票据交易系统会员上线推广过渡期结束，共接入法人机构1589家，其中会员1593家、系统参与者40635家。金融机构开展纸质票据信息登记、交易、提示付款、追索等业务均应通过中国票据交易系统进行。

2017年7月6日，中国人民银行发布《关于加强电子商业汇票交易管理有关事项的通知》，明确电票交易自2017年8月28日起执行《票据交易管理办法》有关规定，电票贴现后业务于2018年10月1日至10月7日切换至交易系统。

2017年7月11日，财政部、国家税务总局联合下发《关于建筑服务等营改增试点政策的通知》，规定自2018年起，金融机构开展贴现、转贴现业务，以其实际持有票据期间取得的利息收入作为贷款服务销售额计算缴纳增值税。

2017年7月14日至15日，全国金融工作会议在北京召开，上海票据交易所董事长宋汉光作为重要金融基础设施代表参会。

2017年8月28日，纸电交易融合第一阶段投产上线，实现了纸票和电票交易规则的统一。

2017年9月25日，中国票据交易系统再贴现业务子系统正式投产运行，上海票据交易所成为中国人民银行再贴现操作的重要平台。

2017年10月9日，上海票据交易所顺利完成电子商业汇票系统（ECDS）移交切换工作，310家ECDS接入点机构（含2722家法人机构、90038家系统参与者）全部切换至上海票据交易所。

2017年10月16日，上海票据交易所发布《上海票据交易所系统参与者资金账户业务操作规程》，规范了上海票据交易所资金账户的开立和使用，进一步保障了票据业务资金清算结算的有序开展。

2017年11月2日，根据中国人民银行部署安排，上海票据交易所会同数字货币研究所，组织中钞信用卡公司区块链研究院、工商银行、中国银行、浦发银行、杭州银行召开数字票据交易平台实验性生产系统建设工作会，数字票据交易平台实验性生产系统建设工作正式启动。

2017 年 12 月 8 日，由上海票据交易所主办的票据市场改革发展高峰论坛在沪举行，中国票据研究中心举行揭牌仪式。

2018 年 1 月 1 日，财政部、国家税务总局联合下发的《关于建筑服务等营改增试点政策的通知》第五条关于金融机构开展贴现、转贴现业务，以其实际持有票据期间取得的利息收入作为贷款服务销售额计算缴纳增值税的规定正式生效。

2018 年 1 月 13 日，中国票据交易系统直连接口一期项目建设完成并投产上线，为票据市场参与者接入交易系统提供了新渠道。

2018 年 1 月 16 日，上海票据交易所发布《上海票据交易所关于电子商业汇票系统接入有关事宜的通知》，在电票系统移交切换至上海票据交易所后正式启动电票系统接入工作。

2018 年 1 月 22 日，上海票据交易所发布《数字票据交易平台实验性生产系统业务操作规程（试行）》。1 月 25 日，数字票据交易平台实验性生产系统成功上线试运行，工商银行、中国银行、浦发银行和杭州银行在数字票据交易平台实验性生产系统顺利完成了基于区块链技术的数字票据签发、承兑、贴现和转贴现业务。

2018 年 1 月 29 日，中国票据交易系统直连接口上线投产成功，首批直连接入 20 家会员单位、7510 家系统参与者，涵盖国有商业银行、股份制商业银行、城市商业银行、财务公司、证券公司等多种类型的市场参与者。

2018 年 3 月 6 日，上海票据交易所发布《中国票据市场：历史回顾与未来展望》，全面回顾票据市场发展历程，展望票据市场未来发展。

2018 年 4 月 27 日，中国人民银行发布《关于规范金融机构资产管理业务的指导意见》（银发〔2018〕106 号）。

2018 年 5 月 2 日，中国银行保险监督管理委员会发布《关于规范银行业金融机构跨省票据业务的通知》（银保监办发〔2018〕21 号），对银行业金融机构跨省票据业务进行规范，针对跨省交易类业务、跨省授信类业务提出监管要求，要求银行业金融机构通过票据市场基础设施开展跨省票据交易，限制风险较大的跨省纸质票据交易。

2018 年 5 月 14 日，中国票据交易系统票据托管账务子系统正式投产运行，票据市场现代化托管体系初步建成，上海票据交易所履行中央托管机构职责的能力进一步提升。

2018 年 6 月 4 日，中国人民银行发布《中国人民银行关于修订〈电子商业汇票系统管理办法〉等四项制度的通知》（银发〔2018〕152 号），明确了上海票据交易所是中国人民银行指定的电子商业汇票系统运营者，负责电子商业汇票系统的建设和运营，并进一步规范电票系统业务规则。

2018 年 6 月 25 日，中国人民银行、中国银行保险监督管理委员会、中国证券监督管理委员会、国家发展改革委、财政部联合印发《关于进一步深化小微企业金融服务的意见》（银发〔2018〕162 号），决定进一步完善信贷政策支持再贷款、再贴现管理，增加支小支农再贷款和再贴现额度共计 1500 亿元，提高再贴现使用效率，优先办理小微企业票据再贴现，促进金融机构加大对小微企业的融资支持力度。

2018 年 8 月 11 日，上海票据交易所推出转贴现点击成交交易方式，增加票据市场交易多样性，提升市场交易运行效率，促进票据市场价格发现和对手方发现。

2018 年 8 月 29 日，上海票据交易所“再贴现业务系统”荣获 2017 年度上海金融创新成果奖三等奖。

2018 年 9 月 8 日，中国票据交易系统 2.1 版直连接口功能顺利上线投产。截至上线日，中国票据交易系统共有直连接入点 99 家、会员单位 936 家、系统参与者 69783 家，直连系统参与者占中国票据交易系统参与者的 73.1%。

2018 年 9 月 12 日，上海票据交易所申报的“中国票据交易系统”项目荣获2017年度中国人民银行银行科技发展奖一等奖。

2018年9月26日，中国人民银行发布《中国人民银行办公厅关于上海票据交易所纸质票据和电子票据交易融合后再贴现有关工作的通知》（银办发〔2018〕180号），标志着纸电票据再贴现业务正式融合。

2018年9月29日，电子商业汇票系统成功应对报文高峰，最高日报文量达到633万笔。

2018年10月1日至5日，上海票据交易所顺利完成纸电票据交易融合工作。10月8日，纸质票据和电子票据实现同场交易，全国统一、安全、高效的电子化票据交易平台基本建成。同期，纸电票据再贴现实现统一通过上海票据交易所的再贴现业务系统办理。

2018年10月22日，为改善小微企业和民营企业融资环境，中国人民银行决定在2018年6月增加1500亿元再贷款和再贴现额度基础上，再增加再贷款和再贴现额度1500亿元，发挥其定向调控、精准滴灌功能，支持金融机构扩大对小微、民营企业的信贷投放。

2018年11月4日，上海票据交易所监测及统计分析系统完成研发并上线，为上海票据交易所加强业务监测和数据统计分析提供系统支持。

2018年11月26日，中国人民银行、中国银行保险监督管理委员会、中国证券监督管理委员会、国家外汇管理局联合发布了《关于印发〈金融机构资产管理产品统计制度〉和〈金融机构资产管理产品统计模板〉的通知》（银发〔2018〕299号），票据资产被归入资管产品资产负债表中债务证券项下。

2018年12月6日，上海票据交易所正式推出首个供应链金融创新业务“票付通”。上海票据交易所与3家试点金融机构和3家试点B2B平台签署框架合作协议，中国人民银行、商务部相关部门负责同志参加签约仪式。

2018年12月6日，上海票据交易所正式发布票据市场首条收益率曲线——信用主体为国有商业银行和股份制商业银行的电子银行承兑汇票转贴现收益率曲线（英文缩写为 BAEX－1），填补了票据市场缺乏定价估值参考的空白。

2018 年 12 月 6 日，上海票据交易所“贴现通”业务试点正式获批，优化贴现市场生态，提升票据市场服务民营企业、小微企业的能力。12 月 15 日，“贴现通”一期项目完成研发并投产上线，进一步提升实体企业票据交易便利性。

2018 年 12 月 6 日，上海票据交易所发布《中国票据市场发展报告（2017）》。

2018 年 12 月 15 日，上海票据交易所推出质押式回购匿名点击交易方式，至此，银行间市场通用的各种交易方式在票据市场已基本具备，以询价交易方式为主，点击成交、匿名点击等交易方式为辅的票据市场全新交易体系初步形成。

2018 年 12 月 19 日，根据中小金融机构使用再贷款和再贴现支持小微企业、民营企业的情况，中国人民银行决定再增加再贷款和再贴现额度 1000 亿元，此为本年度中国人民银行第三次上调该额度。本年度，再贷款和再贴现额度共增加 4000 亿元，其中，再贴现额度增加 2000 亿元。

2019 年 1 月 23 日，上海票据交易所“票付通”产品投产上线。全年累计签约企业客户 802 家，实现票据在线支付 68.66 亿元。

2019 年 3—4 月，上海票据交易所赴全国 18 个省份开展票据市场“大宣讲大调研”活动，共举办 15 场宣讲大会、37 场座谈会，实地走访 30 余家实体企业，回收 226 份调研问卷。

2019 年 4 月 24 日，“上海票据交易所系统建设项目组”荣获“上海市工人先锋号”荣誉称号。

2019 年 5 月 27 日，上海票据交易所“贴现通”业务成功投产上线，标志着商业银行担当票据经纪机构的机制正式推出，全国统一的贴现服务平台正式建立。全年，“贴现通”业务服务企业 2720 家，合计委托票据 6653 张、金额 98.19 亿元，其中的 5130 张票据达成贴现意向，票面金额合计74.92亿元。

2019年6月13日，中国人民银行行长易纲在第十一届陆家嘴论坛上表示，将“支持上海票据交易所在长三角地区推广应收账款票据化，试点推广‘贴现通’业务”作为上海国际金融中心建设重点推进事项。

2019年6月14日，中国人民银行发布《关于向中小银行提供流动性支持的通知》，增加再贴现额度2000亿元，加强对中小银行流动性支持。

2019年7月，上海票据交易所赴北京、上海、江苏、山东四个省（直辖市）开展“不忘初心、牢记使命”主题教育调研活动，走访各金融机构并延伸到基层网点和有代表性的用票企业，共召开座谈会20余次，参会金融机构和企业250余家，参会人数600余人。

2019年8月10日，上海票据交易所“企业信息系统”成功投产上线，将各企业的票据融资、贸易背书、兑付信用等数据与工商总局第三方数据结合起来，以票据为切入点实现对于企业数据的挖掘利用以及对企业信息准确性的校验。

2019年8月15日，为加大对中小金融机构流动性支持，经中国人民银行同意，上海票据交易所发布《关于申报创设2019年第1期标准化票据的公告》，并于8月20日成功创设2019年第1期标准化票据。2019年全年，上海票据交易所共完成4期标准化票据产品的创设。

2019年8月15日，上海票据交易所发布《中国票据市场发展报告(2018)》。

2019年第三季度，中国人民银行编制的《中国货币政策执行报告》开始采用上海票据交易所报送的数据。

2019年10月，上海票据交易所顺利完成新中国成立七十周年生产运行特别保障工作，保障了新中国成立七十周年期间上海票据交易所生产系统的安全平稳运行。

2019年10月12日，上海票据交易所组织首批6家财务公司实施电子商业汇票系统线上清算功能上线投产。

2019年10月24日，上海票据交易所“再贴现业务系统项目”获“2018年度银行科技发展奖”二等奖，“数字票据交易平台项目”获“2018年度银行科技发展奖”二等奖，“票据业务直连系统项目”获“2018年度银行科技发展奖”三等奖。

2019年10月31日，上海票据交易所基于大数据的智能化票据交易风险监测预警平台被批准列入上海市金融科技试点项目。

2019年11月7日，上海票据交易所“纸电票据交易融合项目”获“2018年度上海金融创新成果奖”三等奖。

2019年11月14日，最高人民法院发布《全国法院民商事审判工作会议纪要》，对合谋伪造贴现申请材料的后果、民间贴现行为的效力、票据清单交易和封包交易案件的处理原则等问题作出了明确规定。

2019年11月23日，上海票据交易所组织1497家会员、87842个系统参与者上线投产中国票据交易系统2.2版和3.0版直连接口功能。全市场通过直连方式处理的交易业务量占比超过85%。

2019年12月6日，上海票据交易所发布信用类型为“城商承兑、国股贴现”的城商银票转贴现收益率曲线，进一步扩大了曲线信用主体覆盖面，为中小银行承兑票据的定价提供了参考。

2019年12月6日，中国票据研究中心发布首期《中国票据市场研究》。

2019年12月26日，上海票据交易所发布《上海票据交易所关于防范冒名开立电子商业承兑汇票的风险提示》。

2020年1月16日，票据信息披露平台上线试运行。

2020年2月26日，中国人民银行发布《关于加大再贷款、再贴现支持力度促进有序复工复产的通知》（银发〔2020〕53号），增加再贷款、再贴现专用额度5000亿元。

2020年2月27日，上海票据交易所发布《上海票据交易所处置伪假票据操作规程》（票交所发〔2020〕22号），明确金融机构在发现伪假票据后的报告、处置要求及责任。

2020 年 4 月，上海票据交易所发布《中国票据市场发展报告（2019）》。

2020 年 4 月 9 日，为进一步推进电子商业承兑汇票在长三角地区的应用，中国人民银行杭州中心支行、上海分行、南京分行、合肥中心支行联合发布《长三角地区电子商业承兑汇票推广应用工作方案》（杭银发〔2020〕58 号）。

2020 年 4 月 16 日，上海票据交易所发布《电子商业汇票业务代理管理规程》（票交所发〔2020〕49 号），明确电票业务代理的新增、变更、退出和日常管理等工作，规范电子商业汇票业务代理行为。

2020 年 4 月 17 日，中国人民银行发布《关于增加再贷款再贴现额度支持中小银行加大涉农、小微企业和民营企业信贷投放的通知》（银发〔2020〕93 号），增加再贷款再贴现额度 1 万亿元。

2020 年 4 月 24 日，供应链票据平台成功试运行。

2020 年 5 月 15 日，上海票据交易所发布《上海票据交易所关于进一步明确贴现通业务办理有关事项的通知》（票交所发〔2020〕68 号），明确贴现申请人资质审核、资金流向监控、履约规则、发票管理等事项。

2020 年 6 月 18 日，首批供应链票据贴现业务成功落地，9 家企业通过供应链票据贴现融资 10 笔、506.81 万元，贴现利率为 2.85% ~3.8%。

2020 年 6 月 24 日，中国人民银行发布 2020 年第 6 号公告《标准化票据管理办法》。

2020 年 7 月 1 日，中国人民银行下调再贴现利率 0.25 个百分点至 2%，时隔十年首次调整再贴现利率。

2020 年 7 月 5 日，国务院常务会议通过《保障中小企业款项支付条例》（国务院令第 728 号），对机关、事业单位和大型企业使用商业汇票支付中小企业款项作出相关安排。

2020 年 7 月 28 日，《标准化票据管理办法》开始实施；上海票据交易所会同外汇交易中心、上海清算所发布《标准化票据信息披露规则》（票交所公告〔2020〕2 号），并发布《标准化票据基础资产托管结算规则》（票交所公告〔2020〕3 号）。

2020 年 7 月 30 日，《标准化票据管理办法》正式实施后的首批 14 单标准化票据创设成功，创设规模 12.13 亿元。

2020 年 8 月 25 日，上海票据交易所与中国银行保险监督管理委员会签署《数据信息共享机制协议书》，建立数据信息共享机制。

2020 年 9 月 22 日，中国人民银行等八部门联合发布《关于规范发展供应链金融支持供应链产业链稳定循环和优化升级的意见》（银发〔2020〕226 号）。

2020 年 9 月 24 日，上海票据交易所纸电票据交易融合项目、票据贴现通业务系统项目荣获 2019 年度银行科技发展奖二等奖，线上票据支付系统项目荣获三等奖。

2020 年 10 月 16 日，中国民生银行广州分行与简单汇信息科技有限公司合作开展全国首单供应链票据线上贴现业务。

2020 年 11 月 3 日，跨境人民币贸易融资转让服务平台在票交所上线，中国人民银行副行长潘功胜，上海市委常委、副市长吴清致贺信。

2020 年 11 月 23 日，上海票据交易所“票据贴现通项目”“大数据智能化票据交易监测分析”项目分别荣获上海金融创新成果奖一等奖、三等奖。

2020 年 11 月 24 日，上海票据交易所会员接入平台正式在上海票据交易所官网上线，旨在便利会员单位通过线上平台提交各类接入申请，避免线下纸质材料邮寄传递，满足实时查询申请办理进度的需求。

2020 年 12 月 23 日，中国人民银行发布 2020 年第 19 号公告，规范商业承兑汇票信息披露有关事宜，自 2021 年 8 月 1 日起施行。

2020 年 12 月 30 日，上海票据交易所发布 2020 年第 4 号公告《商业承兑汇票信息披露操作细则》，自 2021 年 8 月 1 日起施行。

2021 年 1 月 22 日，全国银行间同业拆借中心、上海票据交易所股份有限公司、银行间市场清算所股份有限公司发布《标准化票据存托协议（2020 年版）》，进一步规范标准化票据当事人权利义务，促进标准化票据业务健康发展。

2021 年 1 月 28 日，上海票据交易所发布《上海票据交易所供应链票据平台接入规则（试行）》，在防范风险、合法合规的基础上做好供应链票据平台业务服务和技术支持工作。

2021 年 2 月 25 日，新华社中国经济信息社发布“2020 年上海国际金融中心建设十大事件”，第六件“重要金融产品和业务推出”中包括了上海票据交易所“供应链票据平台上线”，第七件“金融基础设施互联互通和跨境合作持续深化”中包括了上海票据交易所“跨境人民币贸易融资转让服务平台上线”。

2021 年 3 月 19 日，上海市推进上海国际金融中心建设领导小组会议在沪召开。上海票据交易所是参会发言的三家金融市场基础设施之一，党委书记、董事长宋汉光就票据市场服务上海国际金融中心建设、构建新发展格局进行了汇报。

2021 年 4 月 26 日，上海票据交易所荣膺黄浦区“年度影响力企业奖”。

2021 年 5 月 18 日，上海票据交易所印发《新一代票据业务系统业务方案》和《新一代票据业务系统直连接口规范 V1.0》，拟对电子商业汇票系统和中国票据交易系统进行全面优化升级，建设承载票据全生命周期业务功能的新一代票据业务系统。

2021 年 6 月 8 日，中国人民银行上海总部推动首单绿色供应链票据在线融资落地。

后　　记

票据是现代金融市场中历史最为悠久的金融工具。我国的票据市场起步于20世纪80年代，经过近四十年的实践探索，票据市场已然成为中国金融市场的重要组成部分。但在票交所成立前，票据市场由于缺乏统一管理，导致问题不断积累，风险案件频发，严重制约了市场发展。从国内外经验看，完善的金融基础设施是现代金融市场正常运行的基础，也是保障金融市场安全高效运行的关键。为此，在国务院的决策部署下，人民银行以问题为导向加强票据市场顶层设计，牵头建立票交所，推动票据市场向全国统一、信息透明、电子化发展的方向转型。2016年12月8日，上海票据交易所正式运营。

2017年3月1日，人民银行党委安排我到票交所担任董事长。作为全国统一的票据市场基础设施，票交所的运营情况也关系到票据市场的持续健康发展，而处于创业初期的票交所面临着来自方方面面的机遇和挑战。对此，我深感责任重大，丝毫不敢松懈。五年时间里，我和票交所的各位同事始终保持锐意创新的勇气、敢为人先的锐气、蓬勃向上的朝气，把敢于担当的精神、勤勉敬业的态度体现在每一项工作、每一件事情、每一个细节上。

2021年，票交所正式运营五周年。五年来，我们不忘防范化解票据市场风险的初心、牢记建设全国统一票据平台的使命，全力提升服务的精细化和专业化水平，砺戈秣马、踔厉奋发。五年来，票交所以自身实践为改革创新贡献了力量，整个票据市场呈现出稳步发展、逆势上扬的良好态势。在这样一个特殊的历史时点，有幸作为票据市场深刻变化的亲历者，我和我的同事们认为有必要也有义务对新时期票据市场的变化进行一次系统梳理。同时，我本人一直想把自己对票据市场的一些体验、认识和思考写下来，与大家共同探讨。

为了尽快完成这项工作，在成书过程中，我组织策划了全书的总体思路和整体架构，并请票交所的部分业务骨干共同完成了本书的初稿写作工作。初稿完成后，我进行了统一的校订和修改，最后通读全文后定稿。本书各部分写作分工如下：第一章，宋汉光、张斌；第二章，唐磊；第三章，刘鹏、周敏智；第四章，宋汉光、吴小蒙；第五章，谢晶磊；第六章，郑龙、王培虎。在本书编辑出版过程中，中国金融出版社黄海清、童祎薇等为本书的编辑出版做了大量细致的工作，付出了诸多努力。谨此一并致谢！

忆五载峥嵘岁月，展未来任重道远。本书总结了票交所时代票据市场五年发展新征程，记录了我和票交所全体同仁并肩协作、风雨兼程的奋斗印记，也绽放着我们的理想和追求。适逢其会，谨以此书献给奋斗在票据市场各个条线的从业者和追梦人，并为票交所成立五周年献礼！

上海票据交易所　宋汉光

2021 年 6 月